ESG
제대로 이해하기

ESG 제대로 이해하기

초판 1쇄 인쇄 | 2021년 6월 11일
초판 1쇄 발행 | 2021년 6월 30일

지 은 이 | 강성진 · 김태황 · 오형나 · 정태용 · 김용건 · 김현제 · 박주헌
　　　　　유창조 · 신현한 · 조성봉 · 김영신 · 하윤희 · 곽은경
발 행 인 | 최승노

기획·마케팅 | 박지영
편집 | 인그루출판인쇄협동조합
디자인 | 인그루출판인쇄협동조합

발 행 처 | 자유기업원
주　　소 | (07236) 서울시 영등포구 국회대로62길 9 산림비전센터 7층
전　　화 | 02-3774-5000
홈페이지 | www.cfe.org
E-mail | cfemaster@cfe.org

I S B N | 978-89-8429-202-4 93320
정　　가 | 28,000원

낙장 및 파본 도서는 바꿔 드립니다.
이 책 내용의 전부 또는 일부를 재사용하려면 반드시 자유기업원의 동의를 받아야 합니다.

ESG 제대로 이해하기

자유기업원

추천사

국내 안팎에서 ESG가 화제다. 유럽, 미국 등 주요 선진국들이 ESG 공시를 의무화하고, 세계 유수의 투자자들이 기업에 ESG 경영을 촉구하고 있다. 이에 발맞춰 국내외 기업들은 너나 할 것 없이 ESG 도입을 선포하고, 전문가들은 왜 ESG 경영·투자가 필요한지 설파하고 있다. '인류의 지속가능한 발전'을 위해 ESG 경영이 필요하다는 주장은 이미 큰 공감대를 형성하였고, 국내외에서 대한민국 ESG 흐름을 예의주시하는 상황도 무시할 수 없다.

그런데 논의가 지속될수록 한 가지 의문이 강하게 든다. "우리는 과연 ESG를 제대로 이해하고 있을까?"

기업은 생존을 위해 투자자·소비자의 변화를 읽고 이에 발맞춰 경영가치·조직 등을 변화시킨다. 그리고 환경·사회·지배구조 개선을 강조하는 ESG 역시 기업 생태계 변화에 따라 기업과 투자자의 인식이 자발적으로 시작됐다. 과거엔 주주의 만족을 최우선시 했지만, 이제는 고객·직원·공급자·협력사·지역사회 등 모든 이해관계인의 만족을 고려해야 기업 이익이 더욱 증대되고 투자도 선순환됨을 인지하며 ESG 경영이 대두된 것이다.

여기에 사회적 가치나 특별한 메시지가 담긴 물건을 구매함으로써 자신의 신념을 표출하는 '미닝아웃' 소비패턴이 세대·국가를 넘어 확산되며 ESG 경영에 대한 요구는 더욱 가속화되었다. 실제 작년 1월,

IBM과 전미유통협회(National Retail Federation)가 Z세대부터 베이비붐 세대까지(18세~73세) 세계 28개국의 소비자 1만 9,000여 명을 대상으로 글로벌 소비자 동향 연구 결과를 조사한 결과, 고객의 70%가 재활용 제품·친환경 상품 등 환경을 보호하는 브랜드의 구매를 위해 일반 가격보다 35% 더 높은 가격을 지불하고 있으며, 57%는 환경 파괴를 줄이기 위해 구매 습관을 바꿀 의향도 있다고 밝혔다.

주요수출국가인 대한민국이 이러한 글로벌 트렌드에 발맞춰 대비해야 하는 것은 자명하다. 다만, 국내 기업 환경에 맞는 평가기준이 아직 정립되지 않았고, 중소기업은 물론 중견기업, 대기업조차 역량 확보가 시급한 상황이다보니 정부·국회 등 정치권의 올바른 역할에 대한 목소리가 커지고 있는 실정이다.

최근 국민연금은 오는 2022년까지 전체 자산의 50%를 ESG 관련 기업에 투자하겠다는 계획을 세웠고 금융위원회는 2025년부터 국내 ESG 정보 공시를 의무화하겠다고 발표했다. 그러나 국내 기업들이 ESG에 대한 충분한 대비가 되지 않은 상황에서 정부가 무리하게 개입해 ESG 경영을 관치(官治) 평가하고 규제 일변도의 정책을 발표한다면 기업은 정부 입맛에 맞는 기준 달성에만 집중하게 될 것이다.

결국 기업·산업의 특성을 충분히 고려하지 못한 채 평가를 위한 평가에 머물게 되고, 'ESG 워싱(ESG washing)' 기업만 양산할 우려가 있다. 정부의 개입으로 오히려 우리 기업들이 격변하는 생태계에서 도태될 가능성이 커진다는 것이다.

정부는 'ESG 경영을 하라'고 명령할 것이 아니라, 기업들이 새로운 글로벌 스탠더드에 대응할 수 있도록 역량을 키우는 데 주력해야 한다. 특히 관치 경제의 틀에서 벗어나 민간 자율을 존중하는 토대 위에 민간 경제를 뒤에서 지원하는 정책으로 전환해야 한다. 또한 현재는 지나치게 환경에만 집중된 느낌이다. 우리나라 기업의 특수성을 반영한 지배구조 및 사회 지표 개선에 대한 충분한 논의도 필요하다.

그래서 ESG를 제대로 이해하는 것부터 모든 논의가 시작되어야 한다고 생각한다.

새싹이 자라 나무가 되기 위해서는 생육에 적합한 환경이 필수적이다. 식물마다 적합한 토양과 일조량, 수분량, 온도가 다 다름에도 불구하고, 이를 고려하지 않은 채 엉뚱한 환경을 조성한다면 그 새싹은 더 이상 자라지 못한 채 다른 식물의 거름이 될 것은 자명하다.

정책 수립은 식물의 환경을 조성하는 것과 유사하다. 정책대상에 대한 이해가 충분하지 않다면 제아무리 열심히 지원한다고 한들 성과는 나지 않고, 오히려 예기치 못했던 문제가 사회 곳곳에서 발생해 혼란을 야기할 수 있다. 하물며 규제 정책은 말할 것도 없다.

이러한 측면에서 여러 분야의 전문가들이 주요 ESG 이슈에 대해 점검하고 현 실태 및 대응전략 등에 대한 고견을 나눈 〈ESG 제대로 이해하기〉가 꽉 막힌 정부 규제가 아닌 '기업이 살아나는 한국형 ESG'를 만들기 위한 방향성을 설정하는 데 중요한 역할을 해주지 않을까 기대해본다.

2021년 5월
국회의원
김기현

추천사

"지구는 인간을 필요로 하지 않는다."

인류는 산업혁명 이후 지난 200여 년간에 엄청난 과학과 기술의 발전을 달성하였다. 생산성 증가의 덕택에 인간 생활은 풍족해졌으며 그 결과 기근, 질병과 전쟁이 가져오는 고통이 크게 축소되었다. 그러나 그 과정에 많은 천연 자원을 사용했고, 또한 석탄과 원유와 같은 화석연료를 대량으로 소비하다 보니 온실가스를 배출하고 자연생태계를 훼손하였으며 기후 재앙을 가져오기 시작했다. 2020년 1월에 나타난 코로나19라는 바이러스가 바로 이러한 인류의 생태계 훼손의 결과라는 인식이 사람들 사이에 확산되었다. 그러면서 인류는 스스로 반성하면서 '착한 모습'을 보이기 시작했다. 그러한 반성의 일환으로 ESG 경영이 급속히 확산되고 있다고 생각한다.

코로나19는 현재와 같은 시장경제가 과연 지속가능한가에 대한 근본적인 질문을 제기하고 있다. 그러면서 세계적으로 '자본주의의 미래'에 대한 재검토와 논의가 일고 있다. 자본주의의 지속가능성은 적어도 세 가지 각도에서 접근해야 한다. 하나는 환경오염과 자연생태계 파괴이다. 특히 온실가스 배출로 인해서 지구의 평균 온도가 2℃ 이상 오른다면 과연 지구에 인간이 제대로 살 수 있을까 하는 지속가능성 문제가 제기되고 있다. IPCC는 이미 2℃는 너무 높고 목표를 1.5℃로 낮춰야 한다고 발표했지만, 현재의 상태로는 2℃의 목표도 달성하기 어려워 보이며, 그 결과 기후재앙은 인류에게 거의 확실하게 다가오고 있다. 연간 온실가스 배출량을 지금부터 절반으로 줄인다고 해도 지구 온도는 2050년경에 2도 이상 올라갈 것이라고 한다.(빌 게이츠, 『기후재앙을 피하는 법』, 김영사, 2021, 32쪽) 2020년에 코로나19 사태로 인하여 세계 경제가 3.5% 정도 축소하면서도 온실가스 배출량이 5% 밖에 축소되지 않았다고 하니, '탄소제로'로 가는 길이 얼마나 어려운가를 알 수 있다.

두 번째의 문제는 빈부격차의 고착화이다. 이 문제도 코로나19가 크게 부각시켰다. 우리는 세계 최강의 국가인 미국에서 빈곤층과 흑인 등 취약계층이 훨씬 더 많이 바이러스에 감염되고 사망하는 것을 보면서 빈부격차 문제가 얼마나 심각하지 다시 한 번 인식하게 되었다. 바이든이 취임한지 두 달이 되기도 전에 1.9조 달러라는 미국 GDP의 10%에 달하는 엄청난 지원금을 뿌린다고 해서 빈곤층의 근본문제는 결코 해결될 수 없다. 소득과 부의 격차는 세대를 지나면서 오히려 더 고착되는 경향을 보인다. 가장 큰 이유는 저소득층의 교육 환경을 바꾸기가 어렵기 때문이다. 가난한 집에서 좋은 교육 환경을 만들어서 자식들을 전문가로 키우는 것은 매우 어려운 일이다. 1980년대 이후 발전한 정보기술은 고등교육과 전문지식을 가진 사람의 급여는 더욱 높이는 반면에 특별한 숙련이나 훈련을 받지 못한 근로자의 소득은 정체시켰다. 이러한 기술의 '반노동적 편향'과 교육 환경의 세대 간 상속 경향이 빈부격차 해소를 매우 어렵게 만든다. ESG의 S가 빈부격차 문제에 대한 기업의 접근이라고 볼 수 있겠는데, 여기에도 쉬운 해결책이 보이지 않는다.

세 번째 문제인 지배구조(governance)는 그나마 가장 긍정적인 변화의 가능성이 많다. 미국의 200대 대기업 CEO들의 모임인 Business Roundtable에서는 2019년 8월에 아주 의미 있는 선언을 했다. 이제 기업의 목적이 더 이상 '주주 부의 극대화'일 수많은 없다는 선언이다. 사실 '주주자본주의'는 그 동안 미국 시장경제의 핵심적인 가치였으며, 이는 1970년에 발표한 유명한 밀턴 프리드먼의 NYT 기고가 상징해왔다. 그러나 1970년과 2020년의 세계는 너무 다르다. 이제 세계적인 대기업의 부와 기술과 조직력은 웬만한 정부를 앞서고 있다. 따라서 기업이 주주를 위해서만 존재한다는 것은 사회가 더 이상 용납하지 못한다. 그래서 미국의 경영자들도 드디어 이익당사자 모형을 수용했고, 이제는 기업이 주주 외에도 종업원, 고객, 공급업자와 지역사회를 포함하는 사회 전체의 안위를 걱정해야 한다고 인식하게 된 것이다. 또한 소비자의 인식과 목소리도 크게 달라졌다. 비윤리적인 회사, 법을 지키지 않는 경영자, 부패한 회사는 그런 사실이 알려지면 SNS를 통해서 순식간에 사회에서 매장당하고 있다. 따라서 기업의 지배구조 문제는 사회에 어느 정도 자체적인 정화 시스템이 구축되고 있는 셈이다. 그러나 네트워크 효과를 바탕으로 강력한 플랫폼을 만들어서 시장을 지배하기 시작한 '빅 테크'의 권력과 과도한 영향력에 대한 사회의 경각심이 높아지고 있어서 앞으로 새로운 이슈가 될 것이다.

따라서 인류와 시장경제를 위협하는 가장 큰 위협은 기후변화가 가져올 재난과 점차 더 고착되는 빈부격차가 가져오는 사회적 불안과 불공정성의 문제이다. 기업들이 스스로 나서서 이들 문제 해결에 노력을 하겠다고 하지만, 사실은 기업의 노력만으로 해결될 수 없는 인류 전체의 과제이다. 그러나 현재의 경제에서는 기업이 그나마 가장 효율적이고 지식도 많고 자원도 많이 가지고 있기 때문에 기업이 나서야 하는 것은 맞다. 그런 점에서 이번에 자유기업원이 ESG 경영과 투자를 주제로 여러 전문가의 견해를 담은 단행본을 발간하는 것은 큰 의미가 있다. 자유기업원의 존재 이유는 민간기업에 대한 정부의 비효율적인 규제를 축소하면서 동시에 시장경제가 제대로 작동하도록 하는 것인데, 지금 시장경제가 위협을 받고 있기 때문에 새로운 시각과 접근이 필요하다. 이번 책을 시작으로 앞으로 자유기업원이 자본주의와 시장경제의 미래에 대해서 더 많은 토론과 문제 제기를 하면 좋겠다.

2021년 5월
제이캠퍼스 대표연구원, 연세대학교 명예교수
정구현

발간사

바이든 정부의 출범이후 세계는 기후 및 환경 이슈에 대한 관심이 높아지고 있다. 이미 유럽에서 도입한 환경관련 규제가 무역기준으로 제기된 상태에서 미국 정부와 구글, 애플 등 주요 기업이 제시하는 기준은 점차 글로벌 스탠더드로 자리잡아 가는 상황이다.

환경에 대한 인식의 변화와 함께 코로나19도 세상을 급격히 바꾸고 있다. 일과 생활이 비대면 방식으로 전환되었다. 유통과 생산 과정에서도 사람들은 새로운 방식을 채택하고 있다. 빠르게 변화하는 환경변화는 기업의 경영목적과 사회적 역할에 대한 새로운 시각을 주문하고 있다.

기업의 목적은 이익을 극대화하는 것이지만, 여기에 더해서 기업이 어떻게 사회변화를 선도하고 사회적 책임을 다할지에 대한 논의가 확산되고 있다. 투자 결정에 재무적 요인만 아니라 비재무적 요인도 고려해야 한다는 요구가 그것이다. 여기서 비재무적 요인을 'ESG'라고 하는데 환경(Environment), 사회(Social) 그리고 지배구조(Governance)의 첫 자를 반영한 것이다. 기업의 사회적 책임에 대한 요구는 분명하다. 기업 자신의 수익성을 높이는 경영뿐만 아니라 사회 공동체에 대한 기여를 포함하고, 나아가 인류의 지속가능한 발전에 이바지하는 것이다.

금융시장에서도 ESG 관련 투자에 대한 관심이 뜨겁다. 더 높은 수익을 내기 위한 조건으로 ESG를 고려하자는 것이다. 채권, 펀드에서

ESG는 민간 투자의 선택에서 빼놓을 수 없는 항목이다. 채권, 펀드에서 민간이 자발적으로 그 중요성을 인식하고 있는 것이다.

정부와 관련 기관은 제 역할에 충실할 필요가 있다. ESG가 민간에 의해 주도되고 활발해질 수 있도록 돕는 역할이 바로 그것이다. 기업이 ESG 경영에 나설 수 있는 제도적 여건을 만들어야 한다. 어떤 방향으로 갈지, 어떤 것을 해야 할 지는 민간이 스스로 정하고 추진할 수 있도록 자율적인 경영환경이 조성되어야 ESG가 본연의 가치에 충실해 해법을 찾을 수 있기 때문이다.

우리 기업들의 자발적인 대응 노력이 본격화 되고 있다. 글로벌 경쟁사회에서 요구하는 환경 기준에 부합하는 경영 방침을 실천하고 있다. 글로벌 무역환경 수준에 부합하는 기업경영을 갖추어 가는 것은 기업의 생존조건이기 때문이다.

ESG에 대한 세계적인 관심이 높아지면서 우리나라에서도 전문가의 의견이 다양하게 표출되고 있다. 이 책은 ESG가 기업경제에 올바로 자리 잡을 수 있는 방향성을 제시하기 위해 기획되었다.

경제가 지속가능한 방식으로 발전하기 위한 ESG의 조건은 무엇인가? 미국과 유럽에서 ESG는 왜 새로운 규범으로 등장하였나? 글로벌 기업은 어떻게 환경 개선에 기여하고 환경문제의 해법을 찾을 것인가? 사회적인 가치를 창출해 내는 기업경영 방식은 무엇이고, 그런 지배구조는 어떤 방향성을 가질 것인가? 세계의 기업들은 어떤 노력을 기울이고 있는가? 우리 청년들은 기업들의 ESG 경영을 어떻게 평가하고 있나? 이런 문제 인식에 대해 각계의 전문가들이 내놓은 해법과 생각들을 모아 이 책을 출간하게 되었다.

미래를 내다보는 혜안으로 깊이있는 글을 쓴 강성진, 김태황, 오형나, 정태용, 김용건, 김현제, 박주헌, 유창조, 신현한, 조성봉, 김영신, 하윤희, 곽은경 등 저자들에게 감사드린다. 아무쪼록, 우리 기업들이 새로운 무역규범으로 등장한 ESG 이슈에 대한 올바른 인식을 바탕으로 격변하는 경쟁환경 속에서 경쟁력을 높이고 나아가 인류의 지속가능한 발전에 기여하는 데 있어 이 책이 이바지할 수 있기를 바란다.

2021년 5월
자유기업원 원장
최승노

목차

추천사 / 김기현 · 5
추천사 / 정구현 · 8
발간사 / 최승노 · 12

제1장 국제 환경의 변화

01. ESG와 지속가능발전 / 강성진
자본주의 체제의 변화와 정부의 역할 · · · · · · · · · · · · · · · · · · 24
기업의 사회적 책임과 ESG · 26
지속가능발전(Sustainable Development) · · · · · · · · · · · · · · · 33
ESG와 국내 기업의 대응 · 40
ESG 경영활성화를 위한 기업과 정부의 역할 · · · · · · · · · · · · 44

02. 바이든 행정부의 친환경 정책과 국내 기업에 대한 영향 / 김태황
파리기후변화협약 복귀가 왜 중요한가? · · · · · · · · · · · · · · · · 50
바이든의 친환경 생각 · 53
친환경 정책 공약 · 54
미국의 그린 뉴딜, EU의 그린 딜, 한국형 그린 뉴딜 · · · · · · · 57
탄소세 부과가 위협적인가? · 59
환경비용 부담의 증대 · 62
한-미 FTA의 "환경" · 64
환경비용은 임시 가변비용이 아닌 총고정비용 · · · · · · · · · · · 67

03. EU 그린 딜과 국내 기업 환경에의 영향 / 오형나

'그린 딜'과 '2050 탄소중립' ··· 75
EU 그린 딜, 경기위축과 일자리 위기에 대응한 성장전략 ··········· 76
'그린 딜'의 슈퍼예산을 어디에 투자할 것인가? ························· 79
EU 그린 딜, '2050년 탄소중립' 추진을 위한 저탄소화 전략········ 82
EU 그린 딜의 부문별 목표와 핵심 정책 ···································· 85
EU 그린 딜, 국내외적 탄소가격의 압박과 환경규제 요인으로 작용할 것 89

제2장 환경 및 에너지 (Environment)

04. 기후위기와 ESG / 정태용

지속가능한 발전이란? ·· 96
기후위기와 기후금융 ·· 100
ESG와 민간기업의 인식변화 ··· 108
민간기업의 ESG 활동과 기후금융 ··· 110

05. 탄소 배출권 시장 / 김용건

기후변화와 탄소 시장 ··· 118
글로벌 탄소 시장 개요 ··· 119
주요국의 탄소 배출권 거래제 ·· 121
우리나라의 탄소 시장 ··· 123
탄소중립 실현을 위한 탄소 시장의 역할과 과제 ······················· 125
발전부문의 탄소가격기능 정상화가 선결과제 ··························· 127
시장 실패 해결을 위한 탄소 시장 정책이 실패하지 않으려면 ···· 129
탄소 시장 합리화로 탄소 관세 전쟁 대비해야 ·························· 131

06. 분산형 에너지시스템의 구축과 과제 / 김현제

중앙집중형 에너지시스템 · 138
분산형 에너지시스템 · 141
분산에너지 활성화 로드맵 · 142
전력시장의 제도 개선 · 145
송배전요금제 개편과 배전계통 고도화 · · · · · · · · · · · · · · · · 147
새로운 비즈니스 모델의 출현 · 150
지역주민과 소비자의 수용성 제고 · 152

07. 에너지 문제와 원자력 / 박주헌

기업경영원리로서 ESG 등장 · 158
ESG와 기후변화 · 162
우리나라의 에너지전환 · 171
탄소중립을 위한 현실적 대안으로서 원자력 · · · · · · · · · · 175
탄소중립을 위한 원전 정책과 투자 · · · · · · · · · · · · · · · · · · · 179

제3장 사회적 가치와 지배구조 (Social & Governance)

08. ESG의 등장배경, 그리고 기업의 과제 / 유창조

기업의 목적과 사회적 책임의 진화 · · · · · · · · · · · · · · · · · · · 194
지속가능경영의 등장 · 198
ESG 등장이 가져다주는 변화 · 201
ESG 경영의 현황과 성과 · 205
미래 사회의 요구에 따른 기업 목적의 재정의 · · · · · · · · · 207
새로운 패러다임 시대에서의 기업 대응전략 · · · · · · · · · · 209

09. 가족기업과 ESG / 신현한

가족기업과 기업지배구조의 글로벌 스탠더드 · · · · · · · · · · · · · · · · · · 218
기업의 소유지배구조 · 224
가족지배기업의 문제와 성과 · 226
한국 가족기업의 성과 · 232
가족기업과 ESG · 235

10. ESG와 국내 경영환경 / 조성봉

ESG의 한계와 기업의 전략 · 251
한국의 기업환경과 ESG · 255
한국의 기업가정신과 ESG 경영 · 264
화장술이 아닌 기업가정신으로서의 진정한 ESG · · · · · · · · · · 267

11. 기업의 사회적 가치 창출과 지속가능경영 / 김영신

기업의 본질과 기업 평가의 변화 · 272
글로벌 자본시장에서 ESG 투자의 확대 · · · · · · · · · · · · · · · · 274
환경 보존과 지속가능발전 · 276
사회적 기업과 사회적 가치 창출 · 277
공익과 사회적 가치 창출의 기회비용 · · · · · · · · · · · · · · · · · · 280
외부성(externality)과 기업의 사회적 가치 창출 · · · · · · · · · · 283
사회적 가치 창출을 통한 기업의 혁신과 지속가능성 · · · · · · · 288

제4장 사례 분석 (RE100과 기업의 대응)

12. 기업의 사회적 책임과 RE100 / 하윤희

국내 기업의 RE100 · 298
글로벌 거대기업과 RE100 · 300

국내 기업의 RE100 대응과 제약 · 304
글로벌 산업생태계 변화와 신속한 RE100 대응전략 수립의 필요성 제고 310

13. 국내외 기업의 ESG 사례와 정책과제 / 곽은경

서론: 사회적 책임을 넘어 ESG 경영으로 · 316
애플: 탄소제로를 넘어 재생에너지 생산까지 · · · · · · · · · · · · · · · · · · 319
마이크로소프트: 사내탄소세로 '탄소 네거티브' 실현을 · · · · · · · · · · · 322
월마트: 공급업체와 함께하는 ESG 경영 · 325
코카콜라: 쓰레기 없는 세상을 실천하다 · 329
아마존: 소비자 친화적인 방법으로 환경을 보호하다 · · · · · · · · · · · · 333
폭스바겐: ESG 경영으로 디젤게이트를 극복하다 · · · · · · · · · · · · · · 337
SK: 국내 ESG 경영을 주도하다 · 341
LG전자: '정도경영'에 ESG를 녹이다 · 345
삼성전자: 지속가능한 기술, ESG 경영을 만나다 · · · · · · · · · · · · · · 350
NAVER: 소상공인들과 함께하는 아름다운 상생 · · · · · · · · · · · · · · · 355
현대자동차: 친환경으로 미래를 달리다 · 359
결론: ESG 경영 기업 자율에 맡겨야 · 363

[참고자료] ESG에 대한 대학생 인식 조사 / 자유기업원

MZ세대에게 ESG란? · 372
대학생들에게 아직은 낯선 ESG · 373
학교수업과 미디어로 ESG를 접하는 대학생들 · · · · · · · · · · · · · · · · 375
청년 세대가 본 국내 기업의 ESG 경영 · 376
가장 잘하는 국내 기업 SK, 상위권 간 격차 적은 해외 · · · · · · · · · · 380
상품 가격 너머를 보는 MZ세대 · 382
학생들은 가치에 투자한다 · 384
입사 지원 시에도 고려되는 ESG · 385
MZ세대는 ESG를 원한다 · 386

제1장
국제 환경의 변화

01 ESG와 지속가능발전 / 강성진
02 바이든 행정부의 친환경 정책과 국내 기업에 대한 영향 / 김태황
03 EU 그린 딜과 국내 기업 환경에의 영향 / 오형나

01

강성진
고려대학교 경제학과 교수

ESG와 지속가능발전

- 자본주의 체제의 변화와 정부의 역할
- 기업의 사회적 책임과 ESG
- 지속가능발전(Sustainable Development)
- ESG와 국내 기업의 대응
- ESG 경영활성화를 위한 기업과 정부의 역할

ESG와 지속가능발전

 기업의 경영목적과 사회적 역할에 대한 논쟁이 활발히 벌어지고 있다. 전통적으로 기업의 목적은 주주의 이익을 극대화하는 것이고, 경제성장에 기여하는 것이 기업의 사회적 책임이라고 보았다. 그러나 최근 기업의 사회적 책임(corporate social responsibility)이 폭넓게 강조되고 있다. 즉, 투자 결정에 앞서 언급한 재무적 요인뿐만 아니라 비재무적 요인도 고려해야한다는 요구가 강하게 이루어지고 있는 것이다. 여기서 비재무적 요인을 'ESG'라고 하는데, 이는 환경(Environment), 사회(Social) 그리고 지배구조(Governance)의 첫 자를 반영한 것이다. 기업의 사회적 책임에 대한 요구는 기업 자신의 지속가능한 경영만 아니라 국가, 더 나아가 인류 모두의 지속가능발전에 이바지할 것이다. 본 장에서는 기업의 역할과 국제적으로 논의되는 지속가능발전과의 관계를 논의하고 이에 대한 대응점을 알아본다.

자본주의 체제의 변화와 정부의 역할

 자본주의 체제는 인간 중심의 자유주의(liberalism) 사상과 자유시장경제(free market economy)를 통한 경제적 거래가 결합하면서 발달하였다. 18세기 중반 영국에서 시작된 산업혁명(industrial revolution)에 의한 대량생산 체제 등장은 소득을 증가시키고 우리 인간의 삶의 수준을 급격히 향상시켰다는 사실은 부정할 수 없다. 그렇지만 자본주의가 발달함에 따라 문제점도 동시에 나타나기 시작하였다. 대표적인 것이 독과점 기업의 출현, 빈곤층 및 소득격차 증가 등이다.

결국 자본주의 체제를 근본적으로 부정하는 사회주의 체제가 등장하고 정부의 시장개입을 통하여 시장기능의 문제점을 보완하는 다른 형태의 자본주의 체제도 등장하게 되었다. 사회주의 체제는 소련 및 중국을 필두로 하여 동유럽 국가들이 사회주의 체제로 전환되었다. 1978년 중국이 개혁·개방 노선으로 전환하고, 1991년 소련이 붕괴하면서 사회주의 체제는 사라졌다. 왜냐하면 시장이 아닌 정부에 의해 결정된 제품 생산 및 생산방법으로는 효율성을 향상시키지 못하였고, 이는 경제성장으로 연계되지 못했기 때문이다. 반면에 자본주의 체제는 변신을 거듭하면서 지금까지 세계경제를 지배하고 있다. 체제 변신의 핵심은 시장경제에 대한 정부 개입의 정도에 있다.

많은 학자는 최근의 자본주의 체제를 크게 4가지 형태로 구분한다.[1] 첫째는 다른 체제보다도 정부의 시장 개입이 가장 적은 형태로 미국형 시장자본주의(U.S. market capitalism)이다. 둘째, 사회적 시장자본주의(social market capitalism)로 독일과 스웨덴을 비롯한 북유럽 국가를 지칭한다. 이들은 미국보다 정부의 시장개입이 강한 체제라고 할 수 있다. 셋째, 국가 주도형 자본주의(state-directed capitalism)로 한국과 일본을 비롯한 주요 동아시아 국가를 포함한다. 이들 국가는 자유시장경제에 대한 정부 개입(예를 들면 강력한 산업정책)을 통하여 경제성장 동력을 이어온 국가들이다. 마지막으로 과거 사회주의 체제에서 시장경제를 도입한 국가 그룹으로 체제 전환형 자본주의(transition economy capitalism)이다. 정치·경제체제를 모두 전환한 구소련이나 경제체제만을 전환한 중국과 베트남 같은 국가를 지칭한다. 그러나 아직도 정부의 시장개입 정도는 다른 자본주의 체제보다도 강한 국가들이다.

기업의 사회적 책임과 ESG

자본주의 체제의 변신이 단순히 시장과 정부의 역할 분담 차원에서만 분류되는 것은 아니다. 생산 부문에서 중요한 역할을 하는 기업의 역할을 가지고 분류하기도 한다. 크게 주주자본주의(shareholder capitalism)와 이해관계자 자본주의(stakeholder capitalism)로 분류된다.

주주자본주의에서 기업은 모든 가용한 자원을 이용하여 최대의 이익을 얻고, 이를 통하여 주주의 이익을 극대화해 국가 경제에 도움을 주는 역할을 한다. 이에 대한 적극적인 지지자는 1976년 노벨경제학상 수상자인 밀턴 프리드먼(Milton Friedman) 교수이다.

이해관계자 자본주의는 기업을 경영하면서 주주만이 아니라 다른 이해 당사자들인 종업원, 소비자, 지역주민에서 더 나아가 환경문제까지 고려해야 한다는 것이다. 2020년 1월 세계경제포럼(World Economic Forum) 행사에서 채택된 '2020 다보스 성명서'에 이해관계자 자본주의 비전이 공식적으로 채택될 정도로 시대적 조류를 반영한다고 할 수 있다. 이해관계자 자본주의가 이미 1970년대에도 대두되었지만, 최근에 주목을 받게 된 계기는 기업들이 과도한 단기이익에만 집착하여 그 이외의 문제에는 관심을 덜 두었다는 시각에서 출발하였다. 경제성장 과정에서 양극화가 심해졌고 기후변화와 감염병과 같은 인류 공통의 관심사는 경제성장과 관련이 깊음에도 불구하고 정작 기업들은 이러한 문제에 관한 관심을 덜 두었다는 것이다. 특히 2008년 미국발 글로벌 금융위기가 나타난 배경은 이익극대화에만 몰입한 기업경영의 역할이 큰 것으로 보고 있다.

이처럼 자본주의 체제에 대한 시각의 변화는 기업의 사회적 역할(corporate social responsibility)에 대한 범위도 변화하게 하였다. 주주자본주의 체제에서 기업의 사회적 역할은 주주이익 극대화를 통하여 경제성장에 이바지하는 것이라고 보고 있다. 일반 국민이 필요한 공공재의 공급은 민간기업이 아닌 정부의 역할이라는 것이다. 그러나 이해관계자 자본주의에서는 기업의 사회적 책임은 더욱 확대된다. 가장 많이 인용되는 정의 중 하나는 유럽연합(2001)에서 발표한 것이다.[2] 즉, 기업의 사회적 역할은 "기업들은 자발적으로 사회적 및 환경적 문제를 자신들의 영업활동과 이해관계자들과의 상호관계에 통합시키는 개념"이다.

국제표준화기구(International Organization for Standardization: ISO)는 2010년 기업의 사회적 책임에 대한 국제적 표준으로 사회적 책임에 대한 지침(ISO 26000: Guidance for Social Responsibility)을 발표하였다. 이 표준은 강제적 지침은 아니지만 사회적 책임 개념과 원칙을 정하고 조직 거버넌스, 인권, 노동 관행, 환경, 공정 운영 관행, 소비자 이슈, 지역사회 참여와 발전이라는 7대 핵심 주제에 대한 지침을 제공하였다. 우리나라도 2012년 8월 사회적 책임에 대한 지침(KSA ISO26000)을 고시하여 보급하고 있다. 따라서 글로벌기업으로 성장하고자 하는 기업들은 ISO 26000을 준수하는 것이 지속가능한 기업발전을 위하여 필수적인 요소가 되고 있다.

기업의 투자 결정은 주주 이익극대화를 추구하는 경우 재무적 요인을 중심으로 이루어졌다. 그러나 기업이 이해관계자를 포함하는 넓은 의미의 사회적 책임을 실현하기 위하여 단기차익이 아닌 기업의 지속가능발전을 추구하는 것으로 확대하며 비재무적 요인을 고려한 투자를 결정하게 되었다. 이처럼 재무적 요인에 비재무적 요인을 고려한 투자를 통하여 광범위한 개념의 사회적 책임을 다하는 형태의 투자를 사회적 책임 투자(socially responsible investment: SRI)라고 부른다. SRI는 투자를 통하여 재무적 이익만 아니라 환경, 윤리 및 사회변화에 대한 영향과 같은 비재무적 이익도 고려하는 투자이다. 이 비재무적 이익을 반영한 것이 바로 ESG이다.

ESG는 2006년 출범한 유엔책임투자원칙(UN Principles for Responsible Investment: UNPRI)을 통하여 기업의 투자는 전통적인 재무적 요소만이 아니라 비재무적 요소를 고려한 투자를 하도록 장려하였다.[3)] 유엔에 의하면 책임투자(Responsible Investment: RI)는 투자 결정과 지배구조에 있어서 환경, 사회 및 지배구조를 통합하는 전략과 실천을 의미한다고 정의하고 있다. UNPRI가 제시하는 세 요소의 구성요소를 보면 다음과 같다. 환경은 기후변화, 자원고갈, 폐기물, 오염, 산림벌채를 의미한다. 사회는 인권, 현대판 노예제, 아동노동, 노동조건, 고용관계를 포함한다. 마지막으로 지배구조는 뇌물과 부패, 경영상 이익, 이사회 다양성 및 구조, 정치적 로비 및 기부, 조세 전략이다.

기업의 사회적 책임이 단순 주주이익 극대화라는 차원에서 더 나아가 기업경영과정에서 연관되는 다양한 이해관계자를 고려해야 한다는 것이 최근 기업의 사회적 책임에 대한 폭넓은 해석이다. 최근 급속하게 보급되고 있는 ESG는 이러한 기업의 사회적 책임을 구체적인 지표로 환산하고, 이를 통하여 기업의 신용도, 금융투자, 정부조달, 세금감면, 우선구매기준 등으로 활용하고자 하는 것이다.

문제는 각 기업의 ESG 현황을 어떻게 구체적으로 계량화하는가에 있다. 〈표 1〉에서 보여 주듯이 국제적으로 많은 기관은 다양한 형태의 지표를 개발하여 발표하고 있다. 예를 들어 블룸버그는 약 9천 개 이상의 기업을 대상으로 하여 ESG 지표를 발표하고 있다. 또 다른 지표로 많이 인용되는 것이 모건스탠리 캐피털 인터내셔널(MSCI) ESG 지표이다. MSCI는 전 세계 약 84,000개가 넘는 기업들에 대한 ESG 지표를 발표하고 있다.

〈표 2〉는 MSCI ESG 지표가 어떻게 만들어지는가를 보여준다. 환경 부문은 4개 주제로 기후변화, 자연자본, 오염 및 폐기물 및 환경적 기회를 고려하고 있다. 이 부문에는 총 13개 지표가 사용되고 있다. 사회 부문은 4개 주제로 나누어져 인적자본, 제품 책임, 이해관계자 반대 및 사회적 기회를 고려하고, 15개 지표로 구성되어 있다. 마지막으로 지배구조에서는 2개 주제(기업의 지배구조, 기업의 행위)에 5개 지표로 구성된다. MSCI는 각각의 지표에 대하여 가중치를 적용하여 최종적으로 ESG 지표를 산출하고 있다.

표 1 주요 ESG 지수 발표 현황

제공명칭	지표 현황	주요 내용
Bloomberg ESG 평가	100점 만점	• 약 9,000개 기업의 ESG 자료 이용
Corporate Knights Global 100	100점 만점	• Global 100 지속가능기업 발표 • 14개 주요 지표를 이용
다우존스 지속가능경영 지수(DJSI)	100점 만점	• 80-120개 지표를 서베이 통해 작성
ISS	1-10	• 기후변화 자료 포함, 5,600개 공기업에 대한 ISS 품질 지표 발표

MSCI ESG	AAA-CCC	• 84,000개가 넘는 기업들에 대한 ESG 지표 발표
Sustainalytics ESG 리스크 평가	100점 만점	• 42부문 6,500개 기업에 대한 지표 발표 • 부문별 70개 지표 이용
Thomson Reuters ESG Research Data	D-A+	• 6,000개 이상의 기업 대상

출처: Harvard Law School Forum on Corporate Governance, ESG Reports and Ratings: What They Are, Why They Matter, July 27, 2017.

표 2 MSCI ESG 지수 구성

목표	주제	지표
환경	기후변화	탄소배출, 환경영향 부문에 대한 자금 조달, 제품의 탄소 발자국, 기후변화 취약성
	자연자본	물 부족, 원료 원천, 생물다양성 및 토지 이용
	오염 및 폐기물	독성배기가스 배출 및 폐기, 전자폐기물, 포장재 및 폐기
	환경적 기회	청정기술, 신재생에너지 기회, 녹색건물 기회
사회	인적자본	노동 관리, 인적자본개발, 보건 및 안전, 공급망 노동기준
	제품 책임	제품 안전 및 품질, 개인정보 및 데이터 안전, 화학물 안전, 책임투자, 금융상품 안정성, 보건 및 인구적 위험
	이해관계자 반대	출처의 논쟁성, 커뮤니티 관계
	사회적 기회	통신 접근, 보건의료 접근, 금융접근, 영양 및 보건에 대한 기회
지배구조	기업의 지배구조	소유 및 관리위원회, 지급, 회계
	기업의 행위	사업윤리, 세무 투명성

출처: MSCI ESG Research, MSCI ESG Ratings Methodology, December 2020.

국내의 경우, 국민연금도 2015년 ESG 지표를 마련하고 투자 대상 기업을 6개 등급으로 평가하고 있다. 〈표 3〉은 국민연금이 사용하는

ESG 지표를 정리한 것이다. 이 지표를 보면 환경 부문에서 기후변화, 청정생산, 친환경제품 개발의 정도를 평가한다. 구체적인 지표는 모두 12개이다. 사회는 인적자원관리, 산업안전 등 5개 항목이 포함된다. 지배구조는 주주 권리, 이사회 구성 및 활동 등 5개 항목으로 구성된다. 더 나아가 주요 항목에 있어서 심각성 및 재발 우려를 평가하고 이를 기업 ESG 평가 결과에 반영한다는 점이다. 심각성은 피해 규모, 기업 관계자 처벌 가능성, 지속 기간 등이고, 재발 우려는 의사소통, 개선 수준, 사안의 반복 정도 등으로 구성된다. 이들을 보면 앞의 MSCI 지표와 비교할 때 기업의 경영이나 투자 결정이 필수적인 기업 특성을 반영하기보다는 상대적으로 기업 외적인 요소와 지배구조를 상대적으로 많이 고려하고 있는 것으로 보인다. 다시 말하면 정치적이거나 사회적인 기업 외적인 요소에 의하여 기업을 평가하고 투자 결정을 하게 되는 우려가 있을 수 있다.

표 3 **국민연금의 ESG 평가지표**

목표	지표	세부 평가지표
환경	기후변화, 청정생산, 친환경제품개발,	탄소 배출량, 대기오염물질배출량 등 12개
사회	인적자원관리, 산업안전, 하도급 거래, 제품 안전, 공정경쟁	급여 수준, 고용수준, 협력업체 지원 여부 등 21개
지배구조	주주 권리, 이사회 구성과 활동, 감사제도, 관계사 위험, 배당	감사위원회 사외이사 비율, 대표이사와 이사회 의장 분리 여부 등 19개

출처: 국민연금운용위원회, 국민연금 책임투자 활성화 방안(안), 2019.11.29.

그리고 한국기업지배구조원(KCGS)은 2011년부터 ESG 지표를 발표하고 있다. 지표의 구성을 요약한 것이 〈표 4〉이다. KCGS는 매년 900여 개 상장회사를 대상으로 ESG 평가를 하고 있다. 이 평가는 상장사 모두를 대상으로 지표를 발표하고 있어서 기업들에 대한 비교가 용이하다는 장점이 있다. 다만 이들 기업의 비재무적 지표는 모두 동일한 기준으로 발표되는 것이 아니므로, ESG 지표를 매우 객관적이고 동일한 기준으로 도출하기가 어렵다는 한계가 있다. 이 지표도 앞에서의 국민연금에서 도출하는 지표와 유사하게 기업 자체의 경영에 관련된 지표보다는 기업 외적인 지표들이 MSCI 지표보다 상대적으로 많이 포함되는 것이 특징이다.

표 4 **한국기업지배구조원의 ESG 평가지표**

목표	지표	세부평가지표
환경	환경경영계획	최고경영자의 실천 의지. 환경경영 전략과 방침, 환경목표 및 계획수립, 환경친화적 조직문화, 환경친화적 조직체계
	환경경영실행	환경친화적 생산, 기후변화 대응, 환경친화적 공급망 관리, 환경위험관리
	환경성과 관리 및 보고	환경성과 관리, 환경회계, 환경감사, 환경정보 보고
	이해관계자 대응	이해관계자 참여 활동, 환경보호 활동
사회	근로자	고용 및 근로조건, 노사관계, 직장 내 안전 및 보건, 인력개발 및 지원, 직장 내 기본권
	협력사 및 경쟁사	공정거래, 부패 방지, 사회적 책임 촉진
	소비자	소비자와 공정거래, 소비자 안전 및 보건, 소비자 개인정보 보호, 소비자와의 소통
	지역사회	지역사회 참여, 지역경제 발전, 지역사회와의 소통

	주주	주주의 권리, 주주의 공평한 대우, 주주의 책임
지배구조	이사회	이사회의 구성 및 이사 선임, 사외이사, 이사회의 운영, 이사회 내 위원회, 이사의 의무, 이사의 책임, 평가 및 보상
	감사기구	내부감사기구, 외부감사인
	이해관계자	이해관계자의 경영감시 참여
	시장에 의한 경영감시	공시, 기업경영권 시장, 기관투자자

출처: 이정기·이재혁, "지속가능경영" 연구의 현황 및 발전 방향: ESG 평가지표를 중심으로, Journal of Strategic Management, 2020, 23(2), pp.65-92.

지속가능발전(Sustainable Development)

현재까지 가장 많이 인용되는 지속가능발전(Sustainable Development) 개념은 1987년 세계환경개발위원회(WCED)가 발표한 우리 공동의 미래(Our Common Future)라는 보고서에 나와 있는 것이다. 이 보고서는 당시 위원장을 맡았던 노르웨이 수상인 부룬트란트 이름을 따서 부룬트란트 보고서(Brundland Report)라고 불린다. 여기서 내린 정의는 지속가능발전이란 "미래세대들의 욕구를 충족시킬 수 있는 능력을 저해하지 않으면서 현재의 세대들의 필요를 충족시키는 개발"이다. 문제는 이 정의가 구체적인 정책을 시행하기에는 너무 추상적이라는 점에서 어려움이 있었다.

이를 실행 가능한 정책으로 구체화한 것은 2007년 노벨 평화상 공동 수상자인 모한 무나싱헤(Mohan Munasinghe)의 다양한 발표문을 통해서이다. 그는 지속가능발전을 달성하기 위한 구체적인 정책 방향으로 경제성장(economic growth), 사회발전(social development), 그리고 친환경(eco-friendliness)이 상호 윈윈(win-win)하게 나아가는 발전이라고 정의하였다. 여기서 경제성장은 자원의 효율적 사용 정도, 일자리 창출 등을 의미한다. 사회발전은 소득분배의 형평성, 빈곤 완화, 사회적 형평과 포용, 사회통합, 교육 기회 등을 달성하는 것을 의미한다. 그리고 친환경이라고 함은 자연 자원고갈과 오염방지, 자연보호, 환경의 질 개선, 생물다양성 추구 등을 포함한다. UN은 2016~2030년 기간 동안 국제사회가 달성해야 할 지속가능발전 목표(Sustainable Development Goals: SDGs)를 제시하였다. SDGs는 17개 목표(goal), 169개 세부목표(target), 247개 지표(indicators)로 구성되어 있다. 〈표 5〉는 17개의 목표와 목표별 지표 수를 정리한 것이다.

표 5 지속가능발전 목표와 내용

부문	목표	내용	부문	목표	내용
경제	1	빈곤퇴치(13)	경제	10	불평등 완화(14)
경제	2	기아 종식(14)	사회	11	지속가능한 도시와 공동체(14)
사회	3	건강과 웰빙(28)	사회	12	책임 있는 소비와 생산(13)
사회	4	양질의 교육(12)	환경	13	기후변화 대응(8)
사회	5	양성평등(14)	환경	14	해양 생태계(10)
환경	6	물과 위생(11)	환경	15	육상 생태계(14)
환경	7	깨끗한 에너지(6)	사회	16	평화, 정의와 제도(24)
경제	8	양질의 일자리와 경제성장(16)	사회	17	SDGs를 위한 파트너십(24)
경제	9	산업, 혁신과 사회기반시설(12)			

주: 경제, 사회 및 환경은 저자가 분류한 것임.
자료: United Nations (https://sdgs.un.org/goals, 검색일: 2021.01.31.)

인류 공동의 목표로 지속가능발전을 두고 이를 달성하기 위한 다양한 전략들이 시행되거나 추천되고 있다. 먼저, 경제성장과 환경을 동시에 추구하는 친환경적 경제성장 정책으로 녹색성장(green growth), 포용적 녹색성장(inclusive green growth), 녹색경제(green economy), 그린 뉴딜(green newdeal) 등이 있다. 녹색성장은 지난 2009년 한국에서 국가 차원의 포괄적인 경제발전전략으로 채택되었다. 여기서 녹색성장은 "신재생에너지 기술과 에너지 자원 효율화 기술, 환경오염 저감 기술 등 녹색기술을 신성장동력으로 하여 경제·산업 구조는 물론이고 전반적인 삶의 양식을 저탄소·친환경으로 전환하는 국가 발전 전략"으로 정의하였다.[4] 이에 따라 경제협력개발기구(OECD)도 녹색성장 전략에 관한 보고서를 발표하였다. 그리고 유엔환경계획(UNEP)의 녹색경제도 유사한 개념이다. 그 외에 생태효율성(eco-efficiency), 순환경제(circular economy) 그리고 최근 여러 국가에서 시행되고 있는 그린 뉴딜 정책도 친환경적 경제성장을 달성하기 위한 정책을 추진한다는 측면에서 모두 유사한 정책 방향이다.[5] 그 외에 실질적인 탄소 배출량을 제로(0)로 유지하겠다는 넷 제로 2050(net zero 2050) 전략이나 기업이 사용하는 전력 100%를 재생에너지로 대체하겠다는 재생에너지 100%(RE100) 전략도 유사하다.[6] 이들은 모두 인간 활동을 통한 온실가스 배출량을 최소화하고, 산림 등에 의한 흡수나 온실가스 제거를 통하여 실질 배출량이 없게 하겠다는 것이다. 〈표 6〉은 주요 기관에서 제시하는 녹색성장 관련 용어와 정의를 정리한 것이다.

표 6 녹색성장 관련 주요 개념

용어	발표기관	정의
생태효율성	WBCSD (1992)	보다 적은 자원을 사용하고 폐기물과 오염발생을 줄이면서 더 많은 재화 및 서비스를 창출하는 개념
녹색성장	미래기획위원회 (2009)	신재생에너지 기술과 에너지 자원 효율화 기술, 환경오염 저감 기술 등 녹색기술을 신성장동력으로 하여 경제·산업 구조는 물론이고 전반적인 삶의 양식을 저탄소·친환경으로 전환하는 국가 발전 전략
녹색경제	UNEP (2011)	인간의 행복(well-being)과 사회적 형평성을 추구하면서 환경이 입는 피해와 생태학적 결핍을 상당히 줄여가는 것
포용적 녹색성장	세계은행 (2011)	지속가능발전을 달성하기 위해서 환경과 경제성장의 차원을 넘어서 모든 사람에게 사회 후생을 증가시켜주는 것
순환경제	Ellen MacArthur 재단 (2013)	기존의 생산-사용-폐기의 경제체계를 재생 가능 에너지를 사용하는 체계로 대체하며, 우수한 시스템 설계로 독성 화학물질 사용을 지양하며, 폐기물을 배출하지 않는 경제체계
탄소중립 2050	2050 탄소중립 기후동맹 (2019)	2050년 탄소 배출량을 0으로 하겠다는 의제로 파리협정(2016년 발효) 및 UN 기후정상회의(2019) 이후 2050 탄소중립이 국제적 쟁점이 됨.

출처: 강성진 외(2014)를 수정·보완한 것임.

최근에는 경제성장을 유지하는 한 탄소배출은 줄일 수 없으므로 경제성장을 제로(0)로 하더라도 기존의 삶의 질을 유지할 수 있다는 탈성장(degrowth) 전략을 강조하기도 한다. 이는 과거 로마클럽에서 발표한 『성장의 한계』(1972)에서 제기한 환경의 지속가능성을 유지하려면 경제성장률을 0%로 해야 한다는 제로성장전략(zero economic growth)을 시행해야 한다는 주장과 일맥상통한다. 당시 이 전략은 선진국이나 개발도상국 모두로부터 적극적인 지지를 받지 못하였다. 모든 국가가 소득을 증가시키는 경제성장을 포기할 수 없었기 때문이다. 선진국은 기술혁신을 통하여 경제성장을 하더라도 온실가스 감축을 할 수 있다는 주장이었다. 반면 개발도상국은 당시 온실가스 축적은 산업혁명 이후 선진국의 고도성장에 의한 것이므로 환경오염을 유발하더라도 경제성장이 필요하다는 입장을 보였다.

한편 경제성장을 하더라도 사회적 발전도 동시에 추구해야 한다는 전략으로 많이 등장하는 개념으로는 휴먼뉴딜(human newdeal), 포용적 성장(inclusive growth), 공정성장, 동반성장 그리고 사회적 경제(social economy) 등이 있다. OECD에 의하면 포용적 성장은 "사회에 공정하게 분배되고 모두에게 기회를 창출할 수 있는 경제성장"이라고 정의하고 있다.[7] 또한 OECD는 사회적 경제는 지속가능하고 포용적인 경제활동으로 정의한다. 이는 사회·환경적 필요를 반영하고, 참여적·민주적 지배구조하에 지역을 기반으로 하고, 다른 경제주체만 아니라 이해관계자들과 긴밀하게 협조하는 특징을 갖는다.[8] 이들은 경제성장정책을 시행하더라도 빈곤이 감소(pro-poor)하고 양극화가 개선되는 등 다양한 사회발전 요소를 개선하는 방향으로 경제성장전략은 추진되어야 한다는 것이다. 물론 더욱 중요한 것은 경제성장에서 얻은 정부 재원으로 사회발전을 위하여 적절하게 사용하는 사회복지정책이 시행되어야 한다.

다시 말해서 이들 경제-환경 및 경제-사회발전이 상호 원원하도록 정책이 시행되는 경우 우리 인류가 공동으로 지향하고 있는 지속가능발전을 달성할 수 있다는 것이다. 따라서 지속가능발전이 우리 인류가 공통으로 지향하는 비전이고 목표라고 한다면 경제와 환경 그리고 경제와 사회를 상호 연계하는 전략들이 제대로 시행될 때 비전 달성이 가능하다. 〈그림 1〉은 위에서 설명한 지속가능발전과 이를 달성하기 위한 각종 유사 용어들을 그림으로 정리한 것이다.

그림 1 **지속가능발전과 추진 전략**

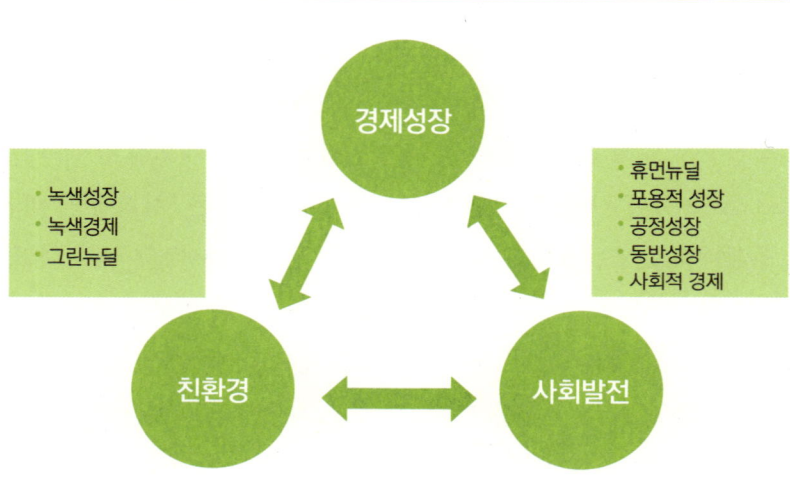

자본주의 체제는 완벽한 것이 아니다. 산업혁명 시기를 지나면서 자본주의는 자유시장경제의 경쟁과 정부의 시장개입이라는 두 축을 중심으로 끊임없이 변화해 오고 있다. 이러한 상황에서 생산 부문의 주축을 이루는 기업의 역할도 변화해 왔다. 기업의 주인은 주주이며 이들 이익의 극대화를 위해 기업경영을 해야 한다는 주주자본주의가 최근까지 경제성장을 주도해왔다. 그러나 1980년대 워싱턴 컨센서스(Washington Consensus) 정책은 자본주의 체제 국가에서 시장개방, 규제완화 정책이 광범위하게 시행되었다. 이 정책들은 신자유주의(neoliberalism)라고 비판을 받기도 하였다. 이처럼 시장 역할 강화 정책이 시행된 계기는 1960~1970년대를 거치면서 영국병이라고 할 정도로 민간기업의 국유화를 추진하는 등 선진국에서조차도 정부의 시장개입이 강화되면서 경제성장이 침체하였기 때문이다. 정부주도의 기업에서는 생산성 증대나 기술혁신이 시장주도 민간에 비해 떨어져 경제성장률이 높게 나타나지 않았던 것이다. 동시에 소련을 비롯한 사회주의 체제도 붕괴하면서 과거 정부의 역할만을 강조하던 것과 달리 시장경제를 도입하기에 이르렀다.

개방화, 시장자유화 및 규제완화 등 정책이 본격적으로 시행되면서 경제성장은 다시 살아났지만, 소득분배 악화와 양극화는 심각해지는 문제점이 대두되기 시작하였다. 특히 2008년경 선진국을 중심으로 나타난 글로벌 금융위기는 너무 지나친 시장개방과 단기이익을 집착하는 기업의 목적 때문에 나타났다는 비판을 받게 되었다. 이러한 상황에서 기업의 목적은 단순히 주주이익에만 둘 것이 아니라 기업경영의 이해관계자들을 모두 고려해야 한다는 주장이 등장하였다. 결국 기업의 사회적 책임의 범위가 확대되면서 투자 결정이 단순히 재무적 요인만 아니라 환경이나 사회적 변수 등 비재무적 요인도 고려해야 한다는 주장이 대두되었는데 이것이 바로 ESG이다.

비록 ESG가 기업의 경영과 투자에 대한 조건을 의미하는 것이지만 이제는 기업 자신의 지속 경영을 위하여 필수적인 지침이 되었다. 당장 석탄과 같은 비환경적 부문에 대한 투자에 대하여 국제투자기관들이 투자회사에 대한 지분을 매각하거나 투자금을 회수하겠다는 경고를 하고 있다. 예를 들어 최근 한국전력의 인도네시아·베트남 등에 대한 석탄화력발전소 투자에 대하여 네덜란드 공적연금은 2019년 2월

한전에 대한 지분을 매각하고 투자금을 회수하였다.[9]

따라서 앞으로는 기업의 ESG적 경영이 기업만 아니라 국가의 사회의 지속가능발전을 추구하는 데 도움이 될 것이다. 환경을 고려한 경영과 투자를 통한 기업의 생산은 국가의 친환경적 성장에 도움이 된다. 그리고 주주의 이익만 아니라 노동자, 지역주민만 아니라 환경까지 고려하는 투자와 경영을 통한 기업의 사회적 책임을 강조하는 것은 기업 자신의 성장만 아니라 이해관계자들에 대한 배려로 상생과 공존을 강조함으로써 사회적 발전에도 도움이 될 수 있다.

ESG와 국내 기업의 대응

기업의 사회적 책임이 강조되면서 경영과 투자결정도 단기이윤 극대화 차원에서 더 나아가 이해관계자만 아니라 환경과 감염병 등 인류 공통의 문제까지 고려해야 하는 시대에 직면하였다. 한국기업도 예외가 아니다. 글로벌기업으로 각국의 기업들과 경쟁해야 하고 국제금융기관과 금융거래를 해야 하는 입장에서 글로벌 스탠더드에 부합하는 기업경영이 지속가능경영으로 필수적이다.

한국기업들도 발 빠르게 움직이고 있다. 최근 언론보도를 종합해 보면 국내 기업들이 얼마나 빠르게 움직이고 있는지를 알 수 있다. 다른 주요 기업들도 예외가 아니다. 2021년 주요 기업들의 신년사를 보면 공통적으로 기업의 사회적 책임과 ESG를 강조하고 있다. 이들은 회사 내에 ESG 전담 조직을 구성하여 기업경영에 활용하기 위하여 노력하고 있다. 한국은 에너지 사용이 매우 높아 온실가스 배출이 많을 수밖에 없는 중화학공업을 중심으로 경제성장을 달성한 국가이다. 따라서 이들 기업이 글로벌 경쟁에서 살아남고 지속가능경영을 달성하기 위해서는 ESG에 부합하는 경영을 하는 것이 자신들의 생존을 위한 필수 조건이 되고 있다.

단연 선두에 있는 기업은 SK그룹이다. 2019년 초에 이미 "계열사 성과평가제도(KPI)에 사회적 가치(social value) 창출액을 50% 반영하겠다"라고 발표했다고 한다.[10] 이는 기업이 이익이나 매출이 아무리 높게 나오더라도 사회적 가치를 반영하는 ESG 부문에서의 성과가 낮으면 높은 평가를 받을 수 없다는 의미이다. 물론 SK그룹에서 사회적 가치에 대한 논의는 이미 2012년부터 이루어지고 있었다. 더 나아가 SK그룹은 최근 ESG를 화폐단위로 환산하고 있다고 한다. 이렇게 정량화된 지표로 ESG를 측정할 수 있다면 기업의 성과를 다른 지표와 비교 평가하기 쉬워진다. 이러한 과정을 거쳐서 SK그룹은 실질적인 경영을 ESG 부문을 반영하는 방향으로 전환하고자 하는 것이다.

〈표 7〉은 SK그룹이 자체적으로 측정하고자 하는 ESG 항목을 정리한 것이다. 거버넌스 부문은 아직 구체적 지표를 발표하지 않았다. 환경과 사회 부문은 MSCI ESG 지표에 비하면 기업 자신의 경영이나 투자 관련 지표보다는 기업 이외의 사회에 대한 공헌을 상대적으로 많이 포함하는 것으로 보인다. 일반적으로 ESG는 사회적 공헌을 기업경영이나 투자를 결정하는 데 있어서 비재무적 ESG 요소를 재무적 요소에 추가해서 고려하라는 것이다. 다시 말하면 SK그룹에서 논의하는 ESG에 의한 사회적 책임은 다른 국제기관에서 ESG 지수를 만드는데 고려하는 사회적 책임보다 더 넓은 의미로 보고 있다고 하겠다.

표 7 SK그룹이 성과평가에 반영하는 ESG 항목

환경	자원 소비	원재료, 에너지, 용수 등
	환경오염	온실가스, 대기오염, 수질오염, 폐기물, 토지 이용 및 생물다양성
사회	삶의 질	공공 이익 증대, 범죄예방, 불평등 해소, 사회 서비스
	노동	품질, 안전, 정보
	동반성장	공정거래, 상생협력, 사회공헌 및 책임구매, 협력사 안전 및 보건
거버넌스	검토 중	

자료: 한국경제(2021.01.19.)

    그 외의 국내외 주요 기업들의 ESG 활동에 관한 내용을 정리한 것이 〈표 8〉이다. 국내 대기업의 활동을 해외 기업들과 비교해보면 아직도 환경이나 사회 부문에서는 뒤떨어져 있음을 알 수 있다. 한국은 주로 지배구조 측면을 부각시키고 있다. 예를 들어 마이크로소프트와 애플은 이미 RE100에 가입하고 있고, 현재 사업장에서 100% 사용 중인 것으로 나타나 있다. 반면에 앞에서 보았듯이 국내 기업 중에서는 2020년 11월에 SK그룹 8개 관계사가 국내 최초로 한국 RE100 위원회에 가입 신청서를 제출하였다. 특히, 구글이나 마이크로소프트처럼 기술혁신을 통하여 다양한 친환경 사업에 참여하기도 한다.

표 8 **국내외 주요 기업의 ESG 활동**

기업명	활동 내용
마이크로소프트(Microsoft)	• 재생에너지 100% 사용 선언(RE100), 현재 사업장 100% 사용 중 • 2015년부터 해저 데이터센터 구축 나틱 프로젝트(Project Natick) 진행 중. 이 프로젝트는 현재 실증 작업이 마무리 단계에 있으며, 전력소비 절감, 지상 데이터 센터 대비 고장률 감소, 해안 도시 거주자 대상 서비스 속도 향상 등의 효과가 기대됨. • 남녀 직원 모두 3개월간 유급 출산 휴가 제공 협력업체만 계약 • 지속가능성 관련 업무 총괄하는 최고환경책임자 임명
구글(Google)	• 구글은 '모두를 위한 인공지능 개발(Advancing AI for Everyone)'이라는 슬로건 하에, 인공지능을 통해 인간 삶의 질을 향상시키고, 인류가 직면한 난제해결을 촉구 • 인공지능을 활용해 홍수나 지진과 같은 자연 재해가 현재 어디서 발생할지를 예측해서 이를 사전에 예방하는 연구를 진행 중 • 안과 검진과정에서 머신러닝을 접목해 당뇨성 망막증을 예방하거나, 수중 데이터를 활용해 멸종 위기의 도래를 보호하는 등의 프로젝트 진행 중
애플(Apple)	• 재생에너지 100% 사용 선언(RE100), 현재 사업장 100% 사용 중 • 여성 임직원 비율 변화 공개, 양성 임금 평등 정책 실행 • 환경·정책·사회적 책임 담당 부사장 임명, CEO 직속 보고 • 글로벌 수자원 보호 협약(Alliance for Water Stewardship) 가입
GM(General Motors)	• 재생에너지 100% 사용(RE100) 선언, 현재 재생에너지 20% 사용 • 자동차 회사 최초로 천연고무 타이어 사용 선언(GPSNR)
스타벅스	• 2018년 3월부터 블록체인으로 커피 원두의 생산 밑 유통이력을 조회하는 '빈투컵(Bean to Cup)' 프로젝트를 진행하고 있음. • 커피 재배 농부의 이력에서부터 커피 콩의 유통과정을 블록체인에 기록함으로써 공정무역을 보장하고, 커피 생산 국가의 삶의 질 또한 향상시킬 수 있을 것으로 기대
SK(주)	• 데이터센터 설비투자 및 신재생에너지 활용 확대, 2013년 그린데이터센터 인증 • 사외이사 이사회 의장 재임 가능 정관과 이사회 규정 개정
삼성전자	• 2020년까지 미국·유럽·중국에서 100% 재생에너지 사용 달성 목표 선언 • 사업장 금지·제한 화학물질 25종 공개, 적용 대상 협력회사로 확대
현대자동차	• 2030년까지 온실가스 배출량(2017년 기준) 26% 감축 계획 • 클린 모빌리티(Clean Mobility) 전환을 위해 2025년까지 대규모 투자 계획 발표

자료: Invest Chosun, ESG의 역습...갈팡질팡하는 국내 대기업들(http://www.investchosun.com/ 2019/12/19/3244700, 2019.12.19.; 검색일: 2021.02.02.); 삼정KPMG, 2020, 『ESG 경영 시대, 전략 패러다임 대전환』.

ESG 경영활성화를 위한 기업과 정부의 역할

　인류의 경제성장과 삶의 질 개선에 지대한 공헌을 한 자본주의는 주주자본주의 체제에서 더 나아가 이해관계자 자본주의 체제로의 이동이 이루어지고 있다는 것은 부정할 수 없는 현실이다. 이는 기업의 사회적 책임이 주주라는 좁은 의미에서 더 나아가 근로자나 지역사회와 같은 기업경영과 직접적으로 관계되는 이해관계자만 아니라 인류의 공동 관심사인 환경이나 감염병과 같은 문제로 확대되고 있음을 알 수 있다. 이러한 점을 고려하여 최근 국제금융기관이나 각국의 정책은 사회적 공헌도가 높은 기업을 우대하고, 그렇지 못한 기업에 대해서는 금융지원을 줄이거나 기업에 대한 지분을 회수하는 경향이 나타나고 있다.

　이러한 세계적 관심사의 흐름을 반영하여 우리 기업들도 기업경영이나 투자 결정을 하는 경우 기존에 고려하던 재무적 요인만 아니라 ESG로 대표되는 비재무적 요인을 고려해야 한다. 이는 기업 자신의 지속가능경영을 달성하는 것만 아니라 국가나 인류 공통의 과제를 공동으로 해결하는데 앞장선다는 의미에서 지속가능발전에 기여하는 것으로 판단할 수 있다. 기업입장에서 이제는 ESG형 경영전략을 채택해야 하는 것이 선택이 아닌 필수가 되었다.

　이러한 국제적 흐름보다 우리 기업들은 아직 참여 정도가 낮다고 볼 수 있다. 그리고 앞에서 이미 논의하였듯이 국내에서는 비재무적인 요인에 너무 기업 외적인 요인을 강조하여 기업경영이 아닌 사회적 공헌을 지나치게 강조하는 경향이 우려되기도 한다. 예를 들어 환경이나 사회보다 지배구조를 지나치게 강조하거나, 친환경적 기술이나 생산을 사용하는 경영보다 환경정책이나 외부기부에 대한 공헌도 등을 상대적으로 많이 강조하는 경우 기업의 사회적 책임이 너무 넓게 강조되어 기업경영에 오히려 장애가 될 수도 있다.

기업이 ESG형 경영 및 투자전략을 채택하는 것은 높은 추가 비용이 소요된다. 예를 들어 친환경적 요소를 고려한 투자는 기존의 전략에 비하여 더 많은 비용이 소요되는 것이다. 전기사용을 신재생에너지로 대체하거나 탄소세와 같은 이산화탄소 배출에 대한 세금을 납부해야 하는 경우가 여기에 해당한다. 또한, 이해관계자를 경영전략에 명시적으로 고려하는 경우 과거 경영전략에 비해 사회적 기여 비용이 증가할 수 있다.

이러한 기업경영환경에 대하여 기업이 ESG형 경영전략을 본격적으로 채택할 때까지 다음과 같은 정부의 다양한 형태의 지원이 필요하다.

첫째, ESG 지표를 통하여 정부의 지원이나 국민연금공단의 투자전략을 결정할 때 정부정책에 너무 크게 영향을 받도록 해서는 안 된다. 앞에서 국민연금공단이 설정한 ESG 지표를 보면 MSCI의 지표에 비해 지배구조를 많이 강조하고 있다. 감사제도, 관계사 위험 및 배당 등 정부가 기업의 지배구조에 대하여 너무 많은 관여를 하는 인상을 줄 수 있다. 따라서 국제적으로 많이 사용되는 ESG 지표를 종합하여 글로벌 스탠더드에 부합하는 ESG 지표를 설정할 필요가 있다. 결국, 정부는 ESG라는 명분을 가지고 기업경영에 너무 간섭하거나 기업에 대한 평가를 기업경영 측면이 아닌 정부입장에서 기업을 평가하면 안 된다. 오히려 기업투자는 위축되고 오히려 경제성장에 저해가 될 우려가 있기 때문이다.

둘째, 다양한 형태의 정부 지원이 필요하다. ESG형 경영에 있어서 기업의 초기 부담은 막대하다. 특히 한국처럼 에너지 집약형 산업이 경제성장을 주도하는 경우 초기 대응 투자가 막대하고 새로운 산업 형태로 전환하는데 위험과 시간이 소요된다. 따라서 기업이 경쟁력을 갖추면서 ESG 경영에 적응할 수 있도록 하는 다양한 지원책이 필요하다. 산업통산자원부(2020)에 의하면 기업의 지속가능경영을 촉진하도록 하기 위한 다양한 정책들이 제시되고 있다.[11] 첫째, 민간주도형 한국형 지표(K-ESG)를 글로벌 기준에 부합하도록 제정한다. 이를 통해 기업의 해외 공급망 진출 및 글로벌 ESG 투자 유지를 지원하기 위한 것이다. 특히 지표는 민간 주도로 필요한 최소한의 기준을 구성하여 민간이 자발적으로 선택·평가하고 활용할 수 있도록 한다. 둘째, 컨설팅 및 가이드라인을 제공하고 포상 및 R&D 지원 등 인센티브를 부여한다. 특히 중견·중소기업을 중심으로 교육·평가를 지원하고 친환경·안전강화형 사업재편을 인정해준다. 마지막으로 업종별 산업생태계 차원의 지속가능경영 연대 및 협력을 활성화하도록 지원한다. 예를 들면, 자동차 산업에서 온실가스 저감, 배터리 재사용 확대 등의 협력 모델을 확산한다.

그 외에도 녹색금융 더 나아가 ESG 금융의 활성화를 지원할 필요가 있다. 과거 녹색금융 정책의 경우 민간 부문에서 투자위험이 큰 분야로 인식되어 팔목할 만한 투자를 유치하지 못한 실패 경험이 있다. 따라서 금융기관들도 이 부문에 대한 투자를 충분하게 못했다. 그러나 지금은 이러한 위험에도 금융기관들도 ESG 금융에 참여할 수밖에 없는 경영환경에 직면하였다. 최근 많은 국내 금융기관들이 다양한 형태의 ESG 채권을 발행하고 있다. 친환경 사업 지원을 위한 그린 본드(green bond)가 대표적이다. 따라서 정부 차원에서도 다양한 촉진 정책을 통하여 ESG 금융이 발달할 수 있는 환경을 조성하기 위한 정책적 지원을 아끼지 말아야 한다.

주석

1) 강성진, 『라이브 경제학』, 매일경제신문사, 2020, pp.70-71.

2) Commission of the European Communities, 2001, Green Paper: Promoting a European Framework for Corporate Social Responsibility, DOC/01/9.

3) UN PRI(Principles for Responsible Investment)(https://www.unpri.org/, 검색일: 2021.01.30.).

4) 미래기획위원회 편, 2009, 『녹색성장의 길』, 2009, p.40.

5) 강성진·김수정·김유경·김지환, 2014, 『2014 경제발전경험모듈화사업: 녹색성장 경험과 교훈』, 기획재정부·고려대학교.

6) 2020년 10월 기준으로 RE100에 가입한 기업은 구글과 애플을 비롯해 263개에 달한다. 한국에서는 SK그룹 관계사 8곳이 11월 1일 한국 RE100 위원회에 가입 신청서를 제출했다(매일경제, https://mk.co.kr/news/business/view/2020/11/1119975/, 2020.11.01.; 검색일: 2021.02.03.).

7) OECD, Inclusive Growth(https://www.oecd.org/inclusive-growth/#introduction, 검색일: 2021.01.31.).

8) OECD, 2020, Social Economy and the COVID-19 Crisis: Current and Future Roles.

9) 조선일보(https://www.chosun.com/economy/industry-company/2021/02/01/DQFLM76NHBHGTCEDGGNHWWEYDI/?utm_source=naver&utm_medium=referral&utm_campaign=naver-news, 검색일: 2021년 2월 1일).

10) 한국경제, "실적 좋아도 사회적 가치 창출 낮으면 퇴출".. ESG 대표기업 된 SK(https://www.hankyung.com/economy/article/2021011990901, 2021.01.19., 검색일: 2021.02.01.).

11) 산업통상자원부, 2020, 지속가능경영 확산 대책, 보도자료 2020.12.10.

02

김태황
명지대학교 국제통상학과 교수

바이든 행정부의 친환경 정책과 국내 기업에 대한 영향

- 파리기후변화협약 복귀가 왜 중요한가?
- 바이든의 친환경 생각
- 친환경 정책 공약
- 미국의 그린 뉴딜, EU의 그린 딜, 한국형 그린 뉴딜
- 탄소세 부과가 위협적인가?
- 환경비용 부담의 증대
- 한-미 FTA의 "환경"
- 환경비용은 임시 가변비용이 아닌 총고정비용

바이든 행정부의 친환경 정책과 국내 기업에 대한 영향

바이든의 2020년 대선 공약 1호는 파리기후변화협약 재가입이었다. 대통령으로 취임하는 당일 행정명령에 서명했다. 미중 패권전쟁과 코로나19의 소용돌이 한가운데 품위 있게(!) 글로벌 기후변화 대응책에 우선적인 관심을 표명했다. 다분히 정치적이고 전략적인 판단에 의한 선택이라 하더라도 국제사회에 시사하는 바는 의미심장하다. 트럼프 행정부가 미국의 경제적 이익을 위해서라면 지구촌의 환경 가치는 뒷전으로 밀어둘 수도 있다는 정책 기조와 대조적이다. 바이든 행정부의 친환경 정책은 미국 내 에너지 구성과 산업구조의 변화는 물론 다른 국가들에 대해서도 동일한 변화 동인을 유도한다는 점에서 환영의 목소리와 긴장의 눈길이 병존한다.

파리기후변화협약 복귀가 왜 중요한가?

2015년 12월에 체결된 파리기후변화협약은 2016년 11월부터 발효되었다. 실제 적용은 2021년부터이다. 정식 명칭은 "제21차 유엔기후변화협약(UNFCCC) 당사국총회(COP21)협정"이다. 세계 탄소 배출의 90% 이상을 차지하는 195개 참여국들이 19세기 중엽 산업화 이전 시기와 비교하여 장기적으로 지구 평균온도 상승을 2℃ 이내로 유지하고 가급적이면 1.5℃ 이내로 제한할 수 있도록 노력하기로 한 것이다. 지구 온난화를 예방하기 위한 첫 기후변화협약은 1997년 12월 COP3에서 체결한 교토의정서이다. 선진국과 개발도상국뿐만 아니라 선진국들끼리도 이견이 발생한 결과로 2005년 2월부터 비로소 발효되기 시작한 교토의정서는 37개 선진국에게 2020년을 목표 연도로 하여 온실가스[1] 감축 의무를 부과하였으나 용두사미가 되었다. 세계 온실가스 배출량의 약 절반을 차지하는 중국과 미국이 빠져있었기 때문이다. 미국은 자국 산업의 보호를 위해 2001년 탈퇴했고, 중국은 개발도상국으로 의무 이행 대상국이 아니었다. 미국이 탈퇴하자 배출 규모가 큰 러시아, 캐나다, 일본도 탈퇴함으로써 실효성을 상실하게 되었다. 그 덕분에 교토의정서가 만료되는 2020년 이후 새로운 기후체제가 더욱 절실하게 필요했다.

파리기후변화협약은 교토의정서의 전철을 반복하지 않기 위해 실현 가능성을 높이는 대안이 필요했다. 선진국들이 개발도상국들을 참여시키기 위해 매년 1,000억 달러 이상의 기후변화 대응 재원을 지원하기로 했다. 모든 참여국의 의무 이행이 아니라 자발적인 감축 목표 설정과 이행도 부담을 덜어 주었다. 선진국은 온실가스 배출량을 절대적 방식으로 줄여야 하지만 개발도상국은 전망치 대비 감축 목표를 이행할 수도 있도록 합의했다. 국제 탄소 시장을 운영하여 참여국들이 탄력적으로 탄소 배출권을 거래할 수도 있다. 이 과정을 통해 온실가스의 배출을 감축하고(Mitigation), 기후변화에 적응하도록(Adaptation), 필요한 재원(Resources)과 기술(Technology)을 활용하여 역량을 구축하자(Capacity building)는 것이다.

파리기후변화협약은 당시 미국 대통령(오바마)이 주도하여 체결한 협정인데, 발효된 지 7개월 만에 미국 대통령(트럼프)이 탈퇴를 선언했다. 이번에는 공식적으로 탈퇴가 인정된 지 78일 만에 미국 대통령(바이든)이 협약 재가입의 행정명령을 내렸다. 정권 교체의 결과라 하더라도 예사롭지 않게 역설적이다.

바이든 행정부의 파리기후변화협약 복귀는 미국뿐만 아니라 글로벌 경제에 중대한 파급영향을 끼칠 것이다. 먼저 기후변화 대응 행동이 환경보호 자체에 국한되지 않고 산업체계와 경제 패러다임을 전환시킬 것이기 때문이다. 저탄소 경제는 단순히 탄소 배출량을 줄이자는 것만이 아니다. 에너지 구성체계를 전환하고 산업구조를 바꾸고 개인의 일상생활에도 변혁을 일으키는 것이다. 이를테면 석탄과 석유 소모가 많은 철강과 석유화학 산업은 대대적인 생산방식과 원료 사용 구조를 조정해야 할 것이며, 소 한 마리가 연간 배출하는 평균 약 100킬로그램의 메탄가스를 줄이기 위해서는 육류 소비를 과감하게 줄여야 할 것이다. 머지않아 식단에 음식물의 원산지는 물론 온실가스 배출 정도도 표기하는 탄소발자국(carbon footprint) 표기 제도를 시행하게 될 수도 있다. 상품의 탄소발자국 인증제도는 이미 시행하고 있다.

미국의 재가입으로 파리기후변화협약은 유럽연합(EU)과 미국이 강력한 추진력을 행사하게 되었다. 다른 선진국들과 개발도상국들의 참여도를 높이기 위해서는 한편으로는 국내 저탄소 산업구조를 촉진하는 적극적인 산업 지원책을 시행할 것이고, 다른 한편으로는 해외의 탄소 유발 상품과 서비스 활동에 대해 규제와 제재를 강화할 것이다. 즉 기후변화 대응 방식이 각국의 경제적 이익과 연계되면서 새로운 글로벌 경쟁 룰과 우열 요소가 될 수 있다.

기후변화에 본격적으로 대응하면서 환경의 범지구적 가치가 대부분 국가의 정치 외교적, 경제적, 사회 문화적 영역의 핵심 이슈가 되는 것도 중대한 추세이다. 참여국들이 자율적으로 온실가스 감축 노력을 기울이면 되지만 우리나라를 비롯하여 EU와 미국, 중국 등 주요국들은 암묵적인 강제력을 가지고 적극적인 감축 목표와 계획을 발표하였다. 거스를 수 없는 국제적 대세를 형성한 것이다.

바이든의 친환경 생각

바이든 대통령은 일찍이 환경 이슈에 선도적인 관심을 나타냈었다. 1986년 상원의원으로서 최초의 기후변화 대응 법안들 가운데 하나를 도입했다. 상원에서 외교관계 위원장직을 수행했을 때는 기후변화 청문회를 여러 차례 개최하면서 관련 결의안을 지지하기도 했다. 1998년에는 열대림보존법(Tropical Forest Conservation Act)을 주도했다. 지구촌의 열대림을 보존하기 위해서는 직접적인 이해관계에 놓여있는 현지국의 열대림 파괴 이익을 원조 또는 외채 탕감으로 보전해 주는 조약을 체결할 수 있도록 허용하는 법안이었다. 브라질과 인도네시아 등 남미와 동남아 열대우림 지역 국가들이 열대림을 경작지와 목초지로 개간하여 얻으려는 현실적인 경제적 이익을 포기하도록 하는 대신에 미국이 자연보존을 부채 탕감과 교환하는 방식으로 지원함으로써 열대림을 보존하려는 것이다.[2)]

2009~2016년 오바마 행정부의 부통령으로서는 탄소 배출의 획기적인 제한, 차량의 연비 기준 향상, 재생 및 청정에너지 사용의 증대 및 파리기후변화협약 달성을 위한 국제적 연대를 독려하는 친환경 활동

을 이어왔다. 특히 2015년에는 2001년 3월 조지 W. 부시 행정부가 선진국들 가운데 가장 먼저 탈퇴한 교토의정서의 한계점을 보완하며 파리기후변화협약의 체결에 기여했다. 물론 바이든 행정부의 환경 우선적인 정책이 바이든의 정치철학에서만 비롯된 것은 아니다. 민주당의 정책 기조에 근착해 있으며 2016년 대선 과정에서 힐러리 클린턴 후보의 친환경 정책을 승계하여 업데이트한 것이다. 주목할 점은 탄소 배출량을 줄이기 위한 단선적인 청정 대체 에너지의 확충 차원에 머무르지 않고 국내 일자리 창출과 신산업 육성에 방점을 찍는 복합적인 청정에너지 생태계 구축으로 나아간다는 점이다.

친환경 정책 공약

기후변화에 적극적으로 대응하려는 바이든 행정부의 환경 우선 정책은 트럼프 행정부의 정책 방향과 극명하게 대조적이다. 트럼프 행정부는 석탄과 석유 사용을 제한하는 것은 자국 산업의 생산활동을 위축시키고 일자리를 감소시킨다고 우려하면서 오히려 관련 규제를 완화했었다. 기후변화가 과학적으로도 과장되었으며 대체 및 재생 에너지 개발의 비효율성과 기후변화 대응의 무용론을 펼쳤었다.[3] 심지어는 사회적 영향력을 의도적으로 축소하기도 했다. 미국 회계감사원(Government Accountability Office)[4]의 2020년 보고서에서도 드러난다. 이 보고서에 따르면, 트럼프 행정부(연방정부)는 탄소 배출 1톤당 사회적 비용 추정치를 기존의 2020년 50달러, 2030년 60달러, 2040년 72달러, 2050년 82달러에서 2020년 7달러, 2030년 8달러, 2040년 9달러, 2050년 11달러로 조정하였다(GAO, 2020, p.17).[5] 2030년 기준으로는 사회적 비용이 1/7.5 수준으로 하락했다. 이와 같이 사회적 비용이 현저하게 낮게 분석된 이유는 연방정부가 방법론에서 두 가지를 변형했기 때문으로 조사되었다(GAO, 2020, p.14). 하나는 기존에는 기후변화의 글로벌 영향(손실)을 분석한 반면에 트럼프 행정부에서는 기후변화가 미국 국내에 끼치는 손실에만 국한된 추정치로 수정하였기 때문이다. 다른 하나는 사회적 비용의 현재 가격을 낮추기 위해 할인율을 기존의 2.5~5%에서 3~7%로 인상하였기 때문이다.

파리기후변화협약 재가입에 이은 바이든 행정부의 친환경 정책 공약의 초점은 정책 운용 방향과 재정 투자방안에서 뚜렷하게 나타난다. 먼저, 그린 뉴딜 정책을 통한 청정에너지 경제체계를 구축하려는 정책 방향에 주목할 수 있다. 2019년 12월 EU의 폰데어라이엔 신임 집행위원장이 발표한 유럽 "그린 딜" 정책보다 늦기는 했지만, 바이든 행정부도 2050년까지 경제 전반에서 탄소 순배출 제로(net zero) 목표를 선언했다.[6] 이를테면 2030년까지 미국 내 모든 운행 차량을 친환경 차량으로 대체하겠다고 공언했다. 2035년까지는 전력 부문과 상업용 신축 건물에서 탄소 배출량 제로 상태에 도달하겠다고 명시했다.[7] 불가피하게 배출되는 탄소량은 최소화하고 배출된 탄소는 흡수함으로써 실질적인 배출이 없도록 하겠다는 것이다. 대기 중 탄소를 흡수하기 위해서는 산림을 조성하는 자연적인 방식을 활용할 수 있다. 또한 탄소 포집 및 저장 기술(CCS, Carbon Capture & Storage)을 활용하여 탄소를 흡수할 수도 있다.[8]

바이든 대선캠프는 임기 4년 동안 매년 5,000억 달러의 연방 예산을 투입하여 2050년까지 100% 청정에너지 경제를 달성하겠다고 공약했다. 달리 말하면 청정에너지 생태계를 구축하기 위해 대대적인 사회

간접자본 투자를 추진하겠다는 것이다. 태양광과 풍력을 활용한 재생에너지 비중의 확대는 물론이고 에너지 저장 시설을 확충하고 에너지 효율을 높이는 건축자재 사용과 주택을 포함한 건축물 리모델링을 촉진하기로 했다. 기후변화에 대응하고 환경 정의(environmental justice)를 세우기 위해 연방 예산 1조 7,000억 달러를 포함한 주정부와 민간의 총투자 규모를 5조 달러 이상으로 확충하겠다고도 천명했다. 또한 미래 청정에너지 경제에 대한 연구와 혁신을 위해서도 10년 동안 4,000억 달러를 투자하기로 했다. 기후변화심층연구기관(Advanced Research Project Agency for Climate)을 설립하여 혁신적인 사업을 주도한다는 계획이다. 바이든 행정부는 이러한 일련의 투자를 이행한다면 100만 개의 일자리를 창출할 것으로 기대하고 있다.[9]

표1 **바이든 행정부의 친환경 정책**

구분	주요 내용
정책 기조	• 기후변화의 환경 이슈와 경제정책의 완전한 연계성 • 저탄소 에너지 경제의 새로운 패러다임 추구
추진방안	• 2050년 목표 100% 청정에너지 경제 시스템 구축 • 대체/재생 에너지 생산, 공급, 활용 인프라 혁신 투자 및 지원(도로, 철도 등 교통시설물, 산림 등 녹지공간, 전력망, 통신망 등) • 신축 및 리모델링 건축물의 탄소 순배출 제로 • 차량/열차의 에너지 구성 혁신으로 탄소 배출 제로 • 기후변화심층연구기관 설립 운영 • 탄소세와 탄소조정관세 부과
투자 규모	• 연방정부 예산 매년 5,000억 달러 투자 • 5조 달러 규모의 민관 복합 예산 투자(연방정부 예산 + 주정부 예산 + 민간투자) • 태양광 지붕과 패널 각각 800만 개와 5억 개 설치 • 연구개발 혁신 투자 4,000억 달러(10년간)

대외관계	• 파리기후변화협약 재가입을 통해 적극적인 다자간 공조와 미국의 역할 부각 • 주요 통상 이슈로 활용 및 교역국의 참여 유도
특징	• 환경 부문 정책이 포괄적 경제정책으로 확대 • 산업 혁신과 구조조정 정책으로 직결

자료: 바이든 대선 공약 홈페이지 https://joebiden.com/climate-plan/내용을 근거로 저자 작성(2021. 1. 22 접속)

바이든의 친환경 정책 공약은 환경 부문에 국한되지 않고 경제와 산업정책 전반에 직결되어 있다. 공약 플랫폼에서는 "우리의 환경과 경제는 완전히 그리고 전적으로 연계되어 있다"라고 강조했다.[10] 이러한 연계성이 확장된다면 친환경 정책은 미국 국내 경제만이 아니라 대외 통상정책에도 지대한 영향력을 끼칠 것이다.

미국의 그린 뉴딜, EU의 그린 딜, 한국형 그린 뉴딜

바이든 행정부의 그린 뉴딜(Green New Deal) 정책과 EU의 그린 딜(Green Deal) 정책과 한국형 그린 뉴딜 정책은 친환경 정책으로 잇대어 있다. 한 바구니에 담겨져 한 방향으로 나아가고 있다. 규모와 농도와 범위는 조금씩 다르다. 거스를 수 없는 글로벌 대세랄 수도 있고, 더 이상 물러설 수 없는 막다른 길의 절실한 외통수일 수도 있다. 하지만 "그린(Green)"을 강조한 이러한 일련의 정책은 전혀 새로운 발상이 아니다. 바이든의 친환경 정책은 클린턴 행정부의 교토기후변화협약 추진력과 오바마 행정부의 파리기후변화협약 주도력을 계승한 것이다. 그럼에도 불구하고 주목을 받은 이유는 트럼프 행정부의 반(反)시대적 환경 역행 정책과 극명하게 대비되기 때문이다.

EU는 폰데어라이엔 집행위원장이 2019년 12월 그린 딜 정책을 발표하기 이전인 1990~2018년 기간에 국내총생산(GDP)을 61% 증가시키면서 온실가스 배출량은 오히려 23% 감축시켰다. 그린 딜 정책은 온실가스 감축뿐만 아니라 친환경 농식품 생산, 생물 다양성 보존, 저탄소 친환경 경제로의 전환을 추진하고 있다. 이러한 그린 뉴딜 정책은 2008년 영국이 먼저 탐색하였고, 2009년 브라질 G20 정상회의가 수용한 후 마침내 2010년 서울 G20 정상회의에서 의제로 부각되었다.

　　우리나라는 2020년 초 '그린 뉴딜'을 주창하였고 7월 「한국판 뉴딜 종합계획」에 "그린 뉴딜" 분야의 8개 정책과제를 제시했다.[11] 12월에는 「2050 탄소중립 추진전략」을 발표하면서 저탄소 경제체제로의 적극적인 이행을 천명했다. EU와 마찬가지로 2050년까지 탄소 순배출 제로(net zero) 목표를 달성하려면 잰걸음을 재촉해야 한다. 사실 우리나라는 이미 2008년에 「지속가능발전법」, 2010년에 「저탄소녹색성장 기본법」, 2012년에 「온실가스 배출권의 할당 및 거래에 관한 법률」을 각각 제정하여 일찌감치 녹색성장 주도권을 표방했었다. 하지만 그 발걸음이 중단되었다가 그린 뉴딜 정책으로 다시 기지개를 펴는 셈이다.

표 2 　미국, EU, 한국의 친환경 정책 비교

구분	미국 그린 뉴딜	EU 그린 딜	한국 그린 뉴딜
목표	• 2050년 탄소 순배출 제로 • 저탄소 친환경경제	• 2050년 탄소 순배출 제로 • 탄소중립 순환경제	• 2050년 탄소 순배출 제로 • 저탄소 친환경경제
핵심정책	• 그린 인프라 투자 • 에너지 효율 제고와 청정에너지 혁신	• 환경적으로 지속가능한 경제활동 • 스마트 모빌리티	• 친환경 에너지 인프라 구축 • 친환경 산업육성

추진전략	• 재정투자+민간투자 • 기후변화심층연구 기관 설립 운영	• 각국별 에너지 및 기후변화 계획 평가 • 유럽기후법 제정 및 탄소국경세 도입	• 디지털/그린 정책의 융복합적 추진 • 재정투자 + 제도개선 + 민간투자
기대효과	• 기후변화 대응의 국제적 주도권 회복 • 청정에너지 기반 산업구조로 전환	• 기후변화 대응의 선도적 리더 역할 • 기후변화 대응의 사회경제적 지속가능성 제고	• 기후변화 대응에 적극적 참여 • 경제위기 극복과 경제구조 대전환

바이든 행정부의 그린 뉴딜, EU의 그린 딜, 한국형 그린 뉴딜 정책은 한편으로는 글로벌 기후변화 대응에 시너지효과를 나타낼 것이며 다른 한편으로는 국내적으로나 국제적으로나 산업 혁신과 구조조정을 촉진시키는 촉매제가 될 것이다. 청정에너지 활용도를 높이고 탄소 배출을 감소시키는 사회경제적 활동을 촉진하려면 기존 산업구조를 혁신해야 하기 때문이다. 이러한 산업 혁신은 교역국 간 공조가 필수적이지만 자칫 갈등과 마찰을 유발시킬 수도 있다. 국가적 또는 글로벌 기후변화 대응 이슈와 개별 기업의 이익이 부합하지 않을 경우에는 기업이 정책 리스크 또는 환경비용을 부담해야 할 수도 있다.

탄소세 부과가 위협적인가?

기후변화 대응 친환경 정책이 가시적으로 촉진될 경우 기업과 소비자가 가장 먼저 부담해야 하는 비용은 탄소세이다. EU는 그린 딜 정책으로 2023년까지 탄소국경세를 도입하기로 했다. 탄소 배출이 상대적으로 많은 국가로부터 EU 역내로 수입하는 상품과 서비스에 대해 관세를 부과하려는 것이다. 2021년 1월 현재 부과 대상, 세액 또는 세율

적용 방식, 특히 탄소 포함 평가 기준 등을 고려한 이행방안을 논의하고 있다.

바이든 행정부도 탄소세 부과를 검토하고 있다. EU의 탄소국경세와 마찬가지로 수입 상품과 서비스에 대해 탄소조정관세를 부과하고 국내 생산활동에 대해서도 탄소 배출 정도에 따라 탄소세를 부과할 것으로 예상된다. 저탄소 친환경적 사회경제 구조를 촉진하리라는 측면에서는 긍정적으로 기대되지만 다른 한편으로는 '안보' 조항과 마찬가지로 보호 무역주의의 수입규제 조치로 남용될 소지도 있다.

탄소조정관세 부과가 시행된다면 대미 수출 관련 우리 기업은 직접적인 영향을 받을 것이다. 수출 기업의 불공정 행위에 의한 보복관세가 아니므로 특정 국가 특정 기업에만 해당되는 것은 아니다. 하지만 수출 상품과 서비스가 탄소량을 얼마나 포함하고 있느냐에 따라 관세 부과 정도가 달라진다. 즉 가격에 비례하여 부과하는 종가세 방식이나 용량에 비례하여 부과하는 종량세 방식이 아니라 탄소집약도에 따라 관세를 부과하게 된다.[12] 한 컨설팅 보고서에 따르면, 2023년 미국의 탄소가격을 이산화탄소 1톤 당 23.5달러 수준으로 가정할 때, 우리 기업들의 대미 수출 가격은 각각 석유화학 부문에서는 1.60%, 전지(batteries) 부문에서는 0.22%, 자동차 부문에서는 0.04%가 상승하는 영향력이 유발될 것으로 추정되었다. 나아가 탄소가격이 75달러/tCo2 수준으로 추산되는 2030년에는 석유화학 부문에서는 5.37%, 전지 부문에서는 0.70%, 자동차 부문에서는 0.14%의 총 수출 가격 상승 요인이 발생할 것으로 추산되었다.[13]

현재와 동일한 생산방식과 대미 수출구조라면 탄소조정관세가 부과되는 시점부터 석유화학 부문의 수출 가격 경쟁력의 하락은 가속화될 것이다. 물론 우리 기업에만 해당하는 것은 아니다. 대미 수출 경쟁국인 EU, 일본, 중국 기업들에게도 탄소집약도에 따라 동일한 방식으로 탄소조정관세가 부과되므로 우리 기업의 수출 가격 경쟁력의 변화는 상대적으로 고려해야 한다. 미국 내 기업에도 내국세로 탄소세를 부과할지, 부과한다면 국경세와 얼마나 차이가 날 지에 따라 우리 수출 기업의 부담이 달라진다. 석유화학 부문을 제외하면 영향력이 미미할 것으로 보인다. 하지만 미래 추정 탄소가격은 가변성이 크다. 만일 바이든 행정부에서 저탄소 경제체제 구축을 가속화하기 위해 탄소가격을 더 높게 책정한다면 비례해서 우리 수출 상품의 소비가격 상승 부담도 증대될 것이다.

그런데 고려해야 할 사항이 있다. 먼저, 관세 부과의 최종 부담자는 소비자라는 점이다. 수출 기업이 관세 부과로 인한 소비자 가격 상승분을 판매가격 인하로 상쇄시킬 수는 있지만 경쟁기업들에게도 동일한 여건이라면 가격 상승분을 그대로 소비자에게 전가하면 된다. 이 경우에는 탄소조정관세의 부과가 수출 기업에 끼치는 영향력은 미미해질 수도 있다. 또한 그 영향력의 정도는 소비의 가격 탄력성에 따라 달라진다. 소비자가 가격 상승에 민감할수록, 즉 가격 탄력성이 높을수록 탄소조정관세의 부과에 따른 수요(소비) 감소가 수출 감소를 초래할 것이다. 반대로 소비자의 제품 구매 충성도가 높다면 관세 부과로 소비가격이 인상되더라도 수출 감소폭은 제한적일 수 있다.

만일 바이든 행정부가 탄소할당제(carbon quotas)를 적용한다면 그 영향력은 위협적이다. 탄소조정관세 부과와는 별도로 탄소 집약도가 높은 상품이나 서비스에 대해서는 수입 물량을 제한하는 조치를 발동한다면 관세 부과에 의한 소비가격 변동이나 소비성향(가격 탄력성)과는 무관하게 대미 수출 규모는 탄소 할당 범위 내로 제한될 수밖에 없다. 할당 방식을 단계적 또는 순차적으로 적용한다 하더라도 관세 부과의 경우보다는 파급 영향력이 커질 것이다. 관세와 할당제를 혼합한 관세율 할당제(tariff rate quotas)를 적용할 경우에도 일률적인 단순 관세 부과 방식보다 우리 수출 기업의 부담은 증대될 것이다.

탄소세 부과는 상품과 서비스의 소비가격 인상 요인이 된다. 탄소 배출 규제의 속도와 강도에 따라 인상 폭은 달라질 것이다. 대미 수출 기업들 간 경쟁구도가 변화할 것이다. 미국이 탄소조정관세를 부과한다면 우리 수출 기업은 상대적인 가격 경쟁력의 변화를 민감하게 고려해야 한다. 중장기적으로는 저탄소 생산방식으로 산업을 혁신하는 것이 본질적인 대응책이다. 탄소할당제는 더욱 강력한 수입 규제이므로 생산비용 절감으로 대처할 수가 없다. 정공법으로 탄소 배출을 감소시켜야 한다.

환경비용 부담의 증대

대미 수출 기업에게 탄소조정관세 보다 더 부담스러운 것은 환경비용이다. 저탄소 친환경 정책의 궁극적인 지향점은 모든 사회적 경제적 활동에서 온실가스 배출 원인을 제거하거나 최소화하자는 것이다. 기업은 저탄소 제품을 생산하기 위해 생산 공정을 혁신하고 탄소 저감 기술과 설비 도입에 투자해야 한다.

탄소세가 소비자의 부담이라면 환경비용은 생산자의 부담이다. 기업의 생산원가 부담도 최종적으로 소비가격에 전가될 수 있지만 기업이 우선적으로 지불해야 한다. 판매와 소비가 안 될 경우에는 회수할 수 없는 매몰비용으로 100% 기업의 부담이다. 중소기업의 경우에는 상품과 서비스의 생산 규모가 적더라도 대기업과 마찬가지로 저탄소 기술과 설비의 도입에 투자를 해야 하므로 한계비용(한 단위 생산 증가에 따른 비용)이 클 수밖에 없다.

환경부에 따르면, 2016년 기준으로 우리나라 1인당 이산화탄소(CO_2) 배출량은 연간 11.50톤으로 미국 14.95톤과 캐나다 14.91톤보다는 적지만 일본 9.04톤, 중국 6.57톤, 독일 8.88톤, 프랑스 4.38톤, 영국 5.65톤과 비교하면 현저히 높은 수준이다(「2019 환경통계연감」, pp.706~707). 통계청이 2020년 5월 13세 이상 국민 약 38,000명을 대상으로 실시한 사회조사 결과에 따르면, 응답자의 50.5%는 환경 보호 비용 부담에 찬성하였고 반대 의견은 14.5%였다. 우리나라의 「2050 탄소중립 추진전략」이 본격적으로 시행되면 정부의 지원도 있겠지만 생산자와 소비자 모두에게 막대한 환경비용이 가중될 것이다.

환경비용은 통상 마찰의 원인이 될 수도 있으므로 수출 기업과 정부는 적극적으로 고려해야 한다. 수입국 입장에서는 덤핑행위를 판단하거나 산업피해를 조사하는 과정에서 수출 기업의 환경비용을 문제 삼을 수 있다. 덤핑행위 여부 판단의 근간이 되는 '정상가격(normal value)'을 산출할 때 환경비용을 어느 기준에 따라 어느 수준으로 포함시키느냐가 관건이 될 수 있다. 수입 규제를 하고 싶은 경우에는 정상가격을 높게 산출하여 수출 기업이 정상가격보다 낮은 덤핑가격으로 수출했다고 주장할 수 있다.[14] 수입국 내 산업피해를 조사할 경우에도 마찬가지로 환경비용을 활용할 수 있다. 이를테면 바이든 행정부에서 강력한 친환경 정책을 추진하면서 미국 내 기업들은 저탄소 기술과 설비 투자를 이행한 반면에 해외의 대미 수출 기업은 이러한 환경비용을 부담하지 않고서 대미 수출을 유지 또는 확대한다면 미국 내 기업들과 무역위원회는 자국 기업들이 산업피해를 입었다고 주장할 수 있다. 결과적으로 미국 무역위원회는 환경비용을 부담하지 않았거나 과소 부담한 해외 수출 기업에 무역 보복 조치를 발동하거나 정상적인 환경비용 부담을 요구할 것이다. 기업의 환경비용 부담을 덜어주기 위해 우리 정부가 "특정성(specificity)"을 가지고 특정 기업에 보조금을 지원한다면 「보조금 및 상계관세 협정」 위반으로 마찬가지의 무역 보복 조치로 상계관세를 부과 받을 수 있음에 주의해야 한다. 실제로 바이든은 대선 공약에서 "미국에서나 세계 어디에서나 화석연료 사용에 보조금을 지급하는 것에 대해서는 어떠한 용납도 있을 수 없다"라고 단언했다.[15]

요컨대 전격적인 기후변화 대응책이 국내외 산업과 통상 환경을 혁신적으로 변화시킬 수 있는 반면에 자칫 또 하나의 무역기술장벽(TBT, Technical Barriers to Trade)으로 활용될 수 있는 리스크가 될 수도 있다는 측면을 경계해야 한다.

한-미 FTA의 "환경"

바이든 행정부가 기후변화 대응의 환경 이슈를 국가 안보와 제반 경제활동의 최우선적인 과제로 고려함에 따라 미국 내 친환경 정책 시행뿐만 아니라 교역국에 대한 환경 경쟁적 조치의 요구도 강화할 것으로 예상된다. 바이든 행정부의 정책 기조는 트럼프 행정부의 일방주의적이고 고립적인 보호 무역주의와는 확연히 다르다. 하지만 "Buy American"을 표방하면서 해외 의존도를 축소하고 미국 중심의 공급망 구축만을 강변한다면 다른 색채의 보호 무역주의 방식으로 드러날 수도 있다. "환경적 정의(environmental justice)"를 부각시키면서 미국 중심의 환경 수준만을 강요한다면 또 다른 일방주의가 될 것이다.

바이든 행정부가 동맹국과의 공조를 강조하지만 교역국에 대한 통상 압력을 암묵적으로 행사할 잠재적 동인은 다분하다. 법인세를 21%에서 다시 28%로 인상하고 최저임금을 15달러로 2배 인상하면서 기업의 노동 및 환경 보호 요건을 강화할 경우 미국 내 기업의 비용 부담이 대폭 증대될 것이다. 또한 해외에 진출한 기업을 다시 미국으로 불러들이는 리쇼어링 정책을 촉진하기 위해 세제 혜택과 규제 완화를 추진하더라도 기업의 부담을 상쇄하기는 어렵다. 이러한 여건에서도 미국 내 기업의 고용을 유도하려면 결국 국내 산업을 보호하고 대외적으로 외국 기업들에 대한 규제를 강화하는 유인책을 시행할 수밖에 없을 것이다.

환경 이슈를 중심으로 한-미 통상관계도 이와 같은 맥락에서 살펴볼 수 있다. 한-미 자유무역협정(KORUS FTA) 제20장 "환경"에는 양국이 환경정책을 강화하도록 명시되어 있다. 제3조는 양 당사국이 무역과 투자에 영향을 미치는 방식으로 환경법이나 정책의 시행 또는 협정상의 의무가 제한되어서는 안 된다고 합의한 결과이다. 양국이 이 협정을 엄격하게 적용하면, 역으로 환경 이슈를 강화함으로써 무역과 투자에 영향을 끼칠 수 있는 여지가 크게 작용할 수도 있다. 트럼프 행정부처럼 한-미 FTA의 개정을 일방적으로 몰아붙이지는 않겠지만 치밀하게 규범을 앞세우며 우리나라에 대한 미국의 이익을 증대시키려 할 것이다.

> **한-미 FTA 제20장 환경**
> **제20.3조 환경법의 적용 및 집행**
>
> 2. 양 당사국은 자국의 환경법에서 부여된 보호를 약화시키거나 감소시킴으로써 무역 또는 투자를 장려하는 것이 부적절함을 인정한다. 이에 따라, 어떠한 당사국도 양 당사국간 무역 또는 투자에 영향을 미치는 방식으로 그러한 법에서 부여된 보호를 약화시키거나 감소시키는 방식으로 그러한 법의 적용을 면제하거나 달리 이탈하거나, 또는 적용을 면제하겠다거나 달리 이탈하겠다고 제의하여서는 아니된다.

바이든 행정부의 경제와 통상 부처 각료들과 대통령 소속 기관의 각료급 인사들은 오바마 행정부에서 정치적 관료적 경험을 축적한 노련한 전문가들이다. 재무부 옐런 장관은 연방준비제도 의장과 백악관 경제자문위원장을 역임했고, 청문회에서 불공정 무역행위에 대한 단호한 대처를 공언했다. 상무부 러만도 장관은 부통령 후보로도 거론되었던 로드아일랜드 주지사였다. 국가경제위원회 디스 위원장은 오바마 대통령 선임 보좌관 출신이고 무역대표부 타이 대표는 트럼프 행정부에서도 연방 하원 조세무역위원회 수석 법률가를 역임한 대중 강경파 통상 전문가이다. 미국의 대외 통상정책이 치밀한 설득력으로 동맹국을 파고들 가능성이 다분하다. 바이든 행정부가 트럼프의 대립적 고립주의를 협력적 연합주의로 궤도를 수정한다 하더라도 우리 정부와 기업은 저탄소 친환경 정책의 양날의 칼에 냉엄한 방어책을 예비해야 한다.

환경비용은 임시 가변비용이 아닌 총고정비용

바이든 행정부가 출범하면서 기후변화에 대응하려는 저탄소 친환경정책이 국제적 규범이 되고 있다. 기업의 친환경 경영이 전략적 선택을 넘어 경쟁적 필수가 되고 있다. 지속가능한 환경이 생산자와 소비자와 관리자(국가)의 핵심가치로 정립되고 있다. 사실 우리나라는 1990년대부터 저탄소 친환경 정책을 시행해 왔다. 1994년 12월에는 「환경기술 및 환경산업 지원법」을 제정하여 환경기술의 개발과 환경산업의 육성을 촉진해 왔다. 이를테면 이 법에 근거를 둔 "환경표지제도"는 1992년부터 시행되었다.[16] 환경표지 인증을 받은 기업과 제품 수는 각각 1992년 37개와 82개에서 2020년 4,468개와 17,526개로 크게 증가하였다(『2020 환경백서』, p.676). 하지만 저탄소 기술과 산업 환경 패러다임으로 실효적 전환이 이뤄지지는 못한 상황이다. 더욱이 우리나라의 1인당 에너지 소비량과 탄소 배출량 수준은 OECD 회원국들 가운데 최상위이다. 2050년 탄소중립 목표에 근접하려면 소비생활의 혁신, 생산방식의 혁신, 정책 방향과 추진방식의 혁신이 유기적으로 이행되어야 한다.

바이든 행정부에서 친환경 정책이 수입 규제 조치와 혼합되어 추진될 수 있다. 기후변화 대응을 명분으로 한 수입 규제에 반대할 경우에는 자칫 환경 가치를 간과하는 몰지각한 국가로 폄하될 수도 있다. 우리 정부는 국내 환경정책과 국제 환경 규범의 연계성을 강화하고 변화의 속도와 강도에 효과적으로 대응할 수 있는 정책 분석력과 예측력을 높여야 한다.

기업은 환경비용을 일시적인 환경 부담금 수준으로 간과해서는 안

된다. 친환경 기술 도입과 설비투자를 상시적인 고정비용으로 고려해야 한다. EU와 미국을 중심으로 수입 상품과 서비스에 대한 탄소국경세(탄소조정관세)를 부과할 경우 우리 수출 기업은 소비가격 인상 효과의 측면뿐만 아니라 상품과 서비스의 가치를 높이고 그 결과 비교우위를 확보할 수 있는 친환경 혁신전략의 모색이 필요하다.

참고문헌

- 국회도서관, 「바이든 한눈에 보기」, Fact Book2021-1호 통권 제85호, 2021
- 김태황, 「바이든 행정부의 친환경 정책」, 『ECOVISION21』, 2021년 2월호, 62~63, 2021
- 김태황, 「바이든 행정부의 친환경 정책은 양날의 칼」, 『e대한경제』, 2021. 2. 3.
- 김태황, 「뉴딜, 그린 딜, 한국판 뉴딜」, 『e대한경제』, 2020. 11. 7.
- 문진영·나승권·오태현·이성희·김은미, 「유럽 그린 딜 관련 국제사회의 주요 이슈 및 시사점」, 『KIEP 오늘의 세계경제』, Vol.20 No.8, 대외경제정책연구원, 2020
- 박영석·강구상·장영욱·김승현·이효진, 「국제사회의 탄소중립 정책 방향과 시사점」, 『KIEP 오늘의 세계경제』, Vol.21 No.1, 대외경제정책연구원, 2021
- 신동원·양유경·이창훈, 「바이든 대통령 당선자의 기후·에너지 공약과 시사점」, KEI 포커스, 제8권 제16호 통권 제70호, 2020
- 통계청, 「2020년 사회조사 결과」, 2020
- 환경부, 『2019 환경통계연감』, 제32호, 2020
- 환경부, 『환경백서』, 2020
- EY 한영회계법인, 「기후변화가 한국 수출에 미치는 영향 분석: 주요 3국을 중심으로」, 그린피스 용역과제, 2020
- 「한국판 뉴딜」 종합계획 -선도국가로 도약하는 대한민국으로 대전환-, 관계부처 합동 보도자료, 2020. 7. 14.
- 「대한민국과 미합중국 간의 자유무역협정」
- US Government Accountability Office, "Social Cost of Carbon", Report to Congressional Requesters, June 2020
- 바이든 대선캠프 공약 홈페이지: https://joebiden.com
- 브라질 생명 다양성 기금 홈페이지: https://www.funbio.org.br/en
- 한국환경산업기술원 홈페이지: http://el.keiti.re.kr

주석

1) 온실가스는 탄소가 대부분이다. 온실가스는 태양의 복사열을 흡수하거나 방출하면서 지구온난화(온실효과)를 일으키는 기체로써 이산화탄소(CO_2), 메탄(CH_4), 아산화질소(N_2O), 수소불화탄소(HFCs), 과불화탄소(PFCs), 6불화황(SF_6) 등을 포괄한다. 온난화를 일으키는 강도로는 메탄, 아산화질소, 수소불화탄소가 각각 이산화탄소의 20배 이상, 300배 이상, 1,000배 이상이 되지만, 배출량으로는 이산화탄소가 전체 온실가스의 80% 이상을 차지한다(식물학백과 참조). 이에 따라 탄소 배출을 온실가스 배출로 동일시하기도 한다.

2) 브라질 생물다양성 기금(FUNBIO)에 따르면, 미국 열대림보존법(TFCA)에 의한 첫 양자간 협정은 2001년 브라질과 체결되었고 그 이후 2019년에 이르기까지 국제개발처(USAID)는 19개 협정을 체결하여 2억 2,300만 달러를 지원했다. 2010년에는 브라질 3개 생물보존군계(系)에 걸쳐 90개의 보존 이니셔티브를 시행하는 대가로 2,080만 달러 규모의 부채를 탕감했다. 미국 TFCA에 근거한 프로젝트는 2015년에는 82개, 2016년과 2017년에는 각각 7개와 1개 수행되었다.

3) 이를테면 미국의 지구환경변화연구프로그램(USGCRP: US Global Change Research Program)은 범정부적 연구 협의체를 구성하여 2000~2018년 네 차례의 「국가 기후평가 보고서」를 국회와 행정부에 제출하였으며 오바마 행정부에서는 탄소 배출의 사회적 비용을 분석하였다. 그러나 2017년 트럼프 행정부가 행정명령 13783호를 발동하여 이 프로그램을 해체했다.

4) 미국 회계감사원(GAO)은 연방 행정기관의 예산 집행에 관한 사항들에 대해 회계 감사를 시행하는 의회 소속 기관이다.

5) 할인율 3%를 적용한 2018년 가격 기준이다. 할인율이 높을수록 현재 가격은 낮아진다.

6) 2021년 1월 현재 우리나라를 포함한 세계 20여개 국가가 탄소중립 경제체제로 나아갈 것을 표방하고 있다.

7) 바이든 대선 공약 홈페이지 https://joebiden.com/climate-plan/ (2021. 1. 22 접속)

8) 우리나라는 산림의 탄소 흡수 기능을 증대시키려고 2012년 2월 「탄소흡수원 유지 및 증진에 관한 법률」을 제정하였다.

9) 바이든 대선 공약 홈페이지 https://joebiden.com/climate-plan/ (2021. 1. 22 접속)

10) https://joebiden.com/climate-plan/ (2021. 1. 22 접속)

11) 국민생활과 밀접한 공공시설 제로 에너지화, 국토/해당/도시의 녹색 생태계 회복, 깨끗하고 안전한 물 관리체계 구축, 신재생 에너지 확산 기반 구축 및 공정한 전환 지원, 에너지관리 효율화와 지능형 스마트 그리드 구축, 전기차/수소차 등 그린 모빌리티 보급 확대, 녹색 선도 유망 기업 육성 및 저탄소 녹색산업단지 육성, 녹색 혁신 기반 조성 등 8개 과제이다(환경부, 2020).

12) 탄소집약도는 해당 활동의 총에너지 사용량에서 탄소(CO_2) 발생량의 비중을 의미한다.

13) EY 한영회계법인(2020), 「기후변화가 한국 수출에 미치는 영향 분석: 주요 3국을 중심으로」, p.17. 본 보고서는 부문(업종)별 총 수출액 대비 탄소조정관세의 비중을 산출하여 2030년 석유화학 부문의 경우 5.10%로 기술하였는데, 필자가 수출 가격 상승률로 환산하여 5.37%로 달리 기술하였다. 다른 부문들은 비중과 상승률의 차이가 미미하여 동일한 수치이다.

14) 세계무역기구(WTO)의 「반덤핑 협정」 제2조 제2항과 제4항에 따르면 정상가격은 동종 상품(없을 때에는 실질적인 유사 상품)의 수출국 국내 시장가격, 제3국 수출가격, 합리적인 생산가격(직접 생산원가+간접비용+이윤) 등을 기준으로 산출하여 실제 수출가격과 비교하도록 명시되어 있다. 하지만 실질적인 판단 과정과 절차에서 수입국 당국(무역위원회)의 자국 중심적이고 임의적인 판단이 상당히 반영될 수 있다.

15) https://joebiden.com/climate-plan/ (2021. 1. 22 접속)

16) 환경표지제도는 제품의 제조, 소비, 폐기 과정에서 환경 오염물질이나 온실가스의 배출 정도를 개선한 경우 환경표지(로고)를 표시함으로써 소비자의 친환경 제품 소비 선호와 기업의 친환경 제품의 개발과 생산을 유도하는 인증제도이며 1979년 독일에서 처음 시행되었다. 한국환경산업기술원 홈페이지 http://el.keiti.re.kr/service/page.do?mMenu=1&sMenu=1 (2021. 1. 25 접속)

03

오형나
경희대학교 국제학과 교수

EU 그린 딜과 국내 기업 환경에의 영향

- '그린 딜'과 '2050 탄소중립'
- EU 그린 딜, 경기위축과 일자리 위기에 대응한 성장전략
- '그린 딜'의 슈퍼예산을 어디에 투자할 것인가?
- EU 그린 딜, '2050 탄소중립' 추진을 위한 저탄소화 전략
- EU 그린 딜의 부문별 목표와 핵심 정책
- EU 그린딜, 국내외적 탄소가격의 압박과 환경규제 요인으로 작용할 것

EU 그린 딜과 국내 기업 환경에의 영향

　　2007년 1월 뉴욕타임즈의 저명한 칼럼니스트인 토마스 프리드먼(Thomas Friedman)이 우리가 당면한 기후와 경제 위기라는 두 가지 난제에 대한 하나의 처방으로 '그린 코드(Code Green)' 또는 '그린 버전의 뉴딜'이 필요하다는 글을 발표했다. 이 아이디어는 2008년 오바마 전 미국 대통령의 선거 공약에 포함되었지만 집권 후 정책으로 실행되지는 못했다. 2020년 대선에서 바이든 대통령이 '그린 뉴딜'을 언급하며 미국 정치권의 핫이슈로 재부상했으나 '그린 뉴딜'이 아이디어가 아니라 실행 가능한 정책대안으로 처음 개발된 곳은 유럽이었다. 2007년 영국에서 '그린 뉴딜'에 대한 스터디 그룹이 생긴 이후 긴 기간의 토론과 준비기간을 거쳐 실행안이 마련되었다. 2019년 EU 지도자들은 하나둘씩 '그린 딜(Green Deal)' 추진에 대한 지지입장을 표명하기 시작했다. 2020년 초 코로나19가 강력한 팬데믹이 되어 유럽을 강타하자 잠시 '그린 딜' 추진이 지연되거나 취소될 것이라는 전망도 있었으나 2020년 봄 EU 집행위원회는 기후 위기와 코로나19발 경제위기 대응 핵심 전략으로 '그린 딜'을 추진하겠다고 공식 발표했다. 이후 유럽의 그린 딜(European Green Deal)은 '그린 뉴딜'이라는 글로벌 정책 트렌드를 대표하는 정책 패키지가 되었다.

EU 그린 딜은 환경적(저탄소·친환경), 경제적(그린과 디지털 부문의 경쟁력 제고를 통한 경기회복과 양질의 일자리 창출), 그리고 사회적(공정전환 메커니즘을 통한 포용성 제고)으로 지속가능한 EU로 나아가기 위한 정부주도의 대전환 프로젝트다. 이 장에서는 EU가 '그린 딜'을 EU 역사상 최초의 공동 사회경제 정책으로 채택하게 된 배경을 살펴본 후, EU 그린 딜이 추구하는 분야별 목표와 추진전략을 간략하게 정리할 것이다. 이어 EU 그린 딜이 국내 기업경영환경에 어떤 영향을 미칠 수 있는지 기술해 보고자 한다.

'그린 딜'과 '2050 탄소중립'

'인류세(Anthropocene Epoch)'라는 용어가 있다. 이는 마지막 빙하기가 종료되고 인류 문명이 시작된 시점을 경계로 하는 '홀로세(Holocene Epoch)'처럼 과학적으로 잘 정의된 지질시대를 지칭하는 공식 명칭이 아니다. 하지만 이 용어는 자연에서 나고 자란 인류가 기후와 생태계에 상당한, 어쩌면 돌이킬 수 없는 결정적인 영향을 미치고 있는 지금의 시대를 설명하기에 적절해서인지 제법 널리 사용된다. 인류세가 홀로세와 정말 구별될 수 있는 것인지에 대해서는 과학자들 사이에 의견이 분분하지만, 인류가 산업혁명을 거치며 다량의 화석연료를 사용하는 삶의 방식을 발전시켜 왔으며, 산림을 바꿔 도시와 경작지를 넓혀감에 따라 생태계의 자체 복원력 자체를 줄였고 그 결과 지표면 온도가 우려할만한 속도로 상승하고 있다는 사실, 즉 인류가 지구에 미치는 영향의 정도가 산업혁명 이전 '홀로세'와는 확연히 다르다는 데 대해서는 대체로 동의하는 분위기다. 과학자의 눈으로 보지 않아도 대형 산불, 홍수, 태풍, 폭염, 한파, 눈보라 등 극한 기후현상이나 기후재난이 지구 곳곳에서 빈번하게 발생하며 인류의 안녕과 지속가능성을 위협하고 있다는 것을 알 수 있다. 한국도 예외는 아니다. 지난 30년간 평균기온 상승폭이 1.4℃에 달하며, 앞으로 몇 년 동안 기후이변과 기후재난의 발생 빈도와 수준이 모두 증가할 것으로 예상되기 때문이다(대한민국 정부, 2020년).

그렇다면 지금의 상황이 절망적인 것일까? 2015년 역사적인 파리협정(Paris agreement)이 맺어진지 3년이 지난 2018년 기후변화에 대한 정부 간 패널인 IPCC(Intergovernmental Panel on Climate Change)는 기후변화를 야기한 인류가 역으로 온실가스 배출 수준을 관리한다면 최악의 결과는 피할 수 있다는 희망을 담은 '지구온난화 1.5℃ 특별보고서(Special Report on Global Warming of 1.5℃)'를 발표했다. 보고서에는 지표면 온도 상승을 산업혁명 이전 대비 '1.5℃ 이내'로 제한한다는 목표치가 제시되어 있다. 구체적으로는 2030년까지 이산화탄소 배출량을 2010년 대비 45% 줄이고, 2050년까지 전 지구적 차원에서 추가로 배출되는 온실가스 배출량이 하나도 없는 '넷 제로 배출(net zero emissions) 또는 탄소중립(carbon neutral)'이 이루어진다면 '1.5℃' 목표 달성이 가능하다는 것이다. 이 특별보고서 이후 '2050년 탄소 중립' 채택 여부는 한 국가가 글로벌 기후 위기에 자기 몫의 책임을 다하는지의 여부를 가르는 기준이 되었다.

EU 그린 딜, 경기위축과 일자리 위기에 대응한 성장전략

제1차 세계 대전 종식 이후 지속된 대공항 상황에서 미국의 대통령으로 취임한 루스벨트 대통령은 정부가 대규모 공적자금을 동원하여 경제에 적극적으로 개입하는 정책을 추진했다. 이 정책이 바로 '뉴딜(New Deal)' 정책이다. 현재의 경제상황은 주식시장이 붕괴했고 살인적인 물가상승이 공존했던 대공황기와 다르다. 하지만 2020년 세계 경제가 1930년대 초 대공항의 전조가 보이던 시기와 유사한 면이 있는 것도 사실이다. 상당수의 국가에서 경제 성장이 정체되었으며, 가뜩이나 경기위축으로 일자리가 줄어든 상태에서 진행된 공장자동화는 본격적인 일자리 위기를 가져왔다. 양질의 일자리 손실로 중산층이 줄어들자 선진국·개발도상국 할 것 없이 소득분배 악화와 내수시장 위축을 경험하고 있으며, 시장확보를 위한 국가 간 무역전쟁이 격화되는 배경이 되었다. 여기에 코로나19 위기가 더해지며 경제상황은 더욱 악화되었다. OECD에 따르면, 2020년 12월 현재 세계경제성장률은 전년 동기 대비 마이너스 4.2%를 기록했다(OECD, 2020).

특히 EU 회원국들과 EU를 탈퇴한 영국은 〈그림 1〉에서 볼 수 있듯, 2020년 세계 평균보다 훨씬 심각한 수준의 마이너스 성장을 경험했으며 2021년과 2022년 회복 속도 역시 역외국가에 비해 낮을 것으로 전망된다. 애초 EU의 장기 경제전환 전략으로 계획되었던 '그린 딜'은 코로나19발 경제위기를 맞아 단기 경기회복과 일자리 전략의 성격이 더해졌다. 루스벨트식 '뉴딜' 성격이 더해진 것이다.

그림 1 2020~2022년 실질 GDP 성장률   (단위: %, 전년대비)

국가	2020	2021(전망)	2022(전망)
아르헨티나	-12.9	3.7	4.6
호주	-3.8	3.2	3.1
브라질	-6.0	2.6	2.2
캐나다	-5.4	3.5	2.0
중국	-1.8	8.0	4.9
프랑스	-9.1	6.0	3.3
독일	-5.5	2.8	3.3
인도	-9.9	7.9	4.8
인도네시아	-2.4	4.0	5.8
이탈리아	-9.1	4.3	3.2
일본	-5.3	2.3	1.5
한국	-1.1	2.8	3.4
멕시코	-9.2	3.6	3.4
러시아	-4.3	2.8	2.2
사우디아라비아	-5.1	3.2	3.6
남아프리카공화국	-8.1	3.1	2.5
터키	-1.3	2.9	3.2
영국	-11.2	4.2	4.1
미국	-3.7	3.2	3.5
세계	-4.2	4.2	3.7
유로존	-7.5	3.6	3.3
G20	-3.8	4.7	3.7

출처: OECD Economic Outlook(2020년 12월)

일자리 손실 문제는 더욱 심각하다. OECD 국가의 실업률은 2019년 5.4%에서 2020년에는 9.2%로 상승했다. 2021년에는 GDP가 전년 대비 3~4% 증가할 것으로 예상되지만 실업률은 크게 개선되지 않고 8.1% 수준을 유지할 것으로 전망된다. 〈그림 2〉의 왼쪽(A)은 OECD 국가의 실업률이 2020년 팬데믹 위기를 겪으며 최근 20년간 최고 수준으로 급등했다는 것을, 〈그림 2〉의 오른쪽(B)은 OECD 국가 중 마이너스 경제성장률이 가장 미미했던 한국을 포함한 모든 국가에서 2020년 일자리 증가율이 마이너스였다는 것을 보여준다. 이는 코로나19로 인한 일자리 손실이 일부 국가에 그치지 않고 전 지구적으로 발생했다는 것을 보여준다. 더 큰 문제는 대규모 실업사태가 발생하면 일자리를 잃은 노동자들이 경기가 회복된 이후에도 직장으로 돌아오지 못하고 '구조적 실업'층으로 굳어지는 경향이 있다는 것이다. 〈그림 2〉의 A에서 확인할 수 있듯, 2008년 글로벌 금융위기로 급증한 실업률이 금융위기 이전 수준으로 떨어지기까지 근 10년이 걸렸다.

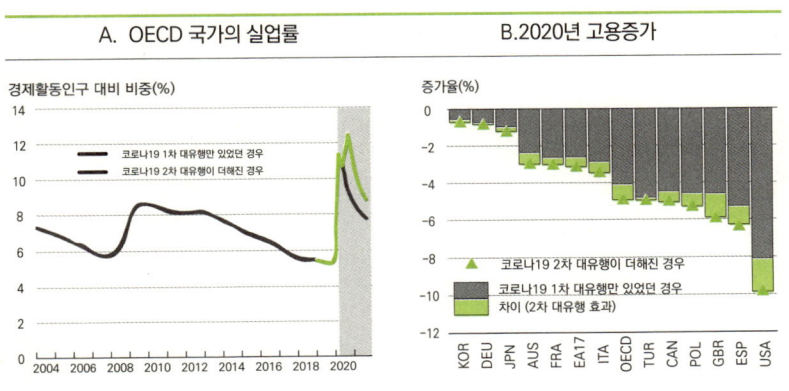

그림 2 2004~2020년 OECD 국가의 실업률(좌)과 2020년 주요 국가의 일자리 증가율(우) 전망

주: KOR(한국), DEU(독일), JPN(일본), AUS(호주), FRA(프랑스), EA17(유로존 17개 국가), ITA(이탈리아), OECD(OECD 국가), TUR(터키), CAN(캐나다), POL(폴란드), GBR(영국), ESP(스페인), USA(미국).

출처: OECD Economic Outlook 107 database(TUAC, OECD Economic Outlook: A more pragmatic approach to economic policy at a time of crisis, 2020.06.10.에서 재인용).

'그린 딜'의 슈퍼예산을 어디에 투자할 것인가?

슘페터(Schumpeter, 1939)에 따르면 경기침체기는 생산성 제고가 시작되는 시기이기도 하다. 경기침체기에는 투자의 기회비용이 낮아져

연구개발투자가 증가할 수 있기 때문이다. 실제 기업들은 경기 침체기에 생산활동 대신 직업훈련이나 구조조정을 단행했고 그 결과 생산성이 높아지면서 경기의 저점을 벗어나 고성장으로 튀어오르는 경기변동 곡선을 만들어왔다. 이 경우 경기침체기에 정부가 정부실패의 위험을 무릅쓰고 대규모 재정을 동원해 경제에 개입하는 것은 불필요할 뿐만 아니라 효율적 자원분배를 왜곡해 경기회복에 부정적인 영향을 미칠 수 있다(김태봉, 2020). 그런데 최근의 경기변동 양상을 보면 이전과 달리 경기침체기에 민간의 연구개발투자가 위축되며 정부개입 없이 경기가 회복되기 어렵거나 회복된다고 하더라도 그 속도가 매우 느리다는 주장이 제기되고 있다(김태봉, 2020). 실제 2008년 금융위기 이후 다양한 규제개혁과 금융정책을 동원해 투자활성화를 유도했음에도 불구하고 정부나 민간 투자 모두 지속적으로 감소하는 양상을 보였다(〈그림 3〉 참조).

김태봉 교수도 지적하고 있듯이 연구개발투자가 경제성장에 결정적인가는 논란의 여지가 있다. 그러나 연구개발투자 없이 성장의 새로운 모멘텀을 확보하기 어렵다는 점에서 경기침체기에 민간투자가 위축된다면 정부가 신성장동력이 될 만한 산업과 기술에 투자할 필요가 있다는 주장이 힘을 받게 된다.

정부개입의 필요성을 인정한다면 관건은 어떤 산업과 기술에, 어느 규모의 재원을 투자할 것인가이다. 그린 뉴딜을 추진하고 있는 국가는 정도의 차이는 있지만 공히 디지털 기술과 온실가스 저감 또는 환경친화적 기술 투자에 큰 관심을 보이고 있다. 이들 기술이 활용된 산업의 성장률과 일자리 창출 수준이 전체 산업 평균 보다 훨씬 높다고 알려져 있기 때문이다.[1] 〈그림 4〉는 국제재생에너지기구(IRENA)가 분석한 에너지전환에 따른 전 세계 일자리 창출효과를 정리한 것이다. 에너지 전환을 추진할 경우 화석연료 생산부문의 일자리는 1백만 개 정도 줄어들지만 재생에너지, 재생에너지의 수용성 제고와 수요관리를 위한 전력계통투자, 에너지 효율성 제고를 위한 투자 등을 통해 더 많은 수의 일자리가 생겨나면서 2021~2023년 동안 약 5백만5천개의 일자리 창출효과가 발생한다는 것이다.

그림 3 중위권 OECD 국가에서 생산투자(net productive investment)가 GDP에서 차지하는 비중

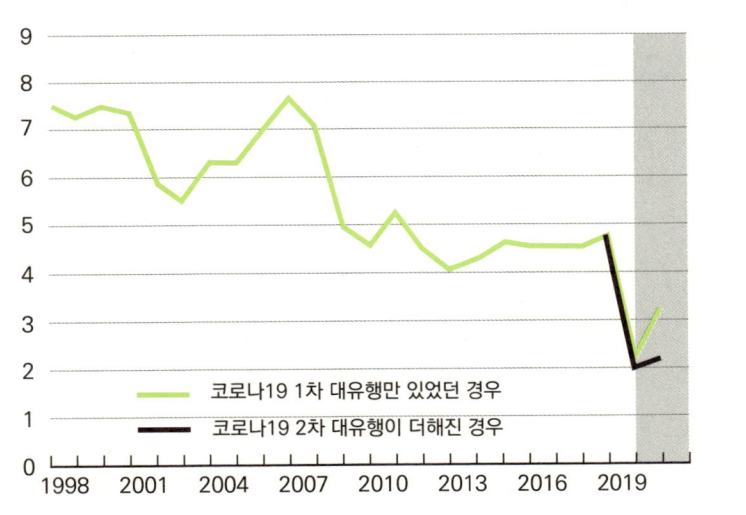

출처: OECD Economic Outlook 107 database(TUAC, OECD Economic Outlook: A more pragmatic approach to economic policy at a time of crisis, 2020.06.10.에서 재인용).

그림 4 전 세계 에너지전환 정책이 실행될 경우 2021~2023년간 에너지 부문 일자리 창출효과

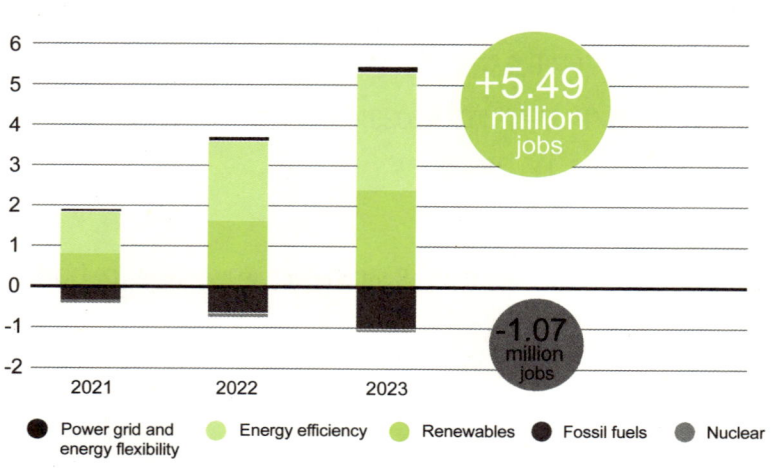

출처: 국제재생에너지기구(IRENA),(2020). The Post-COVID Recovery: An agenda for resilience, development and equality

만약 저탄소 경제나 자원순환에 관련된 산업이 환경친화적일 뿐만 아니라 경제성장과 일자리 창출에 기여하는 정도가 월등하다면, '큰 정부'나 '대규모 재정지출'이 가진 비효율성의 문제에도 불구하고 정부 주도의 그린 뉴딜 정책이 성장동력 확보나 일자리 창출은 물론 글로벌 기후위기에 대한 책임 있는 대응이라는 점에서 실리와 명분을 갖춘 대응전략이 될 가능성이 크다.

EU 그린 딜, '2050년 탄소중립' 추진을 위한 저탄소화 전략

EU의 그린 딜은 2020년판 그린 뉴딜의 대표적인 케이스로 평가된

다. EU가 그린 딜을 추진하게 된 계기는 크게 네 가지로 요약할 수 있다. 첫 번째는 빠른 속도로 진행되고 있는 지구 온난화에 대한 선제적 대응이다. 〈그림 5〉는 1990년부터 2018년 동안 EU의 GDP는 61% 성장한 반면 동기간 온실가스 배출량은 21% 감소했다는 것을 보여준다. EU 역내에서 경제성장과 온실가스 배출의 탈동조화가 이미 진행되고 있다는 것이다.

그림 5 **1990~2018년간 EU의 경제성장률과 온실가스 증가율**

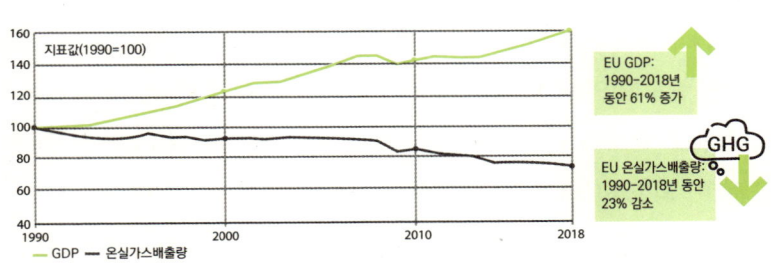

출처: EU Commission, Green Deal, Key to a climate-neutral and sustainable EU(2020.6.25.)

2018년 현재 EU 27개 회원국의 온실가스 배출량은 1990년 배출량 대비 21%(10억 1,800만 톤 감축) 감소했다. 이로서 EU는 2020년까지 온실가스 배출량을 1990년 대비 20% 감축한다는 목표를 조기 달성한 셈이다. 역외국가가 EU만큼의 온실가스 저감실적을 내지 못하고 있음에도 불구하고 EU는 2018년 IPCC가 요청한 1.5°C 기후변화 목표에 맞추기 위해 보다 강력한 저감활동을 준비하고 있다. 우선 EU는 '2050년 기후중립' 목표를 법령으로 제정해 추진하고, 이 중장기 목표에 맞춰 2030

년 EU의 온실가스 감축목표도 기존의 1990년 배출량 대비 40% 감축에서 최소 50% 감축으로 상향 조정했다. 결정적으로 2030년 목표와 2050년 목표 달성을 위한 다양한 정책을 'EU 그린 딜'에 포함시켰다.

EU의 온실가스 저감성과가 상당함에도 불구하고 EU가 보다 야심찬 기후정책을 EU 그린 딜의 핵심으로 추진하는 데는 기후대응이라는 명분 이외에 두 가지 실리적 동인이 존재하는 것으로 보인다. 첫 번째는 기후변화에 대해 EU가 구축해 온 글로벌 리더로서의 위상을 강화한다는 것이다. 그간 EU는 기후변화 이슈에 관한 한 글로벌 리더의 위치를 공고히 해왔다. 앞서 언급한 바 있듯이 2020 온실가스 저감목표를 조기 달성하는가 하면, '2050 기후중립'을 선언함으로써 넷 제로(net zero)를 글로벌 아젠다로 제기하는 등 기후변화에 관한 한 미국과 중국을 누르고 글로벌 리더로 부상한 바 있다. EU는 EU의 기준이 글로벌 표준[2]이 되고 EU의 파트너 국가들도 EU와 유사한 기후행동을 실행하도록 유도하겠다는 의지를 EU 집행위원회 문건[3]을 통해 공개적으로 밝힌 바 있다. EU의 기준이 글로벌 표준이 될 경우 그간 적극적인 저감정책 추진과정의 부작용으로 지적되어 온 역내 탄소집약 산업의 국제경쟁력 약화와 그에 따른 탄소누출 문제가 해결가능해진다. 탄소국경조정 메커니즘이 EU 그린 딜에 포함되고 국제기구나 무역협정을 통해 원칙과 기준을 만들고 그것에 기반해(rule-based) 파트너 국가가 EU에 준하는 기후행동을 하도록 유도하겠다는 내용이 그린 딜을 다루는 EU 집행위원회 문건에 포함된 것은 이러한 맥락에서 해석 가능하다.[4]

두 번째는 '그린 딜'이라는 선명한 정책 슬로건을 통해 EU의 기술적 우위가 불분명한 산업 대신 기후대응 효과나 성장잠재력이 큰 신산업 부문(그린 수소, 바이오 플라스틱, 자원순환이 보강된 고효율 배터리, 데이터 산업 등)에 대한 대규모 기술투자를 이끌어내겠다는 의도다. 현재 EU는 화석연료를 사용하는 자동차 산업이나 일부 재생에너지 산업부문(풍력생산 설비)에서 글로벌 경쟁력을 가지고 있으나 시장규모가 빠르게 확대되고 있는 전기차, 전기차 배터리, 태양광, 수소 생산 및 활용, 데이터와 ICT 관련 산업부문에서는 이렇다 할 경쟁력을 보이지 못하고 있다. 이는 EU의 미래를 밝게 전망하기 어렵게 만드는 요인이다. Oertel et al.(2020) 등에 따르면, 중국은 '탄소중립 2060' 달성을 위해 US$ 15조라는 엄청난 금액을 R&D에 투자할 것이라고 전망했다. 이들의 보고서에는 Scott Moore(정치과학자)의 말을 빌려 "중국 기업이 이번 세기가 끝나기 전에 미국 기업보다 많은 수의 지적 재산권을 소유한 강자가 될 것"이며, EU 기업도 마찬가지로 엄청난 금액을 기후관련 기술 R&D에 투자하지 않을 경우 미국기업과 같은 운명에 놓이게 될 것이라고 언급했다. 실제 독일이 지대한 관심을 보이고 있는 그린 수소 생산 부문에서 중국 기업의 추격(catching-up)이 시작되었으며 이미 앞서 있다는 주장도 있다. 이러한 이유 때문인지, 이번 그린 딜에는 '혁신 펀드(Innovation Fund)'를 통해 그린 기술에 대한 R&D에 10억 유로를 투자하고 이를 통해 EU의 기술부문 글로벌 리더쉽을 강화한다는 계획이 포함되어 있다.[5]

EU 그린 딜의 부문별 목표와 핵심 정책

EU 그린 딜은 명시적이진 않지만 영국의 Brexit로 위기에 처한 EU 통합정책으로서의 의미가 담긴 것으로 보인다. EU는 통합 후 불균등 성장의 정도가 커지면서 통합에 균열이 발견되기 시작했다. 그리스 재정

위기와 영국의 EU 탈퇴가 대표적인 징후다. EU 그린 딜에 포함된 사회통합 정책과 '정의로운 전환 메커니즘(Just Transition Mechanism)'은 코로나19로 어려움이 가중된 회원국에 대한 금융지원과 기술지원을 제공함으로써 EU 통합을 공고히 하는 역할을 할 것으로 기대된다. 이와 함께 그린 딜 추진을 계기로 EU 단일시장의 외연이 확대되는 것은 중요한 변화로 보인다. EU의 경제동력이 통합을 통해 형성된 단일 시장이기 때문이다. 현재 대부분의 상품, 서비스, 통화, 인력의 EU 내 자유로운 이동이 허용되지만 단일시장이 형성되지 않은 부문도 있다. EU 그린 딜에는 그간 시장통합이 이루어지지 않고 있었던 에너지, 교통, 데이터, 금융부문의 역내 통합 내용이 담겨있다. 또, 기후변화, 환경, 이민 문제 등 당면한 이슈에 대한 EU 차원의 정책동맹을 공고히 할 재정지원이 예산안에 반영되어 있다. 특히 EU 그린 딜 예산으로 7년 장기재정안(MFF)과 '차세대 EU'이라는 EU 공동재정을 확보함으로써 EU 차원의 실질적인 정책추진이 가능해졌다는 점은 의미있는 변화로 보인다.

　이처럼 다양한 계기를 가지고 출발한 EU 그린 딜은 2020년 7월 EU 의회가 7년간의 장기재정과 '차세대 EU 기금'을 합해 총 1조 8,243억 유로 규모의 수정 예산안을 채택함으로써 실행의 8부선을 넘어섰다. 의회 승인 이후 그린 딜 세부 사항에 대한 회원국 실무진간 조정이 진행 중에 있으며 매달 새로운 행동계획과 정책이 발표되고 있다. EU는 2021년 7월까지 EU 그린 딜 최종안을 확정할 예정이다.

　〈그림 6〉은 EU 그린 딜이 다루고 있는 부문을 정리한 것이다. 부문별 목표와 핵심 정책은 〈표 1〉에 요약되어 있다. 그린 딜이 다루고 있는 정책을 짧게 요약하면 다음과 같다: 온실가스 감축목표의 상향 조정과 추가적인 감축수단 탐색; 에너지 소비의 전기화와 전기생산의 탈

탄소화를 핵심 내용으로 하는 에너지 부문의 그린 전환; 수소에너지에 대한 본격적인 투자를 선언한 그린 수소 정책; 저탄소·순환경제·디지털 기술 융합을 통해 EU 경제의 경쟁력 제고를 도모하는 산업정책; 규제와 플라스틱세로 대표되는 순환경제 강화 정책; 도로용 차량 대신 철도와 육상수로를 확대하고, 도로용 차량의 경우 내연기관 차량을 전기차와 수소차로 대체하며 디지털 기술을 활용해 EU 차원의 통합시스템을 지향하는 지능형 그린 모빌리티 전략; 공공과 민간 건물의 리노베이션 확대와 건자재의 저탄소화·순환경제화를 강조한 건물 정책, 제로 독성(toxic-free)를 목표로 하는 오염물질 규제; 훼손된 생태다양성 복구와 보전; 저탄소 사회로의 전환비용이 큰 지역과 개인을 지원함으로써 포용 성장을 도모하는 공정한 전환 메카니즘 등이다.

그림 6 EU 그린 딜 구성요소

출처: EU Commission, 2019, Communication from the Commission: The European Green Deal, Brussels, 11.12.2019.

표 1 EU 그린 딜 부문별 목표와 핵심 정책

기후	2030년과 2050년 감축 목표 상향조정
	• 2030 목표 상향조정 • 자동차에 대한 CO_2 배출 기준 조정, 화석연료 사용 승용차 금지 • 탄소가격: 에너지세 조정(EU내), 배출권거래제 조정, 탄소국경세 도입(21년 7월까지 안을 마련한 후 23년 적용하는 스케줄)
에너지	**가격적으로 수용 가능하며, 깨끗하고 안전한 에너지**
	• 발전부문의 기후중립 • 재생에너지, 스마트 인프라, 수소 네트워크, CCUS, 에너지부문 EU의 스마트 단일시장(Smart sector integration), 에너지 빈곤 개선 • 순환경제 활성화:산업부문의 폐열재사용, 배터리사용의 순환경제화
빌딩	**신·재건축 건물의 에너지·자원 효율화**
	• 에너지 사용량의 40% • 건물 자체가 에너지·자원집약적(모래, 자갈, 시멘트, 철강 등) • Renovate Wave: 현재의 renovation rate(연간 0.4~1.2%) 최소 2배 • EU ETS에 포함 고려 중 • 신축/재건축시 순환경제, 디지털화, 저탄소화를 고려한 디자인 요구 • Renovation 예산 제공(InvestEU등)
수송	**지속가능한 지능형 모빌리티 가속화**

	• EU 온실가스 배출량의 25%, 계속 증가
	• 2050년까지 수송부문 배출의 90% 삭감
	• 2020년 EU 집행위는 Smart and Sustainable Mobility 도입
	• 제로 또는 저배출차량 보급, 화석연료 차량에 대한 배출규제 강화
	• 탄소가격 적용
	• 대체연료 개발, 충전소 확충
	  – 도로수송(교통수요의 71.7%)의 75%를 철도와 육상수로로 전환
	  – 디지털화, 지능형 교통관리체계 역내 통합된 교통시스템(TEN-T)
	  – 화석연료 보조금 일몰(에너지세 개정안에 포함)
	  – 해상수송 부문을 EU-ETS에 포함/ 항공사에 대한 무상할당 삭감계획

산업	**EU산업에서의 청정·순환경제 활성화**
	• EU 배출량의 20% 차지 • Value-chain 전반의 현대화 → 지속가능성과 job-intensive 경제활동 활성화 • EU 산업전략의 핵심: 그린전환, 순환경제 활성화, 디지털 전환 • 에너지 집약적 산업에서 기후중립적·순환 제품 시장확대 촉진 • 전기화, 대체에너지원(수소, 바이오 매스, synthetic gas, 재생가스) 기술개발 • 철강, 시멘트, 화학산업: 화석연료 대신 재생수소 및 지속가능한 바이오매스 사용, 현존하는 저감기술(예: hydrogen-based primary steel 생산)을 10~15년내 대규모 활용(2030년까지)

출처: EU Commission의 그린 딜 문건을 취합하여 저자 정리

EU 그린 딜, 국내외적 탄소가격의 압박과 환경규제 요인으로 작용할 것

2019년 미국 민주당에서 '그린 뉴딜'에 대한 토론이 재개될 즈음 프리드먼은 뉴욕타임즈에 "그린 뉴딜이 다시 떠오르다(The Green New Deal Rises Again)"라는 칼럼을 게재했다.[6] 그는 이 칼럼에서 그린 뉴딜의 핵심은 '대규모의 청정에너지' 확보이며, 대규모가 아니라면 청정에너지나 그린 뉴딜은 하나의 '취미(a hobby)'에 불과하다고 언급했다. 취미로는 파괴적인 기후문제를 해결할 수 없다는 것이 그의 주장이다. 프리드먼의 표현을 빌리자면, 그동안 '그린'은 예쁘게 꾸며진 비경제적이고 리버럴하며 시시하고 막연한 프로젝트와 동의어로 취급받아왔다. 그는 '그린'이라는 단어가 파괴적인 인류세를 되돌리는 지질시대의 개념이자, 지극히 자본주의적이며 경제적이고 혁신적인, 더 나아가 애국적인 녹색으로 탈바꿈해야 한다고 강조했다. '그린 딜'이건 '그린 뉴딜'이건 게임의 법칙을 바꾸는 전략이 되기 위해서는 '그린'이 마냥 자애로울 수 없다는 것이다. 그가 말한 '탐욕스러운 그린', 자본주의적인 '그린'의 내용은 결국 온실가스 배출에 관련된 모든 행동에 적정한 비용을 지불하게 하는 탄소가격제의 정착과 탄소가격 정책을 적용하기 어려운 부문에 대한 '규제'가 될 것이다.

이는 그가 2007년 칼럼에서 기후변화대응을 위해 정부가 해야 할 일로 언급한 '올바른 가격'과 '올바른 규제'에 해당한다. 현실에서 탄소가격은 탄소세, 에너지세, 배출권 가격의 형태로 지불된다. EU 그린 딜에서는 여기에 더해 탄소국경조정세(Carbon border adjustment tax)와 플라스틱세를 새로운 가격신호로 추가했다. 두 번째 '규제'에는 자동차 연료의 배출기준이나 마일리지 기준, 빌딩에 대한 에너지효율표준이나 공공건물에 대한 재생에너지 의무비율 등이 해당된다. 이러한 저탄소화와 관련된 그간의 규제 이외에 EU는 일회용 플라스틱 사용 금지, 전자제품과 석유화학 제품의 재생 플라스틱 사용 의무화, 전기차 배터리의 재활용 요건 강화, 순환경제에 대한 생산자의 책임을 강조한 반환제도 등을 추가했다.

만약 EU가 그린 딜에 포함된 기준과 원칙을 계획대로 글로벌 표준으로 만들 경우 국내 기업들은 바로 이 원칙과 기준에 의해 탄소가격을 지불하고 규제에 맞춰 생산방식 전반을 바꿔야 할 것이다. 특히 중국이 대규모의 선제적 투자를 이미 시작했고 EU 기업과 미국기업이 이에 버금가는 기술혁신 투자를 실행해 어느 정도 성과를 낸다면, 변화된 글로벌 무역환경에서 국내 기업들이 후발주자로서 겪게 될 어려움은 더욱 커질 것으로 예상된다. 이에 대한 국내 기업의 대응은 저탄소·자원순환 기술에 대한 R&D 투자, RE100 가입, 그리고 ESG 활동 강화를 통해, 한마디로 후발주자가 되지 않는 것이다. 후발주자가 아닌 선두주자가 된다면 탄소집약적 생산방식 때문에 탄소국경조정 메커니즘에 의해 경쟁력이 낮아진 경쟁국들을 제치고 EU 시장에서 더욱 큰 성과를 낼 수도 있다. 반대로 후발주자가 된다면 국내 기업이 국제시장에서 경쟁력을 잃게 될 것이다. 후발주자가 되지 않는 것, 더 나아가 선발주자가 되는 것은 현재 우리나라의 에너지집약적·탄소집약적 생산구조를 고려할 때 매우 어려운 과제에 해당하는 것은 사실이다. 후발주자가 될 경우의 어려움은 EU 역내 기업들도 예외는 아니다. 그리스 업계를 컨설팅한 PWC는 이에 대한 기업의 대응책으로 ESG 투자를 포함시켰다. ESG를 구성하는 개개의 요소가 EU가 언급한 '기준과 원칙을 통한(rule-based) 조정' 또는 무역압박에서 '기준'이고 '원칙'일 수 있기 때문이다.[7]

주석

1) 재생에너지, 수소에너지, 에너지효율 개선을 위한 빌딩 리모델링 관련 사업, 폐기물처리 및 자원순환과 관련된 산업, 데이터 산업 등이 이에 해당한다. 이와 관련된 EU 집행위원회의 공지는 'EU Commission, Commission to maximize job opportunities in green economy'에서 찾을 수 있다. (http://ec.europa.eu/environment/europeangreencapital/opportunities-green-economy/)

2) 최근 EU의 그린 딜 정책이나 분류기준(EU Taxonomy)을 가지고 EU가 추진하고 있는 지역정치(geopolitics)가 이에 해당하는 것으로 볼 수 있다.

3) https://ec.europa.eu/info/strategy/priorities-2019-2024/european-green-deal/actions-being-taken-eu_en

4) Oertel, Janka, Tollmann, Jennifer and Tsana, Byford.(2020). Climate Superpowers: How the EU and China can compete and cooperate for a green future. 2020.12.03.

5) Oertel, Janka, Tollmann, Jennifer and Tsana, Byford.(2020). Climate Superpowers: How the EU and China can compete and cooperate for a green future. 2020.12.03.

6) Thomas Friedman, The Green New Deal Rises Again: It was a good idea that didn't catch on in 2007. Now we're running out of time, The New York Times(2019.01.08.).

7) 이 원고는 저자의 '그린 뉴딜 추진배경과 해외사례, 전기저널, 스페셜이슈(2021.01.07.)'와 SK 이노베이션 용역보고서('EU 그린딜의 주요 이슈와 국내 시사점', 2020)를 보완하거나 요약하여 작성했다.

제2장
환경 및 에너지
(Environment)

04 기후위기와 ESG / 정태용
05 탄소 배출권 시장 / 김용건
06 분산형 에너지시스템의 구축과 과제 / 김현제
07 에너지 문제와 원자력 / 박주헌

04

정태용
연세대학교 국제학대학원 교수

기후위기와 ESG

- 지속가능한 발전이란?
- 기후위기와 기후금융
- ESG와 민간기업의 인식변화
- 민간기업의 ESG 활동과 기후금융

기후위기와 ESG

지속가능한 발전이란?

지속가능한 발전(Sustainable Development)의 개념은 공식적으로는 1987년 유엔총회에서 채택된 유엔문서에 나와 있다. 브룬트란트보고서로 잘 알려진 'Our Common Future'라는 유엔보고서가 발간되었고 본 보고서가 유엔총회에서 채택이 되면서 알려지게 되었다. 동 보고서 제 27조에서 지속가능한 발전에 관하여 다음과 같이 정의하였다. "인류는 현재 세대가 자신들이 필요한 것을 충족함에 있어 다음 세대가 자신들의 필요한 것을 충족하게 할 수 있는 능력과 타협하지 않으면서 발전을 지속할 수 있도록 해야 한다. 지속가능한 발전의 개념은 절대적인 제약이 아니라 현재의 기술, 사회조직, 환경자원의 상태나 인간 활동의 영향을 흡수할 수 있는 생물권(生物圈)의 능력에 의하여 제약을 받는 것을 의미한다."(UN, 1987). 지속가능한 발전이란 쉽게 설명하면, 현재 세대가 자신들의 능력으로 자신들이 당면한 문제를 해결하면서 사회경제적으로 발전을 이루면서 생태계가 허용할 수 있는 범위 내에서 인간 활동을 해 나가는 사회는 지속가능한 발전을 하는 것으로 이해할 수 있다. 왜냐하면 다음 세대도 미래에 자신들의 문제를 해결해야하기 때문에 현 세대가 다음 세대에게 현 세대의 문제를 떠넘기면

안 된다는 의미이다.

〈그림 1〉에서처럼 한 사회가 지속가능성(Sustainability)을 확보하기 위해서는 세 가지 중심축(pillar)이 상호 톱니바퀴처럼 잘 연결되어서 같이 잘 움직여야 한다. 첫 번째 축은 경제를 중심으로 하는 축이다. 인간 사회는 경제발전을 통하여 빈곤을 퇴치하고, 사회의 경제활동을 위한 경제 시스템을 잘 운영해야 경제적인 지속성을 유지하게 된다. 두 번째 축은 사회를 중심으로 하는 축이다. 인간 사회에서 보편성, 공정성, 공평성과 같은 사회적 가치를 잘 유지하고 발전시키면서 모두에게 차별 없는 공정한 기회를 부여하는 사회 시스템을 구축하고 포용적(Inclusive) 사회를 만드는 과정을 통하여 사회적 지속성을 유지하게 된다. 세 번째 축은 환경의 축이다. 인간사회를 둘러싸고 있는 생태계는 천연자원이나 생태자원을 공급함으로써 인간의 다양한 활동이 가능한 것이다. 그러나 이러한 자원은 무제한으로 사용할 수 있거나 파괴하는 대상이 아니다. 인간 사회가 지속가능한 발전을 보장하기 위해서는 환경과 어떻게 조화를 이루고 살아갈 것인가 하는 점이 관건이다. 왜냐하면 우리는 생태계로부터 인간 생존에 필요한 자연조건을 형성하고, 다양한 자원을 공급받아야 인간의 경제시스템이 운영되기 때문이다. 결국 한 사회의 지속가능한 발전을 위해서는 세 가지 중심축들이 서로 유기적으로 잘 연계되어 상호작용을 하면서 한 사회의 지속가능성을 유지해야 한다.

코피 아난 전 유엔사무총장은 21세기에 접어들어서 개발도상국들의 지속가능한 발전 문제 해결을 위하여 구체적으로 새천년개발목표(Millenium Development Goals: MDGs) 8개를 선정하였다. 2000년부터 시작하기에 새천년 목표라 명명하였으며 2015년까지 15년 동안 개발도상국들의 발전을 위한 구체적인 목표를 설정하고 이 목표를 달성하기 위하여 국제사회의 적극적인 참여를 요청하였다. 그러나 결과적으로 MDGs 목표달성은 실패하였다. 제 8대 유엔사무총장인 반기문 전 유엔사무총장은 2012년 6월, 1992년 환경정상회담 20주년을 계기로 브라질 리오데자네이로에서 다시 세계의 주요 국가수반들 및 국제기구의 수장들과 함께 환경정상회담을 개최하였다. 이 회의에서 반기문 전 유엔사무총장은 MDGs 목표를 대신하는 보다 포괄적이고 구체적인 목표를 설정하여 개도국뿐만 아니라 전 세계 모든 국가들이 참여하는 새로운 지속가능발전 목표를 제안하였다. 2015년부터 2030년 사이 15년 동안 각국이 지속가능한 발전을 위하여 달성해야 할 17개의 구체적 목표를 설정하고 모든 국가의 동참을 요청하였다. 지속가능발전 목표(Sustainable Development Goals: SDGs)는 2012년 9월 유엔총회에서 정식으로 채택되었다. 2030년까지 전 세계 인구에서 절대빈곤층을 없애고, 깨끗하고 편리한 에너지와 식수 등 인간 생활의 기본 필수품을 전 세계 인구 모두에게 공급하는 것과 같은 구체적인 17개의 목표가 제시되었다.

그림 1 지속가능성을 위한 세 가지 중심축

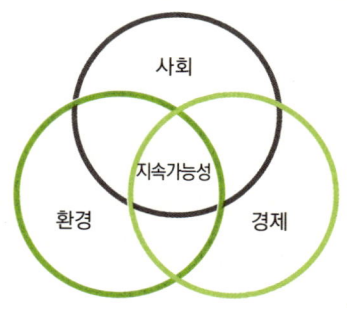

SDGs는 지속가능한 발전을 위한 세 개 축과 밀접한 관계가 있는 구체적인 목표들로 구성되어 있다. SDG 1~5번까지는 인간과 직접 관계가 있는 사회 축과 밀접한 관계가 있다. 빈곤퇴치, 건강, 보건, 교육, 양성평등에 관한 목표이다. SDG 10은 불평등을 줄이기 위해 필요한 구체적인 목표를 제시하고 있다. 환경 축과 관련된 SDGs는 SDG 6인 물과 위생, SDG 7인 지속가능한 에너지, 13번 기후변화를 비롯한 환경에 대한 대응, 14번 수자원 및 해양생태계 보호, 15번 육상생태계 보호 등에 관한 구체적인 목표를 제시하고 있다. 경제 축과 관련이 있는 목표들은 SDG 8의 양질의 일자리 및 경제성장, SDG 9의 산업 및 사회기반시설, SDG 11인 지속가능한 도시와 커뮤니티, SDG 12인 지속가능한 소비와 생산 활동을 통한 책임 등으로 구성되어 있다. SDG 16은 평화와 정의 그리고 이를 뒷받침하는 강력한 제도를 목표로 제시하고 있으며 SDG 17은 각 SDG 목표를 달성하기 위한 파트너십에 관한 것이다. 그러나 SDG 각 목표들은 사회, 환경, 경제 분야의 다양한 문제들과 복잡하게 얽혀있고 따라서 그 해결방안을 찾는 과정도 각 부문이 서로 밀접하게 연관이 되어 있다. 특히, 최근 들어서는 SDG 각 목표를 달성하기 위해서 각 목표별 이해당사자들(Stakeholders)의 역할과 상호관계에 주목하고 있다. 더 이상 환경문제는 정부나 국제기구의 몫이 아니고 시민사회, 학계, 민간부문 등 모두가 같이 해결해야 하는 문제로 이해되고 있다.

예를 들어, SDG 13은 기후변화와 관련하여 국제사회, 각 국가, 구성원들이 달성해야 하는 목표이다. 금세기 말까지 온실가스의 농도를 억제하여 산업혁명 이전 보다 1.5℃ 이내에서 지구의 온도상승을 막아야 한다는 점에 모든 국제사회가 공감을 하고 구체적인 행동에 나설 것을 촉구하고 있다. 이는 인간 사회의 지속가능한 발전을 위하여 꼭 필요한 목표이고 현재 세대가 해결해야 하는 문제이다. 2100년의 문제라서 다음 세대에게 이 문제를 떠넘기면 인류는 지속가능한 발전을 할 수 없다. 왜냐하면 이 문제는 현재 세대가 만든 문제이기에 현재 세대가 해결해야하기 때문이다. 이 과정에서 민간부문의 역할이 강조되고 있다. 요즈음 들어서 특히 민간기업의 ESG 관련 활동이 강조되고 있는데 본 장에서는 이 중 E에 해당하는 환경문제 중 특히 기후변화와 관련된 민간부문의 다양한 활동을 논의하고자 한다.

기후위기와 기후금융

1980년대 들어 지구상의 기온이 점점 상승하는 지구 온난화 현상에 관하여 전 세계 과학자들은 이러한 현상에 관한 체계적이고 과학적인 규명을 위하여 노력을 하게 되었다. 유엔환경계획(UNEP)와 세계기상기구(WMO) 산하로 기후변화에 관한 정부간 협의회(Intergovernmental Panel on Climate Change: IPCC)가 구성되어 기후변화에 관한 과학적 연구결과와 사실들을 보고서로 작성하여 왔다. 현재까지의 기후변화 관련 과학자들의 연구결과에 기초하여 IPCC 제6차 종합보고서가 작성 중이다. 인간의 활동이 많아지고 다양하게 증가함에 따라 대기권에 있는 온실가스의 농도가 높아지고 이에 따라 지구상의 온도가 상승하는 것이 지구온난화이다. 즉, 지구가 점점 더워지는 것으로 지구의 기후 상태가 급격히 변화하는 '기후변화' 현상이라 할 수 있다. 오랜 지구의 역사에서 기후가 변화하는 것은 자연히 발생하고 반복되는 현상이다. 그러나 문제는 인간의 활동의 결과로 온실가스의 배출이 급격히 늘어나고, 이것이 자연적인 현상에 더해져서 기후변화를 가속화시키는 일이 지속적으로 일어나고 점점 그 속도가 빨라지고 있다는 점이다. 특히 산업혁명 이후 인류는 석탄을 비롯한 화석연료를 인간의 다양한 활동을 위한 에너지원으로 너무 많이 사용하여 지구온난화를 일으키는 온실가스중 하나인 이산화탄소의 배출을 급격히 증가시켰다. 이로 인하여 대기권의 온실가스 농도는 빠르게 증가하여 전 세계의 평균기온이 지속적으로 상승하고 있다. 평균기온의 상승뿐만 아니라 더욱 심각한 자연현상은 이상기후현상을 포함하여 감당하기 힘든 태풍, 홍수 등 자연재해의 빈도가 많아지고 강도가 점점 세지는 것이다. 이러한 추세가 계속된다면 이는 단순히 기후변화가 아니고 인류와 생태계를 위협하는 문제로 인식하게 되었다,

예를 들어서 태평양, 인도양의 작은 섬나라 국가들은 지구온난화로 인한 해수면 상승으로 국가의 존립이 위협받는 상황에 이르렀다. 이들 국가들은 해수면이 더 상승하면 국가가 사라지고 기후변화로 인하여 난민이 발생하고 있다. 기후난민(Climate Refugee)의 문제는 이미 국제사회의 큰 문제로 다가오고 있다. 기후변화로 인한 수자원의 변화도 특정지역의 가뭄이나 홍수를 발생시키는 원인이 되고, 이에 따라 그 지역 주민들이 다른 지역으로 이주하는 상황도 만들어 내고 있다. 전 세계적으로 70% 이상의 수자원은 농업에서 사용하고 있는데 이러한 수자원의 변화는 농업생산에도 직접적인 영향을 미치고 있다. 기후의 변화와 이에 따른 수자원의 변화는 농업 작물과 생산량의 변화를 가져오고 이러한 변화가 기술적인 농업생산성의 증가보다 빠른 속도로 이루어진다면, 결국에는 인류의 식량문제에도 위협적인 요인으로 다가오고 있다. 따라서 국제사회는 현재의 기후변화는 기후위기(Climate Crisis)

를 인식하고 보다 강력한 대응을 요구하는 상황에 이르렀다. 2018년, IPCC는 금세기 말에 온도 상승을 1.5도 이내에서 억제해야 한다는 특별보고서를 채택하여 공표하였다. 이는 앞으로 기후변화로 인하여 많은 사람들이 희생(Climate Genocide)될 수도 있고, 인류의 많은 자산과 생태계가 파괴되어 인류의 삶이 심각하게 위협받을 수 있음을 강력하게 경고하는 것이라 할 수 있다.

우리나라도 기후변화와 그 영향에서 자유로울 수 없다. 가장 가까운 예로 작 년 2020년 여름에 장마기간이 무려 50일을 넘게 계속되었다. 거의 두 달 동안 장마가 계속된 것은 매우 이례적인 기상현상이다. 장기화되는 여름 장마뿐만 아니라 강수의 패턴도 많이 변하고 있다. 우리나라는 여름 강수량이 전체 강수량의 70% 정도를 차지한다. 이러한 집중된 폭우는 수자원으로 관리되지 못한다면 연평균 1,000mm이상의 많은 강수량이라 하더라도 먹는 물을 포함하여 우리의 다양한 경제활동에 활용되지 못 하게 된다. 최근 몇 년 동안 여름에 폭염이 지속되고 열대야가 계속되는 것을 경험하고 있다. 여름의 폭염과 열대야 등은 건강이 취약한 계층이나 집단에게 치명적일 수 있다. 우리나라에서도 여름에 일사병 또는 열사병의 환자가 생기고 늘어나고 있다는 신문기사를 종종 접하고 있다. 한반도 기후대가 열대기후로 넘어가는 것에 대한 실질적이고 다양한 증거라 할 수 있다. 제주도에서 가능한 열대작물이 남부지방에서도 자라고, 사과의 경작지가 자꾸 북쪽으로 이동하는 등 많은 분야에서 기후변화를 실감할 수 있다.

21세기 들어 자주 체감하게 되는 기후변화와 태풍, 폭설, 폭염, 가뭄, 홍수 등의 이상기후현상은 그동안 우리경제와 인프라 시스템이 더 이상 감당하기 힘든 자연재해의 피해를 점점 늘려가고 있다. 몇 년 전

여름 강수로 인하여 강남역 일대, 광화문 일대가 물에 잠기거나 서울 등 각 지방의 저지대 주택지나 농경지가 침수도거나 산사태로 인한 막대한 피해를 겪는 것을 거의 매 년 경험하고 있다. 다시 말해서 그동안 우리나라의 방제시스템이나 인프라 시스템이 기후변화나 자연재해에 점점 취약하게 되고 있다는 것을 의미하고 이러한 기후변화에 대응하는 인프라 시스템을 다시 구축하는 것은 막대한 재원과 시간을 필요로 하는 일이 되어 가고 있다. 이러한 대규모 사업들은 중앙정부나 지방정부만의 재정으로는 감당할 수 없는 규모로 커져 가고 있고 민간이 보유하고 있는 다양한 기술과 접목하여 기후변화에 적응이 가능하고 회복력을 갖춘 새로운 인프라 구축을 요구하는 상황이 되고 있다.

기후금융(Climate Finance)의 개념은 명확히 정해져 있지 않으나, 온실가스 감축(Mitigation)과 기후변화 적응(Adaptation)을 위한 사업 수행에 중요한 역할을 하는 금융 행위자(Financial Actors), 금융 상품(Financial Instruments)과 금융 시장(Financial Market)의 종합체라 할 수 있다. 유엔기후변화협약(UNFCCC)에서는 기후금융은 넓은 의미로 온실가스의 배출을 줄이거나 기후변동과 예상되는 기후변화로부터의 영향에 대한 회복력을 높이는 것으로 예상되는 사업에 필요한 금융으로 설명하고 있다.(UNFCCC, 2018) 2015년 프랑스 파리에서 개최된 기후변화협약 당사국총회에서 대부분의 국가들이 합의한 파리협정의 제 9조는 선진국이 개발도상국의 온실가스 감축 및 기후변화 적응을 지원을 하도록 규정하고 있으며, 다른 기후변화협약의 당사국들도 자발적으로 이러한 지원을 제공하도록 권장하고 있다.(UNFCCC, 2015) 이러한 지원에는 금융과 기술이 포함되어 있다. 파리협정 채택 당시 오바마 정부의 미국도 파리협정에 참여를 하였으나 같은 해 11월 당선된 트럼프 정부에서 파리협정을 탈퇴하였다. 아래 〈표 1〉은 기후금융과 관련하여 공공부문과 민간부문에서의 투자 행위자를 그 목적에 따라 구분하여 정리한 표이다. 기후금융의 행위자들은 다양하며 그 목적에 따라 투자행위의 내용과 범위도 매우 다양하다.

표 1 기후금융 투자기관

공공/민간	행위자(Actor)
공공	개발금융기관(Development Financial Institutes): - 다자 및 지역 금융기관: 여러 국가들이 주주인 기관으로 재원이 개도국 지원 등으로 활용됨 - 양자 원조기관: 단일 국가가 기관을 소유하며, 개도국 지원이나 국제적 활동으로 재원이 활용됨 - 국가: 단일 국가가 기관을 소유하고 있으며, 재원이 국내에서 활용됨
	- 정부 및 산하기관
	- 국가 및 다자간 기후펀드(Climate funds)
민간	- 프로젝트 개발자와 회사들을 포함한 기업(Corporations)
	- 일반 가계(Households)
	- 상업투자기관(Commercial Financial Institutions)
	- 기관투자자(Institutional Investors)
	- 사모펀드(Private Equity), 벤처캐피탈(Venture Capital), 인프라펀드 (Infrastructure Funds), 연금, 기금 등

출처: CPI, 2019a

아래 〈표 2〉는 기후금융 상품을 정리한 표이다. 기후금융의 행위자들의 목적과 금융기관에 따라 구체적으로 다양한 금융상품이 존재한다. 기본적으로 기후변화와 관련된 사업들은 선진국, 후진국을 막론하고 온실가스를 줄이거나, 기후변화에 적응하려는 구체적인 프로젝트로 계획하게 되면 이러한 프로젝트를 수행하기 위하여 필요한 자금을 조달하는 방법에 따라 금융상품이 나누어지게 되며 이는 일반적으로 프로젝트 파이낸싱을 형태로 나타나게 된다. 예를 들어서, 세계은행이나 유엔의 기후변화 관련 기관들이 개발도상국들의 기후변화 관련 사업을 지원하기 위하여 제공하는 다양한 형태의 기술적 지원이나 서비스 등은 무상원조의 형태로 제공될 수 있으며 이를 공여(Grant)라 하고 기후금융 상품의 한 형태라 할 수 있다. 일반적으로 공공부문과 민간부문에서 기후변화와 관련된 구체적인 사업을 진행하는 과정에서 필요한 자금을 조달하는 방법은 프로젝트에 필요한 자금을 부채의 형태나 사업 주체의 지분을 얻는 과정에서 투자를 하는 형태로 이루어지게 된다. 또는 기업과 금융기관이 직접 금융행위를 하는 형태로 기후금융 상품이 존재한다.

표 2 **기후금융 상품의 종류**

기후금융 상품	내용
공여(Grant)	상환할 필요 없이 제공되는 현금, 재화 및 서비스(원조의 한 형태)
프로젝트 단위 부채 (Debt)	프로젝트의 현금흐름에 기반한 부채로 저비용 부채(Low-cost Debt)는 시장에 비해 좋은 조건으로 제시된 대출을 의미하며, 시장이율 부채(Market-rate debt)는 일반적인 시장 상황에 맞게 제공되는 대출임
프로젝트 단위 지분 (Equity)	프로젝트 현금흐름에 기반한 지분 투자
Balance Sheet Financing	기업이나 금융기관으로부터의 직접적인 부채 및 지분투자

출처: CPI, 2019a

최근 들어서 기후금융의 규모는 빠르게 증가하고 있으며, 2017/2018년에는 약 5,790억 달러 정도로 추정되고 있다. 이 중 약 95%는 온실가스 감축 사업에 투자되고 있으며, 약 300억 달러 정도만

이 기후변화 적응 부문에 투자되었다. 분류에 따라서 약 120억 달러는 온실가스 감축과 기후변화 적응부문 모두에 혜택이 갈 수 있는 분야에 투자된 것으로 추정된다. 기후금융은 신흥경제국(Emerging Economies) 에 크게 집중되어 있으며, BRICS(브라질, 러시아, 인도, 중국, 남아프리카공화국)지역이 25~43% 정도를 차지하고 있다. 최빈국과 소규모 도서국가에 대한 투자는 연간 기후금융의 5% 미만으로 매우 적은 비중을 차지하고 있다.(CPI, 2019b) 파리협정을 통해 모든 기후변화협약 당사국이 온실가스 감축을 위한 이행방안(NDC)을 스스로 수립하여 이행하며, 금세기 말까지 산업화 이전 대비 2℃ 이내로 온도 상승을 제한하는 것을 목표로 하고 있다. 파리협정의 목표를 달성하기 위해서는 전 세계적으로 대략 연간 6조 달러의 투자가 필요한 것으로 추산되고 있다.(CPI, 2019b)

기후금융 상품을 활용하여 재원을 조달한 뒤 온실가스 감축과 기후변화 적응 사업에 투자하고 있으며, 어떤 사업에 투자되는지에 따라 감축과 적응금융으로 구분된다. 감축금융을 통한 사업은 재생에너지, 에너지 효율, 지속가능한 운송수단 등에 관련된 사업들이 주를 이루고 있다. 적응 관련 사업은 주로 공공부문의 재원을 통하여 이루어지며 에너지, 수자원 및 기타 도시 인프라 구축 및 서비스 사업이 주 대상이 되고 있다. 기후금융의 재원에 따라 민간 및 공공 부문의 기후금융 비중은 약 60:40 정도 수준으로 민간이 더 많은 금융을 하고 있다. 에너지 부문은 민간 기후금융이 80% 이상(2017/2018)의 비중을 차지하고 있다.(CPI, 2019b) 공공 부문은 정부 및 정부기관, 기후펀드, 다자개발은행을 포함하며, 2017/2018년에는 2,530억 달러에 이르렀다. 이 중에서도 양자 및 다자 개발금융기구(Development Finance Institutions)가 공공 부문 기후금융의 80% 이상을 차지하고 있다. 6개 다자개발금융기구(아프리카개발은행, 아시아개발은행, 유럽부흥개발은행, 유럽투자은행, 미주개발은행, 세계은행)이 전체 공공부문 기후금융의 23%를 차지하고 있어 중요한 역할을 담당하고 있다.(CPI, 2019b) 예를 들어, 아시아개발은행(ADB)은 Future Carbon Fund, Asia Pacific Carbon Fund 등을 통해 2030년까지 기후변화 대응, 기후 및 재난 탄력성, 환경 지속가능성 달성을 목표로 ADB의 개발도상국을 대상으로 사업을 하고 있다. ADB 전체로는 2030년까지 75%의 ADB 운영 자금이 온실가스 감축 및 기후변화 적응 사업에 투입될 것이며, 이는 약 800억 달러 규모이다.(ADB, 2020)

민간 부문의 기후금융은 점차 증가하고 있으며, 2018년 3,230억 달러에 이르고 있다. 기업이 민간 기후금융 중 절반 이상을 차지하고 있어 가장 큰 부분을 차지하고 있다.(CPI, 2019b) 상업 금융기관과 가계의 기후금융 투자 비중이 점차 커지고 있다는 점은 주목할 만한 점이라 할 수 있다. 민간 부문의 기후금융 중 가장 많은 부분은 신재생에너지 부문에 투자가 이뤄지고 있으나, 최근 저탄소 수송 부문에 대한 투자가 빠르게 성장하고 있다. 기후금융 중 민간 부문의 중요한 특성은 녹색채권의 증가를 들 수 있다. Climate Bond Initiative(CBI) 보고서에 따르면 2019년 총 2,577억 달러의 녹색채권이 발행되었으며 496개 발행사 중 250개의 신규 발행사가 총 678억 달러의 녹색채권을 발행하였다. 2019년 녹색채권 활용된 사업 분야는 에너지 31%, 건물 부문이 약 30%, 교통 20%, 수자원 관리 9%, 폐기물 4% 등이다.(CBI, 2020)

ESG와 민간기업의 인식변화

ESG(Environment, Social, Governance: ESG)의 개념은 유엔과 같은 국제기구에 의해 지속가능한 투자에 대한 정의가 추진되었고 환경, 사회, 기업의 지배구조를 자본시장에 통합하도록 장려하였다. ESG라는 용어는 2004년 UN의 Global Compact의 연구보고서에서 처음 소개되었다.(The Global Compact, 2004) 2006년에 유엔주도의 책임투자원칙(Principle for Responsible Investment: PRI)이 제정되어 ESG 투자에 대한 공론화가 시작되었다. ESG는 기업 활동에 대한 소비자, 투자자, 규제당국, 기업의 책임투자에 대한 인식 및 행동변화 등 다양한 이해당사자들의 요구가 반영되어 발전되어 왔다. 소비자 입장에서 보면, 지속가능성에 대한 소비자들의 인식의 확대, 밀레니얼 세대를 중심으로 환경과 사회를 고려하는 지속가능한 소비(Sustainable consumption) 등이 확대되고 있는 추세이다. 소비자들의 지속가능성에 대한 인식변화와 특히 코로나19 이후 시스템적인 리스크와 기업의 활동이나 자본시장의 흐름을 연결시키는 의식이 확대되고 있으며 이러한 변화에 대하여 기업은 능동적으로 대응하는 상황이 된 것이다. 투자자들의 입장에서는 기업의 비재무적 위험에 대한 자산가격 반영 노력이 확대되면서 ESG와 재무적 성과 간 상관관계에 대한 학문적 연구와 더불어 실증적으로 ESG 투자의 긍정적 효과가 검증되면서 ESG를 고려하는 투자를 증가시키고 있다. 글로벌 운용사, 연기금 등 기관투자자들이 재무적 요소 외에도 기후변화, 지구온난화 등 ESG 요소가 기업에게 근본적인 위험이 될 수 있다고 인식하게 되면서 비재무적 요소를 기업가치 평가에 반영하려는 움직임이 증가하는 추세이다. 규제당국의 입장은 책임투자 관련규제를 강화하여 기후변화로 인한 금융시장의 시스템적인 리스크의 발생 가능성을 완화하고 재무적 요소에 치우친 기업의 리스크 관리체계를 개선하며 지속가능개발목표(SDGs) 등 실질적인 발전을 위한 금융시장의 역할 변화를 유도하고자 한다. 기업의 입장에서는 비재무정보 공시의무강화와 지역과 국가별로 서로 다른 비재무정보 공시기준으로 기업들의 지속가능성 관련공시 활성화에 어려움이 있었다. 그러나 2000년 이후 국제적인 비재무정보 공시기준이 수립되었고, 최근 지속가능회계기준(Sustainable Accounting Standards Board: SASB), 기후관련 재무정보 공개(Task Force on Climate-related Financial Disclosures: TCFD) 프레임워크 도입을 요구하는 투자자가 늘어나면서 기업들의 공시 움직임이 증가하고 있다.

일반적으로 ESG 채권의 종류는 녹색채권(Green Bond), 사회적채권(Social Bond), 지속가능채권(Sustainability Bond) 등으로 구분하고 있다. ESG 채권에 대한 표준화를 위해 Green Bond Principles(GBP)등 관련 가이드라인이 존재한다. 이에 따르면, 녹색채권은 재생에너지, 그린빌딩 등 친환경사업에 대한 투자를 목적으로 발행하는 채권을 의미한다. 사회적채권은 필수인프라, 의료 및 교육시설, 주거시설 등 사회적 가치창출을 목적으로 발행하는 채권이다. 지속가능채권은 광범위하게 친환경 또는 사회적 가치를 창출하는 사업에 투자를 목적으로 발행하는 채권이다. 전체 ESG 채권발행액은 2017년부터 크게 증가하는 추세이며, 특히 최근에는 코로나19로 인한 사회경제적 피해극복을 위해 의료장비구입, 백신개발, 중소기업지원 등 사회적채권이나 지속가능채권의 발행이 늘어나고 있다.

ESG 채권 중에서 특히 환경과 관련된 채권의 발행은 글로벌 측면에서는 기후변화에 대응하기 위한 목적으로 발행이 증가하는 추세이다. 홍수, 가뭄, 폭염 등 기후변화에 따른 자연재해의 발생빈도는 1960년대 이후 지속적으로 증가하고 있으며 지구온난화로 인한 해수온도 상승으로 금세기 말까지 허리케인, 태풍 등의 강도와 빈도가 동시에 증가할 것으로 IPCC는 예상하고 있다. 해수면 상승은 전 세계적으로 인구의 거주가 많은 해안가 및 저지대지역의 도시에서 홍수와 태풍 등으로 인한 자연재해의 피해를 증가시킬 것으로 예상하고 있다. 이러한 자연재해의 빈도와 강도의 증가에 따른 물리적 위험은 기업과 자산의 경제적 피해로 이어질 것으로 예상하는 것은 당연하다. 따라서 이에 대한 대응 사업을 계획하고 재원을 마련하는 것이 더욱 필요하게 되었다. 공공 부문에서도 자연재해로 인한 공공 인프라의 피해 및 복구비용 등 재정지출의 증가와 경제활동 중단, 인구 및 기업이전 등 세수감소는 기후변화에 취약한 지방정부의 신용위험(climate-driven credit risk)으로 이어질 수 있다. 따라서 각 나라의 지방정부들은 이에 대응하기 위한 지방채권의 증가현상을 보이고 있다. 또한 기관이나 민간 투자자의 입장에서는 강풍, 홍수 등 기후변화에 따른 피해가 잦은 지역의 상업용 부동산자산은 보험료 인상, 기후변화 대응 비용 증가, 임차인 연체 및 퇴거위험 증가 등으로 인해 자산가치의 하락과 거래감소위험에 노출될 가능성이 높아지기 때문에 이에 대한 대응이 필요하다는 인식이 증가하고 있다.

민간기업의 ESG 활동과 기후금융

민간 부문에서 기후금융과 관련된 글로벌 추세 중 그린 본드에 대한 관심이 증대되고 있는 점에 주목할 필요가 있다. 한국의 그린 본드 발행 규모는 2019년 GDP 대비 0.21%로 기후변화에 적극적으로 대응 중인 주요 유럽 국가들인 프랑스(1.10%), 독일(0.48%), 네덜란드(1.27%), 스웨덴(1.98%) 등에 비해 저조한 수준에 머무르고 있다.(이효섭, 2020). 그러나 최근 들어 우리나라의 공공기관과 민간의 녹색채권 발행이나 ESG 관련한 채권의 규모가 커지고 있다. 예를 들어서 2020년 9월 "산업은행은 29일 국내 주요 기관투자자를 상대로 2천억 원 규모의 녹색채권(그린 본드, Green Bond)을 발행했다고 밝혔다. 녹색 채권은 환경·사회·지배구조(ESG) 채권 중 하나로 조달 자금을 '녹색산업' 분야 사업 지원에 사용하도록 한정한 특수목적 채권이다. 이번에 발행한 녹색 채권의 만기는 3년이며, 발행 금리는 1%(고정금리부 이표채)다. 조달 자금은 재생에너지(태양광 발전), 친환경 운송(선박 친환경 설비개량) 등 국내 저탄소 녹색 사업 지원에 사용된다."(연합뉴스, 2020) 특히, 2021년 들어서 민간 기업의 녹색채권을 비롯한 기후금융에 관한 관심은 가히 열풍이라 할 수 있다. 정부의 그린 뉴딜 정책 추진, 글로벌 시장에서의 녹색전환, 바이든 미국 대통령의 당선 등 국내와 해외에서의 급격한 환경변화에 따른 우리나라 민간 기업들의 자발적인 대응 노력으로 이해할 수 있다. "요즘 녹색채권(그린 본드)이 유럽이나 미국에서 빠른 속도로 성장하고 있다. 한국처럼 유럽연합(EU)이나 미국 정부가 역할을 했을까. 아니다. 수요가 많은 데다 공급이 원활히 이뤄지니 시장이 커지는 것 아니겠는가. 처음 시작하니 마중물 역할에만 그친다면 그럴 수 있다고 생각하지만 장기적으로 정부가 개입할 문제는 아니다."(정태용, 2020a) 특히 국내 자본시장에서 ESG와 관련된 기업들의 활동을 자세히 살펴보고 이에 대응하는 모습은 매우 빠르게 변하는 금융시장의 상황을 단적으로 보여주는 것이라 할 수 있다. 예를 들어서, "국내 크레딧시장에서 'ESG 채권'이 떠오르고 있다. 특히 2021년은 연초부터 일반 회사채 시장에서도 ESG 채권 발행이 증가하고 있다. 이에 2021년에는 ESG 채권이 회사채 시장 내에 주류로 자리잡으며 성장의 원년이 될 것이라는 전망이 나온다. 12일 크레딧 업계에 따르면 올 1월 한 달간 발행된 일반기업 회사채 ESG 채권은 10종목, 발행규모는 1조 원에 달했다. 지난해 말 기준 일반기업 회사채 ESG 채권이 8종목 7,900억 원이 전부였던 것에 비하면 지난 2년간 발행된 일반기업 회사채 ESG 채권보다 많은 양이 올 1월 한 달간 발행된 것이다."(이투데이, 2021) "SK하이닉스가 약 1조 원 규모의 그린 본드를 발행하며 환경·사회·지배구조(ESG) 경영을 본격화한다. SK하이닉스는 친환경 사업에 투자하는 10억 달러 규모의 그린 본드를 발행했다고 1월 14일 밝혔다."(한경비지니스, 2021)

앞의 예에서 보듯이, 최근에 한국의 민간 부문과 기업의 녹색금융에 관한 노력과 구체적인 결실은 기업들의 ESG 활동의 강화 중 특히 환경(E)부문의 국제적 추세와 새로운 기업환경 변화에 따른 자발적인 노력을 보이는 것으로 이해할 수 있다. 한국의 민간 기업들은 ESG와 관련된 활동을 강화하여 국내와 해외시장에서 환경친화적이고 포용적인 사회활동과 기여를 통하여 기업의 이미지와 브랜드 가치를 높이려 하고 있다. 이러한 활동은 동시에 기업의 국제경쟁력을 높이고 글로벌 시장에서 사업영역을 확대하는 것에 매우 적극적인 모습을 보이고 있다. "정부 뿐 아니라 민간부문 등에서도 움직임을 보인다. 바이든 대통령 취임과 상관없이 SK나 롯데, 현대제철 등 국내 기업들에 ESG 펀드나 채권 등이 많이 도입되고 있다. 이는 정부가 의무를 부여하지 않았지만 민간이 알아서 자금 조달을 하는 경우"(정태용, 2020b)이다. 한국 민간 기업의 적극적인 ESG 활동은 정부의 제도적 뒷받침과 기업 환경여건을 개선하는 방향으로 정책을 수립하고 시행하여 정부가 민간을 적극 지원하는 방향으로 진행되는 것이 필요하다.

민간 부문에서 ESG의 일환으로 기후금융이 원활히 이루어질 수 있도록 정부와 공공부문은 환경을 조성하는 것이 매우 중요하다. 여기에는 사회적 규범, 규칙, 규제 및 시스템을 변화시키는 것을 포함하여, 금융적인 지원 뿐 아니라 장기적인 민간 투자를 지원하는 규제 및 세제 혜택 등이 포함된다. 최근 전 세계적으로 기후변화 및 지속가능성과 관련된 정보 공시 및 분류체계는 강화되고 있는 추세이다. 정보 공시 및 분류체계의 수립은 지속가능한 경제활동 및 투자 활동에 대한 구체적인 정의를 제시하는 것으로 이를 통하여 기업, 금융기관 등으로부터의 관련 분야에 대한 투자를 유도하는 역할을 한다. 기후변화 관련 재무정보에 대한 공시에 대한 글로벌 요구가 강화되고 있으며 이러한 국제적 흐름에 민간부문은 ESG 중 환경부문의 글로벌 추세의 변화로 인식하고 적극 대응할 필요가 있다. 예를 들어, EU는 EU 분류체계(EU Taxonomy)를 마련하여 6가지 환경목표를 설정하고, 4가지의 판단 조건을 제시함으로써 지속가능금융(Sustainable Finance)을 정의하는 기준을 마련하였다. 분류체계와 정보공시 기준의 마련은 기업, 금융기관, 규제당국 등이 기후변화의 위험과 기회요인에 대한 파악을 가능하게 하며, 기후변화를 고려한 포트폴리오의 평가 등을 가능하게 한다. 우리나라도 2020년 12월 녹색채권 가이드라인을 마련하였으며, 2021년 1월 ESG 정보공개 지침을 제정하여 공시체계를 강화해 나가고 있다. 이러한 국제적인 환경변화는 기업이나 민간 부문에서 적극적이고 과감하게 대응할 것을 요구하는 상황이라 할 수 있다.

정부는 현재 한국형 그린 뉴딜정책을 통하여 코로나19 사태로 야기된 경기 침체를 효과적으로 극복하고 장기적으로 한국의 사회 및 경제 시스템을 녹색으로 전환하고자 하는 야심찬 계획을 수립하여 이행하고 있다. 정부가 장기와 단기의 목표를 모두 달성하기 위해서는 민간기업, 공공기관, 금융기관 등이 녹색채권을 비롯한 다양한 기후변화 관련 금융상품을 활용하여 신재생에너지, 에너지 효율향상 등 기후변화 감축 및 적응 프로젝트에 투자를 확대할 수 있도록 지원하는 것이 전제가 되어야 한다. 관련한 모범사례의 제시, 기준 및 절차에 대한 교육 및 지원 프로그램 마련 등을 정책적으로 지원하고 다양한 기후변화와 관련된 지수(Index)나 기후변화 및 그린 뉴딜 관련 상장지수펀드(ETF) 등 금융상품 개발을 지원하여 기후금융 활성화를 지원하는 것도 포함되어야 한다. 온실가스 감축 및 기후변화 적응 프로젝트에 대한 보증(Guarantee) 제공을 확대하여 기후변화 관련 프로젝트의 투자 리스크를 줄여줌으로써 민간 부문에서 더욱 적극적으로 기후변화 관련 사업에 투자 확대를 지원하는 과감한 정책을 만들고 집행하는 것이 필요하다. 다시 한 번 강조하지만 정부의 역할은 민간부문에서 해야 할 일을 먼저 하는 것이 아니라 민간이 잘 할 수 있는 여건을 만들고 도와주는 것으로 한정해야 한다. ESG 활동을 주도하고 이끌어 나가는 것은 민간부문이 되어야하기 때문이다.

참고문헌

- Asian Development Bank, 『ADB Green Bonds』, https://www.adb.org/sites/default/files/publication/297141/adb-green-bonds-newsletter-2020.pdf, 2020
- Climate Bonds Initiative, 『2019 Green Bond Market Summary』, 2020, Accessed 13 Jan 2021
- Climate Policy Initiative, 『Global Landscape of Climate Finance 2019 - Methodology』, http://climatepolicyinitiative.org/wp-content/uploads/2019/11/GLCF-2019-Methodology-Document.pdf, 2019a
- Climate Policy Initiative, 『Global Landscape of Climate Finance 2019』, https://www.climatepolicyinitiative.org/wp-content/uploads/2019/11/2019-Global-Landscape-of-Climate-Finance.pdf, 2019b
- The Global Compact, 『Who Cares Wins』, 2004
- United Nations, 『Report of the World Commission on Environment and Development: Our Common Future』, 1987
- United Nations Framework Convention on Climate Change(UNFCCC), 『Paris Agreement』, Available at: https://unfccc.int/sites/default/files/english_paris_agreement.pdf, 2015
- UNFCCC, 『2018 Biennial Assessment and Overview of Climate Finance Flows Technical Report』, 2018
- 연합뉴스, 『산은, 2천억 규모 녹색 채권 발행』, 연합뉴스, 2020. 9. 29
- 이투데이, 『채권시장도 '착한투자'가 대세…ESG 채권 발행 봇물』, 이투데이 기사, 2021. 2. 14
- 이효섭, 『그린 뉴딜 지원을 위한 한국 자본시장의 과제』, 자본시장포커스. 2020-16호, 2020
- 정태용, 『뉴딜펀드, 왜 민간 아닌 정부가 나서나… 해외선 '규제'로 볼 것』, 문화일

보 파워인터뷰, 2021a
- 정태용, 『바이든의 녹색신호…한국 경제,산업 체질개선으로 시장 선점해야』, 에너지경제신문 인터뷰, 2021b
- 한경비지니스, 『SK하이닉스, 1조 원 규모 그린본드 발행…ESG 경영 가속화』, 한경비지니스, 제 1312호, 2021

05

김용건
한국환경정책·평가연구원 선임연구위원

탄소 배출권 시장

- 기후변화와 탄소 시장
- 글로벌 탄소 시장 개요
- 주요국의 탄소 배출권 거래제
- 우리나라의 탄소 시장
- 탄소중립 실현을 위한 탄소 시장의 역할과 과제
- 발전부문의 탄소가격기능 정상화가 선결과제
- 시장 실패 해결을 위한 탄소 시장 정책이 실패하지 않으려면
- 탄소 시장 합리화로 탄소 관세 전쟁 대비해야

탄소 배출권 시장

기후변화와 탄소 시장

전 세계 기후변화 전문가로 구성된 국제 연구조직 IPCC는 2018년 기후변화에 대한 특별보고서를 통해 기후변화에 따른 심각한 재앙을 예방하기 위해서 지구 평균기온 상승을 산업화 이전 대비 1.5℃ 이내로 억제해야 한다고 경고했다.(IPCC, 2018) 또한 1.5℃ 목표 달성을 위해서는 전 세계 순배출량을 2050년경까지 '0' 수준까지 줄여야 한다는 점을 확인하였다. 보고서가 발표될 당시만 해도 2℃ 이내로 억제하는 목표조차 달성이 어려워 보이는 상황에서 1.5℃ 목표에 대한 제안은 비현실적이라는 비판도 없지 않았다. 하지만 기후 위기에 대한 인식 확산과 주요 국가의 적극적 지지로 2050년까지 순배출량을 '0'으로 줄인다는 2050 넷 제로(혹은 탄소중립) 목표가 정부와 민간 기업 모두에서 급속히 확산되고 있다.

온실가스를 줄이기 위한 효과적인 정책은 온실가스 배출에 대해 세금을 부과하거나 제한된 양의 쿼터를 발행하여 총량을 규제하는 것이다. 전자를 탄소세, 후자를 탄소(혹은 온실가스) 배출권 거래제라 부른다. 여기서 '탄소'는 가장 대표적인 온실가스인 '이산화탄소'를 간략히 표현하는 것이다.

탄소 배출권 거래제는 정해진 배출 제한 목표에 상당하는 배출권을 발행하고, 배출업체에 대해 배출하는 양 만큼의 배출권을 제출하도록 강제하는 정책수단이다. 배출권은 자유롭게 거래될 수 있으며, 탄소 배출권 시장이 형성되게 된다. 탄소세보다 배출총량의 관리에 유리하며 배출권 할당을 통해 부담배분의 형평성을 제고할 수 있는 등의 장점으로 인해 전 세계적으로 탄소 배출권 거래제가 점차 온실가스 규제의 주된 정책으로 자리잡고 있다.

글로벌 탄소 시장 개요

탄소 배출권 거래제와 탄소세 등 탄소가격 정책은 국제적으로는 물론 각국의 중앙정부 및 지방정부 차원에서 온실가스 감축을 위한 핵심적인 정책수단으로 활용되고 있다. 2020년 5월 현재 전 세계적으로 시행중인 탄소가격 정책은 배출권 거래제 31건, 탄소세 30건 등 총 61건에 이르며, 이들 정책이 관리하는 온실가스 규모는 약 120억 tCO2e(전 세계 배출량의 약 22%)에 달한다.[1](World Bank, 2020) 탄소가격 정책별 탄소가격 수준은 낮게는 US$ 1/tCO2e에서 높게는 US$ 127/tCO2e까지 다양하게 나타나고 있다.

> **그림 1** 탄소가격 및 규제 대상 배출량(세계은행, 2020)
> (녹색은 탄소 배출권 거래제, 청색은 탄소세 정책을 나타냄.)

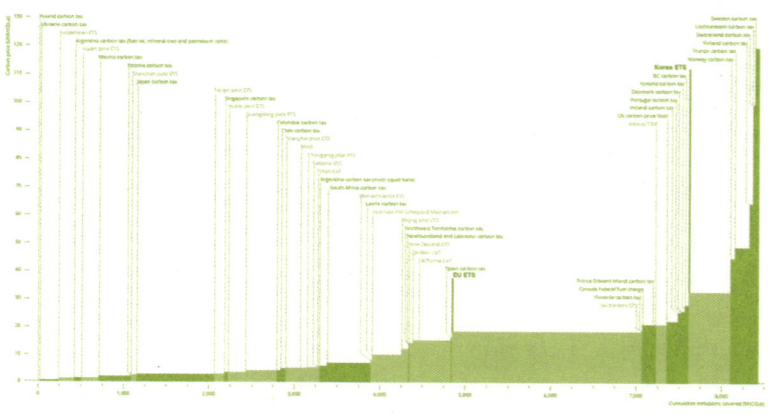

〈그림 1〉은 다양한 탄소가격 정책의 가격과 규제대상 배출량을 하나의 그림에 표현한 것이다. 가로축은 관리대상 배출량(백만 tCO2e), 세로축은 탄소가격(US$/tCO2e)을 나타낸다. 개별 정책은 탄소가격을 높이로 하고 규제 대상 배출량 크기를 넓이로 하는 하나의 사각형으로 표시되며, 가격 순으로 사각형을 배열한 것이 위의 그림이다. 네모의 크기는 탄소 시장의 규모를 나타내는 지표가 되는데, 연간 할당 배출권의 시가총액에 상응한다. 보다 많은 배출량을 규제할수록, 그리고 보다 높은 탄소가격을 부과할수록, 탄소 규제의 효과는 커지므로, 네모의 크기는 해당 정책의 수준과 강도를 대변한다. 이러한 측면에서 우리나라의 탄소 시장은 EU의 탄소 시장에 이어 세계 2위 수준의 규모를 보여준다. EU의 탄소 시장은 30여 개국이 참여하는 다국적 시장이

라는 점을 고려하면 단일 국가 차원에서는 세계 최대 규모에 상당하는 것이다.

〈그림 1〉을 통해 대부분의 탄소가격이 파리협약의 비용효과적 달성에 요구되는 수준(2020년 기준 US$40~80/tCO2e, 2030년 기준 US$50~100/tCO2e)[2]에 크게 못 미치는 실정임을 볼 수 있다. 파리협정 달성에 요구되는 수준의 탄소가격이 적용되는 배출량은 전 세계 탄소가격 적용 대상 배출량의 5% 미만에 불과하며, 전체의 절반 이상이 US$10/tCO2e에도 못 미치는 낮은 탄소가격을 적용받고 있다. 배출권 유상경매, 탄소세 등에 따른 정부의 재정수입규모는 약 US$450억 규모로 지속적인 증가를 보여주고 있는데, EU 탄소 시장의 배출권 경매수익이 가장 규모가 크며 탄소세의 경우 프랑스가 전 세계 탄소세수의 1/3 이상을 차지하고 있다.

주요국의 탄소 배출권 거래제

EU(유럽연합)는 2005년부터 세계 최초이자 최대 규모의 배출권 거래제(EU ETS)를 운영 중이다. EU 28개 회원국과 아이슬란드, 리히텐슈타인, 노르웨이 등 총 31개국이 참여하고 있으며 전체 배출량(2017년 기준 약 43억 톤)의 45%가 배출권 거래제의 적용을 받고 있다. 1기(2005~2007년), 2기(2008~2012년), 3기(2013~2020)를 거쳐 현재 4기(2021~2030년)에 진입하였으며, 그동안 탄소 시장의 효율적 작동을 위해 다양한 제도적 개선이 이루어져 왔다. 대상 시설의 범위가 점진적으로 확대되었으며, 초기에는 대부분의 배출권이 무상으로 할당되었으나 전력부문을 중심으로 유상경매를 통한 할당 비중이 증가하여 왔다. 감축목표도 지속적으로 강화되어 왔는데, 최근에는 탄소중립 목표 달성을 위해 2030년 목표를 강화하고 배출권 할당량도 축소하는 방안이 검토 중이다. 특히 제4기부터는 배출권 수급 불균형을 해소하기 위한 제도적 장치로서 시장안정화 예비분(MSR: Market Stability Reserve)의 운영이 시작되었는데, 감축목표 강화와 시장안정화 조치의 영향으로 배출권의 시장 가격이 합리적인 수준에서 안정화되는 효과를 거두고 있다.

미국은 연방정부 차원의 탄소 시장 정책의 경우 입법화에 어려움을 겪고 있지만, 주정부 차원에서는 다수의 지역 단위 탄소 배출권 거래제가 시행중이다. 뉴욕 등 미국 동부 지역의 10개 주는 발전시설의 이산화탄소 배출에 대한 총량규제 및 배출권 거래제(RGGI)를 2009년부터 시행중이다. 대부분의 배출권 거래제가 초기 무상할당을 택하는 데 비해 RGGI는 시작부터 할당 배출권의 거의 100%를 유상 경매로 공급하는 획기적인 방식을 채택하였다. 최근 가격은 US$5/tCO2e 수준으로 높지 않은 수준인데, 2021년부터 일정 수준 이하로 시장가격이 떨어질 경우 배출권 할당 총량을 자동으로 감소시키는 시장 관리 제도를 도입하였다.

캘리포니아 주정부도 온실가스 배출량을 2020년까지 1990년 수준으로, 2050년까지 1990년 대비 80% 감축한다는 목표 하에, 2012년부터 산업, 발전, 수송, 건물 분야를 대상으로 7종의 온실가스에 대한 배출권 거래제를 시행중이다. 할당은 경매와 무상할당을 병용하고 있으며, 경매의 경우 최소낙찰가(2019년 기준 US$15.6/tCO2e)를 적용함으로써 지나친 가격 하락을 예방하고 있다. 배출권 가격이 특정 수준에 이를 경우 3단계에 걸쳐 예비분을 매각하여 시장 가격을 안정시키는 단계별 시장 안정화 대책을 운영 중이며, 2021년부터는 가격상한(US$65.0) 제도가 도입되었다. 2014년부터 캐나다의 퀘벡주 배출권 시장과 연계·운영 중인데, 국가 간 탄소 시장 연계의 모범 사례로 평가받는다.

중국에서는 8개의 지역단위 배출권 거래 시범사업이 시행중이었는데, 2021년부터 2,225개 화력 발전시설을 대상으로 전국단위 탄소 배출권 시장을 출범하였다. 화력발전에 따른 배출량을 중국 전체 배출량의 약 40%를 차지하는데, 이것만으로도 EU 탄소 시장의 두 배에 달하는 큰 규모이다. 배출권은 배출원단위를 기준으로 할당하는 벤치마킹 방식이 적용되는데, 초기에는 원단위 기준이 높지 않아 배출권 수요가 크지 않을 전망이나 점차 원단위 기준이 강화될 계획이다. 대상 분야도 점차 다른 산업 부문으로 확대 적용될 예정이며, 중국 정부는 최근 발표한 2060년 탄소중립 목표 달성의 핵심 정책 수단으로 탄소 시장을 활용할 계획이다.

우리나라의 탄소 시장

우리나라는 2009년에 2020년 국가 온실가스 감축목표를 수립한 이후 이의 달성을 위한 핵심 정책수단으로 탄소 배출권 거래제를 시행해 왔다. 2015년부터 3년간을 제1차 계획기간으로 시작한 이래 2020년까지 제2차 계획기간이 종료되었으며, 2021년부터 5년 단위 계획기간을 갖는 제3차 계획기간이 시작되었다. 계획기간별 배출권 할당량은 국가온실가스 감축목표 달성을 위한 감축 로드맵에 따라 정해지게 되며, 현재 2021~2025년에 대한 제3기 계획기간 할당계획에 따라 배출권이 할당되었으며 한국거래소를 중심으로 배출권 거래가 이루어지고 있다.

배출권 발행 규모는 제3차 계획기간의 경우 5년간 30억8천2백만 톤이며, 배출권 시장가격도 2020년 초 4만원/tCO2e 이상으로 형성되어 연간 배출권 시가총액은 최대 24조 원을 상회하기도 하였다. 이러한 탄소 시장 규모는 EU의 탄소 시장에는 못 미치나 단일 국가 단위에서는 세계 최대 수준이다.

내용적 측면에서도 우리나라의 배출권 거래제도는 매우 모범적이고 합리적인 특징을 보여준다. 교토의정서 6대 온실가스를 모두 대상으로 하며, 업종을 막론하고 일정 규모 이상의 모든 배출원이 규제에 포함되고, 자동차 등 이동 배출원까지 포함하는 포괄적인 규제 형태를 띠고 있다. 이로 인해 국가 전체 배출원의 70% 이상을 관리함으로써 정책의 효과성을 담보하고 있다. 배출권 할당 방법도 과거 배출실적에 기초한 무상할당과 함께, 배출원단위 표준을 적용하는 벤치마킹 방법, 그리고 유상 경매를 복합적으로 적용하고 있으며, 국내외 외부 감축사업(상쇄사업)을 통한 상쇄 배출권의 사용도 허용되며, 배출집약도와 무역집약도가 높은 산업에 대해서는 유상할당을 면제하는 탄소누출(carbon leakage) 방지 규정도 도입하고 있다.

배출권 시장가격은 2015년 개장 이래 꾸준히 증가해 왔으며, 거래량도 점차 확대되고 있다. 1차 계획 기간중 배출권 총 거래량은 약 9천만 tCO2e이며, 거래금액은 1.8조 원에 이른다. 거래가격도 개장 초 8,400원/tCO2e이던 것이 꾸준히 상승하여 2020년 초에는 4만 원을 상회하기도 하였으나 코로나19 사태의 영향 등으로 2만 원대에서 가격이 형성되고 있다.

그림 2 **EU와 우리나라의 탄소 시장 가격 추이(ICAP, 2021)**

탄소중립 실현을 위한 탄소 시장의 역할과 과제

환경문제는 시장경제가 스스로 해결할 수 없는 대표적인 '시장 실패'의 영역이다. 환경오염에 따른 피해는 시장 가격에 제대로 반영되지 못하는 '외부효과(externality)'로서 그러한 사회적 비용을 시장 가격에 '내부화(internalize)'하기 위한 정부의 개입이 필요하게 된다. 기후변화 문제 역시 전형적인 글로벌 외부효과이며 '온실가스 감축'은 글로벌 공공재(public good), '온실가스 배출'은 글로벌 공공악(public bad) 성격을 갖게 된다. 배출권 거래제는 시장 실패를 교정하기 위해 바로 시장 자체를 이용하는 것이다. 온실가스 감축을 유도하기 위해 정부 규제를 통해 탄소 배출권이라는 인위적인 시장을 만드는 것이다.

온실가스의 순배출량을 0으로 만드는 탄소중립을 실현하기 위해서는 경제구조 자체의 근본적인 변화가 필요하다. 시장경제에서 이러한 변화는 모든 재화와 용역의 가격에 탄소의 가격이 반영될 수 있어야 가능해진다. 온실가스 감축목표 달성에 필요한 탄소가격의 수준을 도출하고 이를 모든 제품의 시장 가격에 반영되도록 한다는 점에서 탄소배출권 시장은 가장 효율적인 기후정책으로 평가받는다.

전 지구적인 온실가스 감축을 효율적으로 달성하기 위해서는 국제적인 탄소 시장이 필요하다. 국제사회는 1997년 채택된 교토의정서를 통해 국제 탄소 시장을 출범시킨 바 있다. 2021년부터는 파리협약이 교토의정서를 대체하게 되는데, 파리협약 6조에 따른 국제 탄소 시장이 새롭게 시작될 예정이다.

세계 각국은 각기 자국에 맞는 국내 탄소 시장을 확대해 나가고 있으며, 파리협약은 이러한 지역별 탄소 시장을 연계하여 글로벌 탄소 시장을 조성하는 역할을 할 것이다. 전 지구적 탄소중립을 효과적으로 실현하기 위해서는 지역별 탄소 시장이 효율적으로 작동해야 하며, 국제 탄소 시장 또한 제 역할을 해야 할 것이다. 이를 위해 우리나라는 운영 중인 탄소 시작의 가격 기능이 원활히 작동하도록 제도적 개선을 지속해야 하며, 국제 기후협상에서 파리협약에 따른 국제 탄소 시장이 합리적으로 설계될 수 있도록 노력해야 한다. 현재 우리나라의 탄소 시장은 외형적인 규모와 우수한 제도적 기반에도 불구하고 적극적인 온실가스 감축을 유도하는 데에는 여러 가지 문제점을 안고 있다. 특히 발전부문은 우리나라의 독특한 발전시장과 탄소 시장이 서로 왜곡을 확대시키는 복잡한 문제에 직면해 있다.

발전부문의 탄소가격기능 정상화가 선결과제

　탄소 시장은 정해진 배출권 할당량에 따라 공급이 고정된 상황 하에서 경기 변동이나 기후 조건 등에 따른 에너지 수요의 변화에 따라 배출권의 수요가 변하게 된다. 탄소 시장에서 배출권에 대한 수요와 공급은 일치돼야 하므로 공급을 초과하는 배출권 수요가 발생하게 되면 누군가는 추가적인 감축노력을 해야 하는 상황이 발생한다. 그렇지 못하면 배출권 가격은 더 높아지게 되며, 배출권 가격이 높아짐에 따라 배출감축 노력에 대한 보상이 커지게 되므로 더 적극적으로 감축노력을 하게 된다. 이러한 메커니즘이 탄소 시장의 정상적인 기능이며, 탄소 배출권 가격이 애덤 스미스의 '보이지 않는 손'의 역할을 통해 경제 시스템 전체적으로 정해진 감축목표 달성에 소요되는 감축비용을 최소화할 수 있도록 유도한다.

　탄소 시장의 가격기능과 수급 균형이 효율적으로 작동하기 위해서는 다양한 분야에서 탄소가격 기능이 정상적으로 작동해야 한다. 즉, 탄소가격이 다양한 재화·서비스 시장과 자연스럽게 연계되어야 하며, 이를 방해하는 반시장적 행태가 발생하지 않도록 제도가 뒷받침되어야 한다. 특히 전력부문은 온실가스 배출 비중도 크고 정부의 규제가 광범위한 영향을 미침에 따라 탄소가격 기능의 확보가 특히 중요하다.

　전력 부문은 전체 배출량에서 차지하는 비중(39.2%)도 높을 뿐만 아니라 국가감축목표에서 차지하는 비중 또한 43%로 매우 높다.[3] 특히 탄소가격에 따른 석탄과 천연가스 간의 연료 대체는 탄소 시장의 수급 균형에 결정적인 역할을 한다. 김용건 외(2019)에 따르면 석탄과 천연가스 간의 연료대체 만으로서 탄소가격 3~7만원/tCO2e 범위에서 1

억 톤 이상의 배출권 추가 공급이 가능하다. 산업 부문에서의 단기적인 감축 대안이 상대적으로 부족하다는 점에서 발전부문의 감축 잠재력은 탄소 시장 전체의 수급균형에 매우 중요한 역할을 할 수 있다. 문제는 이러한 발전 부문의 배출권 수급 조절 역할이 발전 시장의 왜곡으로 기능을 상실하고 있다는 것이다.

현행 전력시장은 최소의 비용으로 전력수요를 만족시킬 수 있도록 발전기별 가동을 최적화하는 급전방식을 취하고 있다. 매일매일 다음 날에 대한 시간대별 전력수요 예측치를 토대로 변동비(연료비)가 싼 발전기부터 우선적으로 가동하는 방식이다. 따라서 연료비가 낮은 신재생에너지와 원자력, 그리고 석탄이 우선 가동되고 전력수요가 높은 경우에는 천연가스 발전기를 가동하게 된다. 탄소 배출권 가격이 높아짐에 따라 이러한 순서에 변화가 생기는데, 특히 석탄과 천연가스 발전기의 변동비가 역전되는 현상이 발생하게 된다. 연료비 기준으로 석탄이 천연가스보다 싸더라도 탄소 배출에 따라 발생하는 탄소배출권 비용이 추가되면 탄소 배출계수가 훨씬 높은 석탄 발전기의 변동비가 더 커지게 되는 것이다.

이처럼 탄소가격에 따라 바뀌어야 할 급전 우선순위가 전력거래소의 운영규칙에는 바뀔 수 없게 되어 있다. 탄소 배출권 가격이 아무리 높아져도 석탄 발전소를 그대로 가동하는 일이 벌어지고 있는 것이다. 2020년 초에 우리나라 탄소배출권 가격은 4만 원을 넘어서 압도적인 세계 최고 수준을 기록한 바 있는데, 이는 전력 부문의 탄소가격기능 마비로 인해 예정된 결과나 마찬가지이다. 세계 최대 규모의 탄소 시장을 운영하면서도 우리나라의 온실가스는 매년 증가하고 있고 그 대부분이 석탄 발전 때문인 지금의 현실이 발생하게 된 배경에 발전부문의 탄소가격 왜곡이 자리하고 있는 것이다.

시장 실패 해결을 위한 탄소 시장 정책이 실패하지 않으려면

시장의 실패로 발생한 기후 위기 해결을 위해 도입된 탄소 시장이 또다시 실패하는 우를 범하지 않기 위해서는 무엇보다 탄소 시장의 가격 기능이 효율적으로 작동하도록 투명하고 자유로운 시장 거래를 보장하는 것이다. 이를 위해서는 전력시장에서의 탄소가격기능 회복 뿐만 아니라 시장의 안정성 확보를 위한 다양한 제도적 기반이 뒷받침되어야 한다.

무엇보다 극심한 공급 부족과 구매자의 불안 심리를 완화해야 하는데, 이를 위해서는 시장에서 일정 수준의 여유 배출권이 유지될 수 있어야 한다. 예를 들어 배출량이 5억 톤일 경우 배출권에 대한 수요는 5억 톤보다 많게 된다. 기업은 미래에 대한 배출권 수요에 대비하기 위해서 배출권을 비축하려는 유인도 있으며 이러한 결정은 지극히 합리적인 것이다. 시장에서 잉여 배출권이 거의 존재하지 않도록 관리하는 것은 잠재적 구매자의 위기감을 높이고 패닉 바잉(panic buying)을 초래하게 된다. 2018년 기준 우리나라 탄소 시장의 배출권 이월량은 약 30.4백만 톤으로 연평균 배출권 할당량(592백만 톤)의 5% 수준에 불과하다.[4] EU 탄소 시장의 경우 시장안정화예비분으로 관리하는 여유 배출권 규모가 연간 할당량의 22~46%에 상당한다는 점을 고려하면 지나치게 부족한 수준이라 평가된다. 적정수준의 잉여 배출권이 유지되지 않는다면 배출권 수급의 불안정성은 해소되기 어렵다. 배출권의 이월을 제한하는 등의 규제를 도입하여 배출권의 판매를 강제하는 정책은 단기적으로 다소의 효과가 있을 수 있지만 배출권 시장의 효율성을 떨어뜨려 중장기적으로 더 큰 문제를 야기하게 된다.

배출권 시장의 효율적인 작동에 필요한 필수 요건 중의 하나는 정부정책의 예측 가능성이다. 불투명하거나 예측 불가능한 정책은 시장의 불확실성을 높이고 가격 기능을 훼손한다. 정부정책의 예측 가능성을 위해서는 미래 배출권의 할당량 결정, 정부의 시장 개입 등이 투명하고 예측 가능한 방식으로 이루어져야 한다. 과거 정부는 감축목표의 변경과 후퇴, 불투명하고 시장 개입 등으로 시장의 불확실성을 증가시킨 측면이 있다. 충분히 장기간에 걸쳐 배출권 할당계획이 예측 가능하도록 하기 위한 노력과 보다 투명하고 예측 가능한 시장 개입이 이루어질 수 있도록 제도적 개선이 필요하다.

마지막으로 온실가스 감축 인센티브를 왜곡하는 일부 규칙을 개선할 필요가 있다. 무엇보다 과거 배출량에 비례하는 무상할당 방식에서 조속히 탈피해야 한다. 지금 배출을 줄이면 다음에 할당을 덜 받게 되는 무상할당 방식 하에서 과연 배출을 열심히 줄이려는 기업이 있을까? 가장 바람직한 할당은 유상 경매를 적극 활용하는 것이다. 여기서 중요한 것은 정부가 경매 수익을 어떻게 활용하는가이다. 경매를 통한 수익을 고용을 촉진하는 지원에 효과적으로 활용한다면 온실가스도 줄이면서 고용도 증대하고 국민소득도 증가시키는 일거삼득의 효과를 거둘 수 있다.[5]

이상과 같은 제도적 문제점을 지혜롭게 해결한다면 우리나라의 배출권 거래제는 국가 온실가스 감축목표의 효율적 달성을 담보함은 물론, 전 세계 탄소 시장을 선도하는 글로벌 스탠더드로 자리매김 할 수 있을 것으로 기대된다. 또한 급속히 확산되는 탄소 시장에 있어 후발

국가들의 모범이 되어 우리나라의 경험과 제도를 수출함은 물론, 글로벌 탄소 시장 형성을 주도하고 효과적으로 활용할 수 있는 디딤돌이 될 수 있을 것이다.

탄소 시장 합리화로 탄소 관세 전쟁 대비해야

미국과 EU 등 주요국에서는 적극적인 탄소 규제정책의 시행과 병행하여 상응한 탄소 규제를 시행하지 않는 국가에 대해 탄소 관세(carbon tariff) 부과를 포함한 탄소국경조정(carbon border adjustment) 도입을 추진하고 있다. 미국과 EU 모두 탄소 배출권 시장이 주된 정책수단이며, 탄소국경조정은 결국 상응하는 탄소가격 정책이 미비한 국가를 대상으로 하게 된다. 예를 들면 탄소가격이 낮은 국가에서 생산된 제품이 탄소가격이 높은 국가에서 생산된 제품보다 가격 경쟁력에서 부당하게 이득을 보게 되므로 그 차이만큼 관세 부과 등을 통해 상쇄하여 기울어진 운동장을 바로잡겠다는 것이다.

선진국 수준의 탄소 배출권 거래제가 정착된 우리나라는 국제적인 탄소 관세 전쟁에서 유리한 입장에 있다. 탄소국경조정은 탄소가격이 높은 나라가 더 낮은 나라에게 부과하는 것이므로 우리나라의 탄소 배출권 가격이 더 높다면 탄소 관세를 걱정할 필요는 없다. 〈그림 1〉과 〈그림 2〉에서도 볼 수 있듯이 우리나라의 탄소가격은 매우 높은 수준이며, 배출권 가격 등락으로 시점에 따라 다르지만 미국, EU 등과 비교할 때 낮지 않은 수준이다. 탄소 시장의 범위도 우리나라가 가장 높기 때문에 우리나라에 대해 탄소국경조정을 할 명분을 찾기는 쉽지 않다. 굳이 문제를 삼는다면 무상할당 비중이 높다는 점을 들 수 있는데,

이 또한 EU나 미국 또한 자유롭지 못하다. EU 탄소 시장도 전력부문을 제외하면 대부분의 에너지 다소비 업종이 탄소유출을 이유로 무상할당 대상인데, 우리나라의 경우 전력부문의 무상할당 비중이 높긴 하지만 전력 부문 배출에 대해 직간접 이중규제 형태를 취한다는 점에서 규제의 강도가 약하다고 볼 수만은 없기 때문이다. 미국은 연방 차원의 탄소 시장이 아직 출범하지 못한 상황에서 다수 주정부에서 배출권 거래제를 시행하고 있으나 역시 무상할당 비중이 높은 경우가 적지 않아 우리나라보다 강한 탄소규제라 판단할 근거는 부족하다.

탄소국경조정의 형태로 무역 마찰 등 문제의 소지가 많은 탄소 관세보다 배출권 거래제의 확대 적용이라는 대안이 더 유력할 수 있다. 이는 가령 EU에서 수출 제품에 대해 배출권을 환급해 주고, EU에 수출하는 외국 제품에 대해 배출권 구입을 강제하는 것이다. 이 경우 우리나라 역시 동일한 조치를 취함으로써 우리 기업의 불이익을 예방할 수 있다. 즉, 우리나라에서도 배출권 제도의 수정을 통해 수출품에 대한 배출권 환급과 수입품에 대한 배출권 제출 의무를 도입하는 것이다. 이외에도 내국세인 소비세 형태의 탄소세를 통해 국경조정효과를 거두는 방식도 논의되고 있는데, 어느 경우에든 선진국 수준의 탄소 시장을 운영하는 우리나라로서는 다양한 상응 조치를 통해 국제경쟁력 저하를 예방할 수 있는 여건을 갖추고 있다. EU와 미국 등의 탄소국경조치는 오히려 우리나라와 경쟁관계에 있는 일본과 중국, 동남아 등의 국가에 더 부정적인 영향을 초래할 가능성이 높다. 국내 탄소 시장을 안정적으로 운영하기만 한다면, 그리고 적절한 대응조치를 적기에 추진한다면, 탄소 관세 전쟁은 오히려 국제경쟁력을 높이는 기회가 될 수도 있다.

참고문헌

- IPCC(Intergovernmental Panel on Climate Change), Global Warming of 1.5℃, 2018
- World Bank, "State and Trends of Carbon Pricing 2020", Washington, DC., 2020
- 온실가스종합정보센터, 『2018 배출권거래제 운영결과보고서』, 2019
- 대한미국 정부, 『2030 국가 온실가스 감축목표 달성을 위한 기본 로드맵 수정안』, 2018. 7
- Kim, Yong-Gun and Jong Soo Lim, An Emissions Trading Scheme Design for Power Industries Facing Price Regulation, Energy Policy, Vol. 75, 84-90, 2014
- Kim, Yong-Gun and Jong Soo Lim, Treatment of Indirect emissions from the Power sector in Korean emissions trading system, Environmental Economics and Policy Studies, 2020
- 김용건 외, 『혼합정수계획법을 이용한 발전부문 온실가스 감축잠재력 평가』, 한국환경정책평가연구원, 2019

주석

1) 온실가스 배출량은 대표적인 온실가스인 이산화탄소(CO_2)를 기준으로 톤 단위(이산화탄소톤: tCO_2)로 표시하는데, 메탄(CH_4), 아산화질소(N_2O) 등 이산화탄소 이외의 온실가스에 대해서도 동일한 척도를 적용하기 위해 온실효과의 상대적 크기(GWP: Global Warming Potential)를 가중치로 등가화한 이산화탄소등가환산톤(tCO_2e)을 활용한다. 탄소톤(tC) 혹은 탄소등가환산톤(tCe)의 단위를 사용하기도 하는데, 이는 이산화탄소등가환산톤과 분자량 비율인 12:44의 관계에 있다. 예를 들면 12 탄소등가환산톤은 44 이산화탄소등가환산톤과 같다.

2) 2018년 10월 발표된 IPCC(Intergovernmental Panel on Cliimate Change)의 1.5℃ 보고서에 따르면 21세기의 지구평균기온을 산업화 이전 대비 1.5℃ 이내로 유지(50~66% 가능성 기준)하기 위해서는 2030년 기준 US$135-6,050/$tCO_2e$, 2050년 US$245-14,300/tCO_2e, 2079년 US$420-19,300/$tCO_2e$, 2100년 US$690-30,100/tCO_2e 수준의 탄소가격이 요구되는 것으로 분석된다. 세계은행 주도로 발족된 탄소가격에 관한 고위급위원회(High-Level Commission on Carbon Prices)에서는 파리협정 달성을 위해 요구되는 탄소가격은 매우 긍정적인 기후정책여건을 가정하더라도 최소한 2020년 기준 US$40~80/$tCO_2e$, 2030년 기준 US$50~100/tCO_2e 정도가 되어야 할 것이라고 평가하였다.

3) 정부의 온실가스 감축로드맵(2018)에 따르면 2030년 온실가스 배출전망치는 850.8백만톤(tCO_2e)이며 국내 감축목표량은 276.5백만톤(전망치 대비 32.5%)이다. 발전부문은 배출전망 대비 39.2%(333.2백만톤), 감축목표량의 43.0%(118.9백만톤)를 차지한다.

4) 온실가스종합정보센터(2019)에 자료를 이용하여 계산하였다. 연평균 할당량은 2018~2020년을 대상으로 하는 2차계획기간 기준이다.

5) Kim & Lim(2020)에 따르면 2030 온실가스 감축목표 달성에 배출권 거래제를 효율적으로 활용할 경우 감축목표를 달성하면서 실질국민소득도 증가하는 효과를 거둘 수 있다. 다만, 배출권 경매 수익이 고용 촉진에 적절히 지원된다는 전제가 필요하다. 또한 현재와 같이 전력부문에 탄소가격 기능이 작동하지 못하게 되면 경제적으로 큰 피해가 예사됨을 보여주고 있다. 한편, 우리나라 탄소 시장은 전력부문의 배출에 대해 직접 배출량(발전사 책임)과 간접 배출량(전력 소비자 책임)을 동시에 규제하고 있는데, 이러한 이중규제 하에서는 전력부문의 직접 배출량에 대해서 유상 경매 보다는 원단위 기준 무상할당을 적용하는 것이 보다

바람직하다. 즉, 전력 부문 이외의 배출과 전력 소비에 대한 간접배출에 대해서는 유상경매를 적용하는 것이 좋지만 전력 부문 직접 배출에 대해서는 원단위 기준 무상할당이 유지될 필요가 있다.(Kim & Lim, 2014)

06

김현제
에너지경제연구원 부원장

분산형 에너지시스템의 구축과 과제

- 중앙집중형 에너지시스템
- 분산형 에너지시스템
- 분산에너지 활성화 로드맵
- 전력시장의 제도 개선
- 송배전요금제 개편과 배전계통 고도화
- 새로운 비즈니스 모델의 출현
- 지역주민과 소비자의 수용성 제고

분산형 에너지시스템의 구축과 과제

에너지는 생산함수를 구성하는 투입요소의 하나이다. 또한 소비자의 관점에서 에너지는 경제활동을 영위하는데 반드시 필요한 필수재이며 공공재이다. 1970년대의 석유위기와 같은 국제적인 공급불안 시기를 제외하면 에너지는 합리적인 가격에 지속적으로 공급돼야 한다는 생각이 지배적이었다. 우리나라처럼 에너지원의 90% 이상을 해외에서 수입하는 경우에도 이러한 생각은 그대로 유지되었다. 그래서 모든 경제주체가 수용할 수 있는 적정한 가격과 공급안정성을 위해 우리의 에너지시스템은 이제까지 중앙집중형으로 발전해왔다.

중앙집중형 에너지시스템

석유, 가스, 전력, 열 등 에너지 부문별로 독점기업을 설립하고, 이들 공기업이 대규모 에너지 생산설비를 건설하여 소비자에게 최종에너지를 공급하는 중앙집중형 에너지시스템이 가장 효율적이고 경제적인 대안이었다. 에너지생산설비는 규모의 경제를 달성하기 위해 점점 규모가 커지는 한편 특정 입지에 집적화되는 경향을 보였다. 한편 송배전망이나 천연가스 파이프라인, 열배관망 등 에너지 수송망이 지니는 자연독점(natural monopoly)적 특성으로 인해 에너지산업은 독점기업에 의해 운영되거나 지역독점의 혜택을 누리면서 성장하였다. 이러한 에너지산업의 독점적 성격은 정책당국의 법적, 제도적 뒷받침으로 한층 강화되었다. 더욱이 모든 소비자에게 보편적 서비스(universal service)를 제공하는 공익사업자(public utility)라는 점을 감안해서 소수의 독점적 에너지기업이 규제당국의 보호를 받으면서 성장할 수 있었다. 경제성과 효율성의 두 마리 토끼를 잡기 위해서 에너지시스템은 차츰 중앙집중형으로 변하게 된 것이다.

에너지정책의 최우선 목표가 공급의 안정성이었던 시기에는 중앙집중형 에너지시스템이 진가를 발휘하였다. 에너지생산, 전달, 소비의 전체 과정을 효율적으로 관리하는데도 중앙집중형 에너지시스템이 유리한 측면이 있다. 무엇보다 경제성장과 더불어 에너지의 공급 안정성이 절대적으로 중요해지면서 정책당국은 에너지사업에 필요한 막대한 초기투자비 조달을 용이하게 하고 에너지산업을 단기간에 육성시키기 위해 소수의 독점기업 중심의 중앙집중형 에너지시스템을 받아들인 것이었다.

우리나라는 에너지 안보를 고려하여 유연탄, 천연가스, 원자력 중심으로 최적의 전원믹스를 구성해왔다. 그리고 경제성을 확보하는데 유리한 대규모 발전소를 건설하여 운영하는 방식으로 중앙집중형 에너지시스템에서 얻을 수 있는 혜택에 집중하였다. 에너지 생산설비로서 대규모 발전소가 중앙집중형 에너지시스템에서 중요한 역할을 담당하고 있다. 한편 에너지 소비자의 입장에서도 중앙집중형 에너지시스템이 제공하는 공급의 안정성과 더불어 저렴한 에너지가격에 만족해왔다.

경제성장 과정에서 환경에 대한 고려가 부족했던 것처럼 중앙집중형 에너지시스템으로의 진화 과정에서도 환경 문제나 주민 수용성은 부차적인 문제로 치부되었다. 이는 대규모 석탄화력발전소의 건설과 운영에서 잘 알 수 있다. 석탄발전소의 규모가 증가하면서 막대한 양의 유연탄이 발전소 내에 저장되었다가 연료로 사용되는 과정에서 석탄분진이 발생하고 인근 주민과의 갈등이 증폭되는 일이 빈번하게 발생하였다. 특히 하동, 사천, 보령 등 해안지역에 위치한 발전소에 다수의 발전기가 집중적으로 건설, 가동되면서 인근 지역의 환경에 막대한 영향을 미치고 있다. 또한 수요지와 멀리 떨어진 대규모 발전소의 건설은 대규모 송전선 건설을 필요하게 만들었고, 이는 송전선이 지나는 지역 주민의 반대로 이어지게 되었다.

이십 년 전에도 요즘처럼 기후변화 대응과 미세먼지 등이 심각한 이슈로 대두되었다면 아마도 서해안에 위치한 영흥화력발전소는 착공되지 못했을 것이다.[1] 국내 이산화탄소 배출의 주범으로 여겨지고 있는 대규모 석탄화력발전소는 봄철 가동시간 제한, 노후 석탄발전소의 조기 폐지, 배출량 총량제한 등 각종 규제로 고사 직전에 있다. 그동안 발전회사의 안정적인 수익원이었던 대규모 석탄화력발전소는 최근 국회에서 논의되고 있는 에너지전환지원법에 의거하여 지원 대상으로 분류되고 있다. 중앙집중형 에너지시스템의 구축이 이 모든 환경문제의 근본 원인은 아닐 것이다. 하지만 경제성과 효율성에 대한 고려보다는 환경을 우선시하는 에너지정책이 추진되면서 더 이상 대규모 전통적인 전원의 개발이 어려운 국면으로 접어들게 되었다.

그리고 국내 대규모 에너지 공급설비가 대부분 수요지와 멀리 떨어져 있으므로 전력계통 운영에는 북상조류의 문제가 있다. 국내 전력계통에서 송전혼잡과 송전손실에 따른 비효율성의 문제를 해결하기 위해 고압 송전망을 추가로 건설해야 하는 상황이다. 또한 다른 국가와 전력망이 연계되어 있지 않은 독립된 전력계통이면서 전력망 자체의 밀집도와 복잡성으로 사고 발생 시 신속한 대처나 위험 관리에 취약하다는 문제점을 안고 있는 것이다. 대규모 수요지역으로의 송전을 위한 전력망 보강이 지연되면서 전력계통의 신뢰도와 유연성을 저하시키는 요인으로 작용하고 있다. 최근 태양광, 풍력 등 신재생에너지 발전원이 대폭 늘어나면서 이러한 중앙집중형 에너지시스템의 문제점이 더욱 부각되고 있다. 이상에서 서술한 중앙집중형 에너지시스템의 난맥상을 해소하는 대안으로 분산형 에너지시스템이 등장하게 된 것이다.

분산형 에너지시스템

분산형 에너지시스템은 분산에너지를 기반으로 에너지를 생산하고, 공급망을 통해 전달하고, 최종소비자가 이를 소비하는 일련의 체제를 의미한다. 여기서 분산에너지는 수용가 내부 또는 수요지 인근에 위치한 분산형 전원과 전력계통 안정화에 기여하는 자원으로 정의할 수 있다.[2] 전기사업법에서 분산형 전원은 수요 지역 인근에 설치하여 송전선로 건설을 최소화할 수 있는 일정 규모 이하의 발전설비로 규정하고 있다.[3] 전기사업법에서 규정하고 있는 분산형 전원에 에너지저장장치(Energy Storage System, ESS), 수요반응자원(Demand Response, DR) 등과 비전력(수송, 가스, 열) 부문을 포함하여 광의의 분산에너지로 분류할 수 있다.

분산에너지를 기반으로 하는 분산형 에너지시스템의 혜택을 간략하게 살펴보자. 우선 신재생에너지를 활용한 친환경 에너지를 활용함으로써 기후변화 대응 및 미세먼지 대책으로 적합하다고 할 수 있다. 대규모 에너지 공급설비와 수송네트워크에 대한 투자를 줄이게 되면서 지역주민과의 갈등을 완화할 수 있다. 분산형 에너지시스템을 구축하기 위한 기술개발, 새로운 비즈니스 모델 도입 등으로 에너지신사업에 대한 육성 및 고용 확대도 기대할 수 있을 것이다. 에너지사업에 대한 주민수용성이 대폭 개선되어 에너지전환정책의 목표 달성에 유리하다. 즉 재생에너지 3020 이행이나 2050년 탄소중립 달성 등의 도전적인 에너지정책 목표에 한결 수월하게 도달할 수 있을 것으로 기대된다.

분산에너지 활성화 로드맵

분산에너지를 활성화하기 위해서 우리나라는 에너지 분야 국가 최상위 계획인 에너지기본계획과 분야별 하위계획인 전력수급기본계획, 신재생에너지기본계획 등에서 분산형 전원에 대한 구체적인 보급목표를 제시하고 있다. 2014년에 마련된 제2차 에너지기본계획(2014~2035년)에서는 2035년의 분산형 전원의 발전량을 15%로 설정하고 있다. 이후 하위계획인 제8차 전력수급기본계획(2017~2031년)에서는 2031년까지 분산형 전원의 발전량을 18.7%로 제시하고 있다. 8차 계획을 수립할 당시에는 분산형 전원에 대한 급격한 도입은 어렵다는 견해가 많이 반영된 것으로 보인다. 그러나 제3차 에너지기본계획(2019~2040년)에서는 2040년의 분산형 전원의 발전량을 30%로 대폭 상향하였다. 한편 2020년 말에 확정된 제9차 전력수급기본계획(2020~2034년)에서 분산형 전원의 보급 전망이 다소 수정되었다. 아래 〈표 1〉에서 살펴보면 분산형 전원의 비중은 신재생에너지 확대 등에 따라 2034년 총발전량의 약 21%에 달하는 것으로 제시되어 있다. 이러한 분산에너지 활성화의 목표는 분산형 에너지시스템의 구축을 통해 기존 중앙집중형 에너지시스템의 문제점을 해소하는 데 있다.

표 1 분산형 전원 보급전망

(단위: TWh)

구분			2020년	2025년	2030년	2034년
분산형 발전량	신재생(사업용)		24.0	46.0	58.3	70.8(11.2%)
	자가용	신재생	2.4	4.08	4.7	6.9(1.1%)
		상용자가	8.0	9.7	9.7	9.7(1.5%)
	집단에너지 (구역전기 포함)		34.4	44.7	44.7	44.7(7.1%)
	합계		68.9	104.4	117.5	132.2
분산형 비중			11.9%	17.3%	19.0%	20.9%

자료: 산업통상자원부, 제9차 전력수급기본계획(2020), 48쪽.

　에너지전환과 2050 탄소중립이라는 새로운 에너지 분야의 여건변화를 감안할 때 분산에너지의 활성화가 무엇보다 중요하다. 이에 분산에너지 활성화를 위한 장기 비전과 세부 추진전략을 담은 분산에너지 활성화 로드맵이 마련 중이다. 로드맵에는 기존의 계획들에서 설정한 분산에너지 보급 목표보다는 한층 상향된 수치가 제시될 것이며, 아울러 구체적인 이행방안이 담겨질 것으로 기대된다. 2020년 하반기에 발표된 분산에너지 활성화 로드맵 수립 사전 준비작업의 결과 보고서에서 분산에너지 활성화 로드맵의 주요 내용을 엿볼 수 있다.[4] 이 결과보고서에는 분산에너지 활성화를 위해 다음의 기본적인 정책방향을 제시하고 있다. 이는 분산에너지 확대 및 기능강화를 위한 제도 마련, 분산에너지 최적 활용을 위한 시스템·인프라 고도화, 분산에너지 기능 발휘를 위한 시장제도 개선, 분산에너지 신서비스산업 활성화, 그리고 소비자 및 지역주민의 분산에너지 수용성 강화이다.[5] 이러한 정책방향을 실현하기 위해 보다 구체적인 정책과제가 제시되어 있다. 분산에너지의 보급 확대와 분산에너지의 역할 강화를 지원하기 위한 시장제도의 개선이 최우선 과제이다. 다음으로 분산에너지를 유연하게 수용할 수 있는 시스템 및 인프라의 고도화가 이어져야 한다. 또한 분산에너지를 활용하는 신서비스산업의 생태계를 조성하여 전통적인 에너지산업에 민간의 투자가 확대되고 새로운 비즈니스가 정착되도록 해야 한다. 지역으로 분산에너지가 점차 확산됨에 따라 분산에너지에 대한 소비자와 지역주민의 수용성을 제고하는 다양한 방안이 강구되어야 한다. 이는 분산형 에너지시스템 구축을 위한 과제와 직결되는 것이다.

중앙집중형 에너지시스템의 구축에 긴 시간이 걸렸듯이 분산형 에너지시스템으로의 전환에도 많은 시간이 소요될 것으로 예상된다. 에너지사업의 특성상 기본적으로 30년 이상의 장시간이 필요하기 때문에 하나의 시스템에서 또 다른 시스템으로 변하는데 그만큼 시간이 걸릴 수밖에 없을 것이다. 에너지시스템의 전환에는 시간뿐만 아니라 막대한 자금이 필요하다. 그리고 공정한 전환(just transition)이라는 거창한 표현을 사용하지 않더라도 기존 시스템이 해체되면서 변화에 적응하지 못하는 사업체와 종사자의 문제가 이슈로 나타나고 있다. 그러나 환경과 주민수용성에 대한 고려가 경제성이나 효율성만큼 중요하게 다루어져야 한다면 새로운 분산형 에너지시스템으로의 변화를 적극 수용해야 할 것이다. 이제부터는 중앙집중형 에너지시스템에서 분산형 에너지시스템으로 전환하는데 있어 고려해야 할 과제를 짚어보고자 한다.

전력시장의 제도 개선

분산에너지의 중요한 구성요소인 풍력과 태양광 등 신재생에너지 발전원이 증가하면서 전력계통 운영에 심각한 문제가 나타나고 있다. 미국 캘리포니아 주에서 재생에너지 보급이 급속하게 확대되면서 '덕 커브(Duck Curve)' 현상이 나타났다.[6] 또한 제주지역의 경우 신재생에너지 발전량이 늘어나면서 매년 풍력발전을 대상으로 출력제어를 시행하고 있다. 출력제어 실적[7]을 살펴보면 2015년 3회, 2016년 6회, 2017년 14회, 2018년 15회, 2019년 46회, 2020년 77회로 전년 대비 67.4% 증가하였다. 이러한 제주지역 전력계통의 문제는 신재생에너지 발전량의 확대와 더불어 향후 국가 전체 전력계통의 문제로 나타날 수 있다. 이에 대한 대책으로 분산형 에너지시스템의 구축을 들 수 있으며, 이를 위해 우선 전력공급체계의 분산화를 비롯해 실시간 시장과 보조서비스 시장 도입 등 전력시장의 제도 개선이 필요하다.

국내 전력시장은 설립 초기에 채택한 변동비 반영 입찰방식을 유지한 채로 정산방식을 조정하는 변화만 거듭해왔다. 하지만 발전부문의 이산화탄소 감축 대응, 분산전원의 확대 등 사업여건의 변화를 반영하는 도매전력시장의 개편이 요구되고 있다. 가장 핵심적인 내용은 현행 하루 전(day-ahead) 시장에 실시간(real time) 시장을 추가하고 보조서비스(ancillary service) 시장을 새롭게 개설하는 것이다. 하루 전 시장과 더불어 실시간 입찰시장을 도입하여 가스복합과 열병합 발전 등에 효율적인 투자신호를 제공하는 한편 보조서비스 시장에서 유연성 자원이 제대로 가치를 평가받고 보상받을 수 있게 한다는 것이다.

그림 1 **전력시장 개선방향**

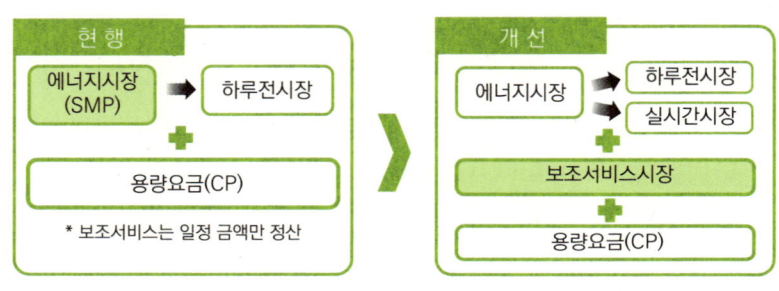

자료: 에너지경제연구원, 분산에너지 활성화 로드맵 워킹그룹 결과 보고서(2020), 31쪽.

〈그림 1〉에 나타나 있는 대로 현재 전력도매시장은 한 시간 단위의 하루 전 시장으로 운영되고 있어 하루 전 시장이 종료된 이후에는 전력거래소가 모든 계획편차를 재량적으로 조정하고 있다. 따라서 발전기 불시고장 또는 기상변화로 인한 신재생에너지 출력 변화에도 시장가격은 하루 전 시장가격을 유지하게 됨으로써 실시간 급전 지시에 반응할 유인이 별로 없다. 실시간 수요에 대해 5분 단위로 시장가격을 정하는 실시간 시장을 도입하게 되면 실제 전력계통 운영에 관한 모든 제약요소를 가격에 반영할 수 있다. 이때 하루 전 거래량은 하루 전 가격으로 실시간 거래량은 실시간 가격으로 정산하게 되는 것이다. 이는 실시간에 인접하여 출력 예측량을 지속적으로 반영하여 신재생에너지

의 출력 변동성을 줄이는 효과를 얻을 수 있다. 또한 하루 전 시장 이후 변화된 상황에 대응하여 시장참여자의 거래기회를 확대하고, 실시간 수급균형에 대한 전력시장의 역할을 강화하게 된다.

다음은 전력계통의 유연성을 확보하는 방안으로 보조서비스 시장을 개설하는 것이다. 현재 전력시장은 보조서비스를 제공하는 자원에 대하여 별도의 용량가치를 보상하는 보조서비스 시장이 없다. 전력시장에서 보조서비스에 해당하는 주파수 추종, 자동 발전제어, 대기 및 대체예비력, 자체기동 등에 대해 일정액을 배분하여 보상하고 있다. 석탄발전과 같은 기저발전기의 경우 현재 전력시장에서 제약비용(Constrained Off)으로 보상을 받고 있으나 첨두발전기는 예비력을 제공함에도 보상을 받지 못하고 있다. 예비력 시장의 도입으로 유연성 자원(DR, ESS, EV, GT)에 대한 적정 가치를 보상하여 시장 참여를 유인할 수 있을 것이다.[8] 또한 실시간 수급균형에 대한 거래수익을 제고할 뿐만 아니라 예비력 제공에 대해 적정 가치를 보상하게 되면 유연성 자원 제공을 위한 기술 투자가 늘어날 것이다.

송배전요금제 개편과 배전계통 고도화

다음으로 분산형 에너지시스템을 구축하기 위해서는 합리적인 송배전이용요금제도가 필요하다. 송배전요금은 전기요금의 구성요소 가운데 하나로 전력망에 대한 접속비용과 전력망 이용에 대한 이용요금으로 구분된다. 접속비용은 발전기를 한전 연계 변전소에 접속하기 위해서 접속에 소요되는 비용으로 해당 고객이 부담한다. 그리고 이용요금은 다수의 고객이 공동으로 이용하는 설비인 공용망에 소요되는 비용으로 고객이 분담하고 있다. 국내 송전 접속비용은 발전사업자가 한전 연계 변전소까지 비용을 부담한다. 배전 접속비용의 경우 발전설비 1MW 이하는 한전 변전소까지만 비용을 부담하고, 1MW를 초과하는 설비는 발전사업자가 모든 연계비용을 부담하도록 되어 있다. 1MW를 초과하는 발전설비의 경우 접속비용을 줄이기 위해 1MW 이하로 쪼개서 설치하는 경우가 나타나고 있으므로 이에 대한 조정이 필요해 보인다.

국내 송전이용요금은 발전과 수요측이 각각 절반씩 균등하게 배분하는 것으로 설계하였지만 발전사업자에 대한 망 이용요금 부과를 유예하여 수요 측에서 부담하고 있다. 향후 송전이용요금은 비용유발자 부담원칙을 강화하여 송변전 설비에 대한 사회적 갈등 해소와 분산에너지 활성화에 기여하는 방향으로 조정되어야 한다. 대규모 수용가의 요금체계를 개편하여 송전선로 건설비용 회피와 송전망 혼잡 및 손실 완화의 편익에 대한 신호를 제공하는 것이 필요하다. 발전사업자에게는 지역별 에너지가격, 송전망 손실비용 및 혼잡비용이 반영된 지역별 한계가격제도의 도입으로 명확한 경제적 시그널을 제공하는 것이 중요하다. 발전소 밀집지역의 경우 발전사업자에게 모든 연계비용을 부담하게 만들면 발전설비 투자를 기피할 것이다.

분산에너지 거래를 가능하게 하는 요금제 개발과 망 이용자의 형평성을 제고하는 방향으로 배전이용요금제가 개편되어야 한다. 동일 변전소 내에서 분산에너지 거래를 지원하는 배전요금제를 개발하거나 소비자의 고지서에 송배전비용이 명시되도록 하는 것이다. 이웃 간 전력거래(Peer to Peer, P2P)를 확대하기 위해서는 송전비용, 배전비용에 대한 정확한 구분 적용으로 소비자들이 스스로 비용절감 내역을 확인할 수 있도록 하는 것이 중요하다. 장기적으로 신재생에너지의 배전망 접속이 증가하고 부하패턴이 급격하게 달라지는 등 배전망 운영 여건이 변함에 따라 주택용 배전망 요금제를 선진화하여 배전망 운영효율을 향상시키고 적절한 투자 신호를 제공하는 것이 필요하다.

다음으로 분산에너지 활성화를 위해서 배전계통에 대한 고도화가 필요하다. 우선 분산형 전원, 소규모 전력자원, 대다수의 신재생에너지에 적용되는 계통연계기준을 정비하는 것이 필요하다. 아울러 계통운영자의 지시 또는 계통 상황에 따라 스스로 출력 조절이 가능하여 상호운용성 기능을 갖추고 있는 스마트 인버터를 설치하는 것이다. 향후 분산에너지 도입이 점차 늘어나게 되면 분산에너지자원을 관리하는 고기능 배전관리시스템에서 배전계통의 유연성을 확보하는 차원에서 능동형 배전망으로 개편되어야 할 것이다.

배전계통에 대한 시스템 고도화와 더불어 배전망사업자의 역할도 변하고 있다. 현재의 지역독점의 배전사업자를 단순히 지역배전계통을 운용하는 운전자에서 전체 배전계통의 전력조류를 운영·관리하는 배전계통운영사업자(Distribution System Operator, DSO)로 전환하는 것이다. 해외 전력계통의 운영사례를 보면 송전계통 운영자(Transmission System Operator, TSO)와 배전계통운영자(DSO)가 각각 별도의 전력거래시장을 운영하거나 두 사업자의 협조 하에 전력계통 전체의 최적화를 목표로 전력거래시장을 운영하기도 한다. 국내의 경우 한전이 송배전망을 통합적으로 운영하고 있기 때문에 어느 방식이 더 효과적인 배전계통 운영방식인지를 판단하기는 곤란하다. 하지만 향후 분산에너지를 효과적으로 이용하기 위해서는 가장 유리한 배전계통 운영방식을 모색해야 할 것이다.

배전계통운영자의 역할이 확대되면서 배전계통운영 인프라를 제대로 갖추어야 한다. 우선 분산에너지 관련 정보를 수집하고 관리하기 위한 DSO 운영 플랫폼의 기반을 구축해야 한다. 장기적으로 개별 인프라 통합 및 데이터 플랫폼을 활용한 통합운영 플랫폼을 설립하는 것이 필요하다. 특히 이웃 간 거래, 배전망에 접속하는 분산에너지 자원이 참여하는 지역 배전시장 운영 플랫폼을 마련하는 것이 중요하다.

새로운 비즈니스 모델의 출현

가상발전소(Virtual Power Plant, VPP)는 소규모 분산형 전원을 모집하여 전력시장에서 중앙급전발전기와 같이 급전 지시에 대응하거나 보조서비스를 제공하는 것이 가능하다. 즉 정보통신기술(ICT)을 바탕으로 태양광 및 풍력발전, ESS, DR, V2G(Vehicle to Grid) 등 분산에너지를 결합하여 전력시장에 서비스를 제공하고 전력계통의 수급균형과 전력품질 향상에 기여하는 역할을 담당하는 것이다. 2019년 2월부터 소규모 전력중개사업자를 도입하여 VPP 육성을 도모하고 있다. 소규모 중개사업자는 1MW 이하의 소규모 전력자원에서 생산한 전기를 모아 전력시장에서 거래하는데 신재생에너지 공급인증서(REC)의 거래를 대행하거나 설비의 유지·보수 등의 서비스도 제공하고 있다. 국내 소규모 전력중개사업은 아직 초기 단계이지만 분산에너지의 보급이 확대되면 그 역할이 점차 늘어날 것으로 기대된다.

VPP를 활성화하는 방안으로 소규모 자원의 출력변동성 대응을 위한 계통기여의 크기에 따라 중개사업자에게 인센티브를 지급하는 제도를 마련하는 것이 필요하다. 또한 신재생에너지의 과잉 발전으로 출력제한이 필요한 지역에서 소규모 분산전원을 제어하여 전력수급 균형을 유지하는데 기여하는 경우에 적정한 인센티브를 제공하는 것도 필요하다. 장기적으로 실시간 에너지시장 및 보조서비스 시장이 개설되면 가상발전소를 활용한 신규 비즈니스가 활발하게 나타날 것이다.

VPP와 더불어 커뮤니티 ESS 서비스를 분산에너지 활용 비즈니스 모델로 들 수 있다. 커뮤니티 ESS는 재생에너지의 간헐적인 발전을 일정한 수준으로 유지하도록 하여 전력망의 안정성 및 신뢰도를 유지하는데 필요한 보조서비스를 제공할 수 있다. 전기요금이 낮을 때 충전하고 이를 높은 가격에 방전하는 방식으로 운영하여 배전계통에서 안정적인 전압 유지 기능을 발휘하게 된다. 커뮤니티 ESS는 지역 단위의 공동주택(아파트, 연립주택, 다세대주택)이나 도서지역에 실제 설치할 수도 있고, 공간이 협소하거나 지역 내 수용성 문제로 ESS 설치가 힘든 공동주택, 건물, 산업시설 등에서 가상넷미터링(Virtual Net Metering)을 통하여 수용가 부하를 이전 또는 감축시키는 경우도 있다.

이와 유사한 비즈니스 모델로 독일의 소넨 커뮤니티(Sonnen Community)가 있다.[9] 이는 개인 간 전력거래 플랫폼에 배터리 저장기술을 결합하여 커뮤니티 내에서 생산한 전력을 소비하고 남을 경우 배터리에 저장했다가 고객들에게 제공하는 방식으로 운영된다. 소넨 커뮤니티는 가입자에게 매월 일정한 이용료를 부과하고, 고객들에게 배터리 보증, 소프트웨어 업데이트, 모니터링 서비스, 날씨 예측을 통한 에너지 사용 최적화 서비스 등을 제공한다.

또 다른 분산에너지 기반 비즈니스 모델로 P2G(Power to Gas)를 활용하는 것이다. P2G는 에너지저장기술의 하나로 전력을 연료형태로 저장하는 방식이다. 전술한대로 제주지역의 경우 신재생에너지 출력

제어가 자주 발생하는데 이 때 과잉 생산된 전기를 활용하는 대안으로 P2G를 고려할 수 있다. 즉 P2G는 신재생에너지 보급 확대에 따른 출력 불안정, 전력 수급 불일치, 송배전 제약 해소 등 전력계통의 문제를 완화하는데 도움이 될 것이다.

P2G는 계절에 따라 출력 변동이 심한 신재생에너지와 결합하여 신재생에너지 이용을 확대할 수 있으며, 이를 통해 도매전력가격을 안정화시키고 제약비용을 절감하는데 기여할 수 있다. 또한 전력분야 외 가스, 수송, 화학분야에서 다방면으로 활용할 수도 있다. 생산된 수소와 메탄을 연료전지 또는 가스터빈의 발전연료로 사용할 수 있으며, 연료전지자동차, 압축천연가스(CNG) 등의 수송용 연료로도 사용할 수 있다. 물론 수소 생산, 보관, 수송 부문에서 기술개발이 필요하며, 수요 개발을 위한 초기 인프라 구축이 선행되어야 하는 여러 가지 문제점이 있다.[10] 그래서 수소를 미래에너지원으로 보는 시각이 여전히 우세하지만 기술개발 속도와 소비자의 선택 정도에 따라 수소경제의 실현이 예상보다 빨라질 수 있을 것이다. 이 경우 수요지 인근의 수소생산설비나 수소충전소를 중심으로 분산형 에너지시스템을 구축하는 데 기여할 수 있다.

지역주민과 소비자의 수용성 제고

분산에너지에 대한 소비자 수용성을 제고하는 유력한 방안으로 소비자가 사용하는 에너지를 직접 확인할 수 있도록 하는 것이다. 이 점에서 네덜란드의 반데브론(Vandebron)을 대표적인 사례로 들 수 있다.[11] 반데브론은 전력 생산자로부터 직접 전력을 구입할 수 있는 웹사이트 기반의 직거래 플랫폼으로, 120명 이상의 신재생에너지 발전사업자와 10만 가구가 거래에 참여하고 있다. 생산자는 풍력, 태양광, 바이오매스 등으로 생산된 전력의 판매 가능량, 희망 가격 등을 웹사이트에 입력한다. 소비자는 필요 전력량, 희망 계약기간, 희망 재생에너지원 등을 입력한다. 소비자는 생산자가 게시한 정보를 바탕으로 생산자를 선택하고, 계약에 따라 전력을 거래한다.

반데브론은 전력이 "어디에서 생산되었는지"에 가장 큰 관심을 두고 있으며,[12] 사회적 유대감을 형성하고 사회적 가치를 강조하는 특징을 보이고 있다. 생산자들은 웹사이트에 자신들이 생산한 전력에 대한 기본 정보와 더불어 생산 과정 등을 상세하게 알리기도 한다. 또한 전력거래의 당사자들이 교류할 수 있는 이벤트를 제공하면서 유대감을 넓혀가고 있다. 이렇게 전기 생산자와 소비자 사이에서 전력거래를 통한 금전적 혜택을 공유하면서 경험까지도 나누는 방식으로 지역주민의 수용성을 제고하고 있다.

또한 분산에너지를 통한 저소득층 지원 제도를 마련하여 제시하는 경우 소비자의 참여도를 향상시킬 수 있을 것이다. 공동체 태양광 사업에 저소득층을 의무적으로 포함하는 방식으로 소비자의 선의를 고취시켜 사업에 대한 관심을 이끌어낼 수 있다. 공동주택 또는 원격지에 구축된 태양광 시스템에 다수의 가구가 참여하여 비용과 수익을 공유하는 주민참여형으로 사업을 추진하는 것이다. 미국 콜로라도, 코네티컷, 메릴랜드 주에서는 저소득층을 대상으로 하는 커뮤니티 솔라 사업을 시행하고 있다. 예를 들면 콜로라도 주의 경우 커뮤니티 솔라 프로젝트 용량의 5% 이상을 저소득층 가입자에게 할당하도록 명문화되어 있다(Community Solar Gardens Act, 2010).

분산에너지에 대한 소비자의 수용성을 제고하는 대안으로 지자체의 지역에너지계획 수립 시 분산에너지 목표와 추진 전략을 명확하게 제시하는 것이 필요하다. 중앙집중형 에너지 시스템의 한계를 극복하고 각 지역에 적합한 대응 방안을 마련하기 위해 지역별 에너지 자립을 강화하는 것이 요구된다. 지역단위의 분산에너지 특구 지정 및 마을단위 마이크로그리드 실증사업 등을 통해 지역단위 분산에너지 시스템의 구축을 촉진하는 것이다. 이를 통해 수요지 인근 지자체 차원에서 주민 수용성을 강화하는 방안을 마련하도록 유도하는 것이 중요하다.

참고문헌

- 산업통상자원부, 제3차 국가에너지기본계획, 2019
- 산업통상자원부, 수소경제 활성화 로드맵, 2019
- 산업통상자원부, 제9차 전력수급기본계획, 2020
- 안병진, 소규모전력중개시장에 거는 기대, 전기저널, 대한전기협회, 2020
- 유정민, 분산에너지자원의 확대와 시장구조 개선 과제, 서울에너지 브리프, 서울에너지공사 에너지연구소, 2018
- 에너지경제연구원, 에너지부문의 공유경제 활성화 방안 사례 연구, 수시연구보고서, 2018
- 에너지경제연구원, 공급형 가상발전소(VPP) 활성화 방안 연구: 소규모 전력중개시장 활용을 중심으로, 기본연구보고서, 2019
- 에너지경제연구원, 분산에너지 활성화 로드맵 워킹그룹 결과 보고서, 2020
- 에너지경제연구원, 일본의 분산형 전력시스템 확대 동향, 세계 에너지시장 인사이트 제21-22호, 2021
- 임아라, 제주 풍력발전 제한하는 기반시설, 에너지전환 해법은 없나, 제주매일, 2020.1.20.
- 채덕종, 분산에너지 시대의 집단에너지 발전방향, 이투뉴스, 2020.8.31.
- 한유리, 미국 캘리포니아주 덕커브(Duck Curve) 발생 현황과 대응 정책, 전기저널, 대한전기협회, 2018

주석

1) 국내 최초의 대용량 고효율 기저발전소인 한국남동발전(주)의 영흥화력발전소는 1999년 9월에 착공되었으며, 총 발전규모는 5,080MW(800MW급 2기와 870MW급 4기)에 달한다.
2) 채덕종, 분산에너지 시대의 집단에너지 발전방향, 이투뉴스, 2020.8.31. 유정민(2018)에서는 분산에너지자원(Distributed Energy Resources)을 유사한 의미로 사용하고 있다.
3) 전기사업법 시행규칙 제3조의 2에 의하면 분산형 전원은 40MW 이하의 모든 발전설비와 500MW 이하의 집단에너지사업, 구역전기사업, 자가용 발전설비를 포함한다.
4) 에너지경제연구원, 분산에너지 활성화 로드맵 워킹그룹 결과 보고서, 2020.7.24.
5) 전게서, 11쪽.
6) 덕커브는 태양광 발전량이 증가하면서 주간 시간대의 순부하가 급감하며 나타나는 부하곡선이 오리 모양을 닮았다고 해서 붙여진 이름이다.(한유리, 2018)
7) 임아라, 제주 풍력발전 제한하는 기반시설, 에너지전환 해법은 없나, 제주매일 2020.1.20.일자 기사 참조
8) 여기서 EV(Electric Vehicle)는 전기자동차, GT(Gas Turbine)는 가스터빈을 뜻한다.
9) 소넨 커뮤니티에 대한 자세한 내용은 에너지경제연구원(2018)에서 찾을 수 있다.
10) 수소가 친환경적이지만 생산단가가 높아 다른 에너지원에 비해 경쟁력이 떨어지므로 민간의 투자를 유인하기 어려운 점도 있다.
11) 반데브론에 대한 설명은 에너지경제연구원(2018)에서 참조할 수 있다.
12) 반데브론은 "from the source"라는 의미다.

07

박주헌
동덕여자대학교 경제학과 교수

에너지 문제와 원자력

- 기업경영원리로서 ESG 등장
- ESG와 기후변화
- 우리나라의 에너지전환
- 탄소중립을 위한 현실적 대안으로서 원자력
- 탄소중립을 위한 원전 정책과 투자

에너지 문제와 원자력

1. 기업경영원리로서 ESG 등장

코로나19 대유행은 한동안 무심코 지나쳐버렸던 '함께함'의 가치를 일깨워주었다. 사회적 거리두기로 다소간의 소외감을 느끼게 되었고, 우리가 개별 개체로서의 자유인인 동시에 공동체의 일원이라는 사실을 새삼 깨닫는 계기가 되었다. 이와 같은 분위기에 힘입어, 개인이나 기업의 경제활동도 사적 관점뿐만 아니라 사회적 관점에서도 평가 받아야 한다는 요구가 한층 더 높아졌다. 개별 기업 관점의 배타적 이윤 극대화 원리에 따라 행동해왔던 기업으로서는 사회적 기여를 내재화시키는 새로운 경영원리의 확립이 필요하게 된 것이다.

기업의 사회적 책임은 오래 전부터 논의되고, 실제로 일부 기업의 경영원리에 도입되기 시작했으나, 하나의 기업문화로 자리 잡았다고 할 수 있을 정도로 보편화되지는 못했다. 하지만, 2020년 전 세계를 강타한 코로나19 대유행은 기업의 사회적 책임원리를 기업경영의 중심으로 이식시키는 결정적 계기가 될 가능성이 높다.

기업의 사회적 책임은 2000년대 이후 기업 의사결정에 반영되는 비재무적 지표가 개발되는 등 구체화되는 흐름을 보이고 있다. 실제로 유엔환경계획(UNEP)은 기업의 투자결정 시 재무적 성과 이외에 친환경, 사회적 기여, 투명한 지배구조와 같은 비재무적 성과를 고려할 것을 제안하기도 했다.[1] 오늘날 관심이 뜨거워지고 있는 ESG 경영원리가 형성된 중요한 계기이기도 하다.

ESG란 환경(Environment), 사회(Society), 지배구조(Governance)를 뜻하는 말로, 기업가치와 지속가능성을 고려한 경영 및 투자원리를 뜻한다. 하지만 ESG는 수익성을 고려하지 않는 자선 사업과는 차이가 있다. 오히려 ESG는 기업의 지속가능성의 관점에서 기업의 재무적 요소뿐만 아니라 환경, 사회, 지배구조와 같은 비재무적 요소들도 함께 고려하는 경영원리와 투자기준을 뜻한다. 다시 말해, ESG 경영은 지금까지 기업이 직접적으로 부담하지 않았던 비재무적 비용을 추가적으로 부담함으로써 단기적으로는 장부상 수익이 다소 나빠질 수 있으나, 사회적 책임을 자발적으로 떠맡음으로써 기업의 이미지 제고에 기여하여 궁극적으로 기업의 수익성을 높이는 장기적 경영전략이라고 평가할 수 있다.

최근 ESG는 재무적 성과와 더불어 경영원리로 확실히 자리를 잡고 있는 양상이다. 국내외 ESG 투자규모가 폭발적으로 증가하고 있을 뿐만 아니라, ESG 투자성과도 일반 투자와 비교하여 상대적으로 우위에 있는 것으로 분석되고 있다. Friede et al(2015)은 ESG 투자의 재무적 성과를 검증하는 메타분석 연구를 진행한 결과, 약 90% 가량의 사례에서 긍정적 또는 중립적인 결과를 확인하고 ESG 투자성과는 전반적으로 양호한 것으로 결론짓고 있다. 또한 MSCI 자료[2]에 따르면 ESG 관리 수준이 높은 기업은 낮은 기업에 비해 기업 고유 위험(Idiosyncratic Risk)과 체계적 위험(Systematic Risk)이 모두 낮은 수준으로 평가되고 있다. ESG 원리가 사회적 기여뿐만 아니라 기업의 장기적 수익에도 기여할 수 있다는 증거다.

외부효과의 자발적 내재화 과정으로서의 ESG

ESG 경영원리가 이윤극대화라는 전통적인 경영원리와 배치되었던 이유는 외부효과이론에서 찾을 수 있다. 사적 이윤 극대화를 목적으로 하는 전통적 기업은 외부효과를 고려하지 않는다. 예를 들어, 기업에 배타적으로 귀속되지 않고, 사회 전체가 공유하게 되는 외부편익인 환경개선 비용을 모두 기업이 전담하게 되는 경영은 이윤극대화의 원칙 하에서는 합리화될 수 없다. 따라서 오로지 이윤과 같은 사적 순편익만을 추구하는 기업 활동은 환경가치와 같은 외부효과까지 모두 포함하는 사회적 순편익을 극대화하지 못하게 되는데, 이를 시장실패라고 한다. 일체의 사회적 가치를 고려하지 않는 기업이 아무런 규제 없이 자유롭게 활동하는 시장에서는, 기업은 이윤을 극대화할 수 있을지 모르지만 사회 전체적으로는 경제적 순손실이 초래된다는 뜻이다.

일반적으로 외부효과에 의한 시장실패는 조세부과로 해결한다. 즉, 기업 활동으로 부터 비롯된 사회적 환경비용을 조세의 형태로 기업에 부과하게 되면, 조세를 부담해야 하는 기업은 사회적 환경비용을 생산비용으로 내부화하게 된다. 환경비용이 내부화되면, 당연히 기업의 생산비용이 상승하게 되고 이에 따라 기업은 자신의 이윤극대화를 위해 생산을 줄이게 되는데, 그 결과 사회전체의 환경은 개선되어 시장실패가 완화된다.

조세에 의한 시장실패 해결 방안은 암묵적으로 기업은 환경과 같은 사회적 가치를 자발적으로 고려하지 않는다는 가정에 기초한다. 다시 말해, 조세에 의한 시장실패 교정은 기업의 자발적 행동이 아닌 강요된 행동의 결과인 것이다. 강요에 의한 비자발적 친환경 활동은 기업 이미지 개선에 별 도움이 되지 않는다. 하지만, 기업이 자발적으로 환경개선에 기여하게 된다면, 기업 이미지는 크게 개선되고 장기적으로 기업의 재무적 성과에도 도움이 될 수도 있다.

바로 이 지점에서 새로운 경영원리 도입의 필요성이 생긴다. 기업의 환경기여를 자발적으로 경영성과에 포함함으로써, 환경비용 부담을 정당화하는 경영원리가 정립된다면 분명 기업의 지속가능성에 도움이 될 것이다. 이것이 ESG 경영원리 중 첫 번째 항목인 환경경영이다.

기업이 환경개선 기여 활동에 나서게 하는 유인책의 핵심은 사회적 환경비용을 기업의 비용으로 내부화하는데 있다. 조세는 법률에 의해 내부화를 강요하는 반면, ESG 환경경영은 기업이 자발적으로 내부화하는 차이가 있다. 어차피 기업이 부담해야 하는 비용이라면, 기업의 이미지 개선에 도움이 될 수 있도록 자발적으로 기꺼이 부담하는 편이 훨씬 좋다. 바로 이런 점이 ESG 경영원리가 도입되어야 하는 이유가 된다.

ESG 경영원리는 기업의 장기적 지속가능성에 도움이 된다는 측면에서 재무적 성과를 최우선 목표로 삼는 전통적 기업행동 원리와 완전히 모순되지 않는다. 기업이 ESG 경영이 지속가능하기 위해서는 기업의 사회적 기여가 장기적으로 기업 이윤으로 얼마나 환류될 수 있는가에 달려있다. 만일 장기적 기업 이윤의 환류를 고려하지 않고, 단순한 기업 이미지 관리 차원에서 사회적 기여를 도구화한다면, 단기적인 생색내기에 그칠 수도 있기 때문이다.

ESG는 사회적 관점에서 평가해야 한다

ESG 경영이 장기적으로 기업 이윤 증가로 이어지기 위해서는 기업의 ESG 경영 활동이 사회적으로도 긍정적으로 인정받아 기업이미지 개선에 도움이 되어야 하고, 기업이미지 개선이 장기적 매출 증가로 이어져야 한다. 이런 측면에서 기업의 ESG 경영 활동은 철저히 사회적 관점에서 평가받아야 한다. 왜냐하면, 기업이 아무리 사회적 책임 경영에 충실했다고 스스로 평가하더라도, 그것이 사회전체가 추구하는 가치와 상충한다면, 쓸모없게 되어 기업의 이미지 개선에도 도움이 되지 않기 때문이다.

결국 ESG 경영의 성패는 기업이 사회적 우선순위가 높은 분야에 실질적인 기여를 할 수 있는가에 달려있다. 기업은 사회적 관심도가 높은 이슈가 무엇인지를 세심히 살펴 ESG 원리에 반영해야 할 것이다.

2. ESG와 기후변화

최대 환경 현안으로서 기후변화

ESG 경영 중 에너지와 가장 밀접한 관계를 갖고 있는 형태는 ESG의 첫 번째 요소인 환경경영이라고 할 수 있다.

환경문제는 경제활동의 이면에 늘 존재한다. 자연계 내에서 이루어지는 경제활동은 자연으로부터 자원을 채취하여 이를 가공하여 사용한 후 다시 자연으로 돌려주는 과정을 이룬다. 예를 들어, 땅 속에서 원유를 채취하여 석유제품을 생산하고 사용한 후 폐기물의 형태로 공기, 땅, 물과 같은 자연으로 돌아가게 된다. 당연히 폐기물은 정도의 차이가 있을 뿐 자연을 오염시킨다. 경제활동은 필연적으로 환경을 오염시키게 된다는 말이다. 따라서 경제활동을 중단하지 않는 한 환경문제 피할 수 없는 문제다.

환경문제는 스모그, 미세먼지, 오존층 파괴, 수질오염, 토양오염, 독성물질, 기후변화 등 환경오염 문제의 종류는 수를 헤아리기 어려울 정도로 다양하다. 하지만 시대와 장소에 따라 환경문제의 우선순위는 달라진다. 그러면 우리가 현재 당면한 최대 환경문제는 무엇일까? 아마도 기후변화(climate change)라고 해도 별다른 이의제기가 없을 것 같다.

국립기상과학원에 의하면, 21세기말 전지구의 평균기온은 현재(1995~2014년) 대비 +1.9~5.2℃ 상승하고, 평균 강수량은 +5~10% 증가하며, 해수면은 +52~91cm 정도 상승할 것으로 전망되고 있다. 이렇게 되면 북극 빙하는 21세기 중반 이후에는 여름철에는 거의 사라질 수 있다고 경고하고 있다.[3]

기후변화는 인류 문명을 송두리째 붕괴시킬 수도 있는 미증유의 위협일 수도 있다는 경고도 있다.[4] 실제로 기후변화로 많은 문명이 사라졌다는 학설이 존재한다. 예를 들어, 인류 최초의 문명이었던 메소포타미아 문명은, 기원전 2200년부터 약 300년 동안 이어진 건조화와 약 2도 가량의 기온 하강으로 극심한 가뭄이 장기화되면서, 아카드 제국의 멸망과 함께 문명의 뒤안길로 사라지게 되었고, 이집트 문명도 기후변화로 열대수렴대가 남하하면서 사하라 지역이 사막화되고 대기근이 이어지며 결국 붕괴되었다는 학설이 있다. 이외에도 에게해의 미노스 문명은 화산폭발과 쓰나미로 사라졌고, 요르단의 페트라 문명은 지진으로 물 관리 체계가 무너지면서 멸망했고, 오만의 우바르 문명은 몬순대 북상으로 비가 많이 내리면서 지하의 석회암 동굴이 무너져 모래 속에 묻히고 말았다는 학설도 있다.

그런데 이처럼 인류 역사상 많은 문명을 붕괴시켰을지도 모를 과거의 기후변화는 현재 진행 중인 이번 기후변화와 비교하면 아무것도 아니라고 과학자들은 경고하고 있다. 세계적 물리학자 스티븐 호킹 박사가 "인류, 멸종을 피하려면 100년 내 지구를 떠나라."고 경고할 정도로 우리가 지금 경험하고 있는 기후변화는 위중하다고 할 수 있다.

실제로 기후변화로 인한 경제적 피해는 막대할 것으로 예측되고 있다. 기후변화 대응의 필요성을 경제학적 관점에서 분석한 최초의 보고서로 평가받고 있는 일명 스턴 보고서(Stern Review)는 "앞으로 다가올 수십 년 동안 우리가 하는 행동이 금세기 후반부터 다음 세기에 이르기까지 엄청난 경제적, 사회적 파국을 불러올 수 있다. 그 규모는 양차대전과 20세기 전반의 경제대공황을 합친 것에 버금갈 것이다."라고 경고하며, 구체적으로 인류가 기후변화로 인한 피해액을 추산하였다. 인류가 지금 당장 온실가스 감축을 위한 행동에 나선다면 해마다 세계 각국 국내총생산(GDP)의 1% 정도 비용이 필요하지만, 그렇지 않으면 GDP의 20%까지 비용을 치를 수 있다고 주장하였다.

세계은행은 기후변화에 대한 이러한 인식을 바탕으로 기후변화를 세계 각국, 특히 개도국의 지속적 성장에 위협을 줄 수 있는 세계경제의 신조류(New Global Trend) 중 하나로 규정한 바 있다.[5] 또한 세계경제포럼(WEF)은 세계가 직면한 가장 큰 위협으로 기후변화를 지목하고 있다.[6]

기후변화 대응은 ESG의 핵심 요소가 되어야 한다

환경경영의 효과를 극대화하기 위해서는 현 시점에서 당면한 최대 환경문제 해결에 기여하는 기업 활동을 추구해야 한다. 앞에서 논의한 것처럼 기후변화는 현세대가 당면한 다른 어떤 환경문제보다도 시급할 뿐만 아니라 치명적인 문제라고 인식한다면, 기후변화 대응에 기여하는 기업 활동이 환경경영의 핵심이 되어야 할 것이다. 실제로 기후변화가 ESG 중심이 되는 추세는 세계 주요 기구들의 최근 활동에서 쉽게 확인되고 있다.

유럽연합이 지속가능금융 추진을 가속화하기 위해 활용하고 있는 EU 분류체계(EU Taxonomy)가 설정한 6개의 환경목표 중 두 개가 기후변화 완화와 적응이다. 또한, G20 재무장관과 중앙은행 총재들의 위임을 받은 금융안정위원회(Financial Stability Board)는 기후관련재무정보공개대책반(Task Force on Climate-related Financial Disclosures, TCFD)을 통해 ESG 이니셔티브를 추진하고 있다. 민간 부문은 훨씬 더 적극적이다. Bloomberg, MSCI, Thomson Reuter 등 주요 민간평가사는 탄소배출, 에너지집약도 등을 투자 적합성 평가요소에 공통적으로 이미 반영하고 있다.

기후변화 대응을 위한 에너지전환

기후변화는 온 인류를 위협하는 전 세계 공통의 도전이다. 기후변화를 좀 더 서술적으로 표현하면 지구온난화다. 태양으로부터 오는 에너지는 지구 표면에서 반사되어 대기 중으로 방출되는데, 온실가스는 마치 온실이 내부공기의 외부 누출을 차단하는 것처럼 방출에너지를 지표면에 가두는 온실효과를 갖는다. 따라서 온실가스 비중이 높아지면 온실효과로 말미암아 지표면의 온도가 높아지게 되는 온난화 현상이 발생한다. 문제는 대표적인 온실가스가 석유, 석탄, 천연가스와 같은 화석에너지의 연소 과정에서 발생하는 이산화탄소라는 사실이다.[7] 따라서 화석에너지 사용의 획기적 감소가 기후변화 방지를 위한 근본적 처방인 것은 특별한 설명이 필요 없다.

현재 화석에너지는 전 세계 에너지생산의 80%를 차지하고 있을 정도로 인류 문명을 뒷받침하고 있는 사실상 유일한 에너지원이라고 할 수 있다. 이런 이유와 화석에너지는 화학적으로 탄소원소로 구성되어 있다는 사실을 반영하여 현재의 경제체제를 탄소경제라고 부르기도 한다. 결국, 기후변화를 방지하기 위해서는 탄소경제를 이산화탄소를 배출하지 않는 에너지원의 비중을 높이는 저탄소경제로의 전환이 필수다.

현재 우리 인류가 활용할 수 있는 무탄소에너지에는 태양광, 풍력, 수력과 같은 재생에너지와 원자력이 있다. 따라서 현 단계에서 저탄소경제로의 전환은 에너지원을 화석에너지 중심에서 탈피하여 재생에너지와 원자력과 같은 무탄소에너지 중심의 에너지전환(energy transition)이 반드시 필요하게 된다.

탈석탄, 재생에너지 확대는 에너지전환의 공통적 흐름이다

전 세계는 이미 기후변화 대응을 위한 에너지전환에 나서고 있다. 하지만 모든 나라의 에너지체제 전환 노력을 에너지전환이라는 말로 단순화하기 어려울 정도로 국가마다 에너지전환의 내용은 천차만별이다. 하지만 뚜렷한 공통점도 발견된다. 탈석탄과 재생에너지 확대다.

석탄은 열량대비 이산화탄소를 가장 많이 배출하는 화석에너지다. 더욱이 석탄은 전 세계 1차 에너지 소비의 27.2%를 차지하고 있을 정도로 여전히 중심 에너지원이다.[8] 따라서 석탄 사용을 획기적으로 줄이지 않는 한 기후변화를 막을 수 없다. 석탄을 저탄소에너지로 대체하는 탈석탄 정책이 무엇보다도 효율적으로 이산화탄소 배출을 줄이는 대안으로 주목받는 이유다.

탈석탄은 이제 거스를 수 없는 대세로 자리 잡고 있다. 석탄 발전은 대부분의 주요국들에서 퇴출 신세를 면치 못하고 있다. 실제로 전 세계 석탄 소비량은 2020년을 기점으로 하락세로 반전되고 있다.[9]

미국의 경우 2018년에 15GW의 석탄발전을 폐쇄하면서 2020년 석탄소비가 약 9% 감소하여 40년 만에 석탄 소비량이 최저수준을 기록했다. 또한 EU 내 총 석탄 발전량의 38%를 차지하는 독일은 2038년까지 모든 석탄 발전을 전면 폐쇄하겠다는 계획을 내놓았으며, 영국은 2012년 40%였던 석탄 발전 비중을 2018년에는 5%까지 줄였고, 2024년 10월까지 석탄 발전을 조기 폐쇄하겠다고 선언했다. 여기에 EU 8개국도[10] 오는 2030년까지 단계적으로 석탄 발전을 폐지하는 정책을 수립했다.

석탄 생산과 발전 비중이 높은 나라들도 탈석탄에 동조하고 있다. 석탄 발전 비중이 70%를 상회하는 남아공과 인도도 오는 2030년까지 그 비중을 각각 45%, 50%로 축소할 계획이고, 63%인 호주는 2040년까지 모든 석탄발전소를 폐쇄할 계획이다.

우리나라에서도 탈석탄은 이미 시작되었다. 국내 석탄 발전 설비

규모는 2020년 기준 36.8GW, 비중은 40.8%에 달할 정도로 석탄은 여전히 국내 최대 전원이다. 하지만 석탄 의존도는 매우 빠르게 줄어들 전망이다. 왜냐하면 2034년까지 가동 30년이 지난 석탄 발전은 모두 폐지될 예정이기 때문이다.[11] 이렇게 되면 2030년 석탄의 발전량 비중은 현재 40%에서 31.4%로 낮아지고, 현재 60기의 석탄 발전은 2034년까지 30기가 폐쇄되면서 절반 수준으로 줄어든다. 매우 속도감 있는 탈석탄이다.

태양광과 풍력과 같은 재생에너지의 확대도 에너지전환의 공통 사항이다. 태양광, 바람을 통해 전기에너지를 얻는 태양광과 풍력은 최소한 전기 생산 단계에서 이산화탄소 배출은 없어, 세계 각국은 앞 다투어 태양광과 풍력의 비중을 높이고 있다.

국제에너지기구(IEA)에 따르면 재생에너지 1차 에너지 공급량은 1990년부터 2017년까지 연평균 2% 성장하여 세계 1차 에너지 공급 성장률 1.7%보다 빠르게 성장하였다.[12] 그중 태양광과 풍력은 1차 에너지 공급에서 차지하는 비중은 작지만 동기간 각각 연평균 37.0%, 23.4% 증가하여 두드러진 성장세를 보였다. 또한, 에너지경제연구원 분석 자료에 의하면, 전 세계 재생에너지의 발전비중은 실제로 2000년 17%에서 2017년 27%로 확대되었고, 향후에도 증가 추세가 계속 이어져 2040년에는 42%까지 늘어날 것으로 예측되고 있다.

태양광과 풍력의 비중이 급격히 높아지고 있는 추세는 기후변화 대응을 위한 궁극적 대안이라는 이유 이외에, 관련 기술의 급속한 발달로 발전단가가 빠르게 감소하고 있는 것도 중요한 이유다. 태양광은 설치비용이 지속적으로 하락함에 따라 2010~2020년 기간 중 전체 태양광의 LCOE는 79% 떨어졌다. 특히 신규 대규모 태양광설비의

LCOE는 82%나 하락했다. 풍력 발전단가도 크게 하락하여 육상 풍력의 LCOE는 2010~2020년 기간 동안 39%나 하락했다.

에너지전환에는 정답이 없다

에너지 전환은 포괄적으로 정의하면 에너지 시스템의 구조적 변화라고 할 수 있지만, 통상적으로 다양한 에너지원을 구성하는 에너지믹스의 변화로 좁게 해석한다.

인류 문명 발전의 고비마다 에너지전환이 함께했다. 사람의 힘이나 불, 물 등 자연에너지 자체를 그대로 이용하던 원시시대를 떨치고 철기시대를 열 수 있었던 것은 금속을 녹이는데 필요한 고온을 낼 수 있는 연료였던 목탄을 사용하면서 가능했다. 더욱이 현대 문명의 시작점이라고 할 수 있는 18세기의 산업혁명은 석탄이 없었다면 이루어내지 못했을 것이라는 상상은 지나치지 않다. 그 이후, 석유, 천연가스, 전기 등의 발견과 함께 2차, 3차, 4차 산업혁명의 새로운 장이 계속 이어져 오고 있다고 할 수 있다.

이런 과정의 연속선상에서 21세기 우리 인류는 또 다시 새로운 에너지전환의 시대를 마지하고 있다. 하지만, 21세기의 에너지 전환은 동기 및 목적, 거버넌스 등의 측면에서 과거와 다르게 진행되고 있다. 과거의 에너지전환은 자원의 고갈 우려, 새로운 부존에너지의 발견, 신기술의 발달과 같은 공급 측면에서의 혁신이 동기가 된 반면, 이번 에너지전환의 동력은 기후변화 방지를 위한 수요측면에서의 에너지믹스 변화 필요성에서 찾을 수 있다. 즉, 기후변화의 주원인으로 지목되는 화석에너지의 비중을 줄이고 그 대신 재생에너지와 같은 청정에너지의 비중을 높이는 수요 측 요구가 동기가 되고 있는 것이다. 또한, 과거 에너지전환은 새로운 에너지의 경쟁력이 기술개발과 함께 점차 개선됨에 따라 시장을 통해 자연스럽게 이루어진 반면, 이번 에너지전환은 기후변화 이슈의 시급성으로 말미암아 신재생에너지의 경쟁력이 채 갖추기 전에 추진되고 있기 때문에 시장이 아닌 정부가 주도하고 있는 점이 다르다.

이산화탄소의 배출을 획기적으로 줄이기 위해서는 대표적 탄소에너지인 석탄을 저탄소에너지원으로 대체하는 에너지전환 이외에 다른 대안은 없음은 앞서 논의한 바와 같다. 하지만, 각국이 처한 상황은 제각각이므로 에너지전환의 구체적 내용은 국가마다 다를 수밖에 없다. 실제로 세계 각국은 에너지자원 부존 상황, 에너지 관련 기술 수준, 기후·환경조건, 경제발전 단계, 산업구조, 사회적 합의 과정, 에너지시스템의 청정화에 대한 인식 등에서 천차만별의 차이를 보이고 있다. 따라서 각국 정부에 의해 주도되고 있는 이번 에너지전환의 구체적 모습은 국가별로 사뭇 다르다.

가령, 독일과 영국은 대표적인 에너지 전환정책 표방국가이나, 무탄소 에너지원인 원전에 대한 정책방향은 정반대로 설정하고 있다. 독일은 2022년까지 현존하는 모든 원전설비를 폐쇄하는 가장 강력한 탈원전 국가인 반면, 영국은 원전을 기후변화 방지를 위한 대안으로 여기며 에너지전환을 추진하고 있다.

우리나라도, 기후변화가 현안 이슈로 자리매김한 이래 에너지전환 정책을 꾸준히 추진해오고 있었으나, 강력한 의지를 가지고 본격적으로 추진한 것은 문재인 정부 출범과 함께 한다고 볼 수 있다. 현재 우리나라 에너지 전환의 기본 이념은 '국민 안전을 최우선으로 하는 청정에너지 시대의 실현'이라고 밝히고 있는 문재인 대통령의 고리 1호기 영구정지 선포식 기념사(2017년 6월 19일)에서 찾아볼 수 있다. 즉, 정부의 에너지 정책의 기조는 기존의 수급안정과 경제성 대신 안전성과 친환경성을 중시하고 발전원의 구성은 원전과 석탄 위주 대신 신재생 등 청정에너지 중심으로 전환하는 것을 목표로 하고 있다. 좀 더 구체적으로 살펴보면, 탈원전, 탈석탄과 함께 재생에너지의 발전비중을 2030년에 20%, 2040년에 30~35%까지 확대하는 것을 골자로 하고 있다.

3. 우리나라의 에너지전환

탈원전이 우리나라 에너지전환 정책의 핵심이다

문재인 정부의 에너지전환 정책의 특징은 탈원전이라고 할 수 있다. 물론 탈석탄과 더불어 재생에너지 3020 계획으로 상징되는 태양광, 풍력의 확대 정책도 있지만, 앞서 논의한 것처럼 탈석탄, 재생에너지 확대는 전 세계 에너지전환의 공통점이라는 측면에서 탈원전을 가장 큰 특징으로 지목할 수 있다.

에너지전환의 실행계획이라고 할 수 있는 9차 전력수급기본계획에 의하면 현재 건설 중인 신한울 1, 2호기와 신고리 5, 6호기를 마지막으로 신규 원전 건설은 더 이상 없고, 가동 중인 원전도 설계 수명 연한이 도래하면 연장운영 없이 순차적으로 모두 폐쇄하는 계획을 갖고 있다. 이와 함께 석탄발전도 2020년 현재 건설 중인 신규 석탄발전 7기를 마지막으로 더 이상 건설하지 않고 30년 이상 노후화된 석탄발전기도 순차적으로 폐쇄할 예정이다. 이렇게 폐쇄되는 원전과 석탄은 태양광,

풍력 그리고 LNG로 대체하는 계획이다.

천지개벽할 탄소중립 선언

정부는 탈원전, 재생에너지 3020 계획과 별도로 천지개벽할 엄청난 계획을 2020년 12월 10일 발표했다. 탄소중립 추진전략이다. 2050년까지 이산화탄소의 순배출량을 0으로 만들겠다는 계획이다. 추진전략을 간략히 요약하면 산업, 수송, 건물 등 모든 부문에서 에너지효율을 높여 에너지 사용을 최대한 줄이고, 필요한 에너지는 가능한 전기로 대체하고, 전기는 대부분 태양광, 풍력을 통해 생산한다는 내용이다. 그리고 어쩔 도리 없이 배출되는 이산화탄소는 포집기술을 통해 땅 속에 파묻거나 나무를 심어 흡수해 상쇄시키겠다는 것이다.

그런데 우리나라의 흡수와 포집 잠재량은 매우 제한된 것으로 평가받고 있다. 산림조성에 의한 이산화탄소 흡수 잠재량은 택지개발, 태양광 보급 확대 등으로 산림면적이 줄어들고 있어 연간 약 4천 만 톤 정도의 현재 흡수량도 유지하기 어려울 전망이고[13], 이산화탄소 포집 잠재량도 에너지경제연구원에 의하면 각종 기술을 총망라해도 1천 만 톤을 넘기 어려운 것으로 평가되고 있기 때문이다.

현재 년 간 이산화탄소 배출량이 7억 톤 내외라는 점을 감안하면, 탄소중립을 위해서는 필요 에너지 거의 전부를 태양광과 풍력을 통해 얻어야 한다는 결론에 이른다. 자동차도, 냉난방도, 산업용기계도 모두 궁극적으로 태양광, 풍력에 의존해야 한다는 말이다. 기승전 태양광, 풍력이다.

과연 이런 방법으로 탄소중립이 가능할까? 태양광이나 풍력은 토지집약적 에너지원이다. 단위 에너지를 얻기 위해 필요한 부지가 상대적으로 많이 필요한 에너지란 말이다. 따라서 땅이 상대적으로 흔한 국가에서 유리하다. 우리나라는 대표적으로 땅이 상대적으로 귀한 나라다. 더욱이 태양과 바람의 질도 특별히 양호하지도 않다. 그만큼 상대적으로 불리하다. 물론, 재생에너지 잠재력만 보면 얼마든지 재생에너지 확대가 가능하다. 그러나 현실에서는 에너지 잠재지도가 중요한 것이 아니다. 우리나라 국토 구석구석은 누군가의 생활터전이요, 조상의 얼이 깃든 고향이요, 힐링의 휴식처요, 추억의 장소가 아닌 곳이 드물다. 단순히 일조량, 경사도 등으로만 따질 일이 아니라는 말이다. 우리나라에는 다른 나라와 달리 사람의 손길이 닿지 않는 사막도 없고, 황무지도 없다는 엄연한 여건을 냉철히 직시해야 한다.

태양광이나 풍력은 자연여건에 따라 들쭉날쭉 거리는 소위 간헐성 에너지어서 전기 생산 시점을 예측할 수 없다. 전기 수요에 발맞춰 전기를 생산하지 못하기 때문에, 이들 간헐성 에너지의 비중이 높아지면 높아질수록 그만큼 전력수급의 안정성은 떨어지기 마련이다. 따라서 전력수급 안정성을 제고하기 위한 백업발전, 전기 저장 장치, 정교한 계통운영 방식과 더불어 인접국과의 교역 체계 등이 보완되어야 재생에너지 확대가 가능해진다. 모두 발전 비용을 높게 만드는 요인이다.

태양광과 풍력은 해가 뜨고 바람이 부는 자연여건이 맞아야 전기를 생산할 수 있다. 그런데 우리나라의 태양광과 풍력의 평균 이용률은 각각 15%, 25% 내외로 매우 낮은 편이다. 동일한 발전량을 얻는데, 이용률 90%인 전원에 비해 태양광은 6배, 풍력은 3.5배 이상의 설비용량을 갖춰야 한다는 뜻이다. 한국환경정책평가연구원의 연구결과에 따르면 2050년까지 탄소중립을 실현하기 위해서는 태양광 152GW, 풍력 305GW로 총 450GW가 넘는 설비용량이 필요하다. 2020년 말 기준 태양광·풍력 설비용량은 13.2GW이므로 앞으로 약 35배 늘려야 하는 엄청난 규모다. 하루 평균 3시간 혹은 6시간 정도만 가동할 수 있을 뿐 나머지 시간은 제 구실을 하지 못하는 태양광과 풍력으로 발전량의 대부분을 채우려고 하니, 설비용량이 터무니없이 커지는 것은 당연한 결과다.

태양광, 풍력 설비의 급격한 증가는 심각한 잉여전력 문제를 야기한다.. 전력수요 연평균 증가율을 8차 전력수급계획에서처럼 1.3%를 가정하고 현재 평균부하율 70%를 적용하면, 2050년 평균부하는 약 100GW 내외로 추산된다. 이는 태양광, 풍력의 예상 설비 용량 450GW보다 한참 못 미쳐, 300GW가 넘는 대규모 잉여전력이 남아도는 시간이 자주 발생할 가능성이 높다는 뜻이다.

잉여전력 300GW은 전기자동차 1천만대 배터리를 2시간 이내에 채울 수 있고, 현재 에너지저장장치를 100배 증가시켜 850GWh 용량을 갖춘다고 해도, 3시간이면 채울 수 있는 막대한 양이다. 잉여전력을 에너지저장장치로 해결하기는 역부족이라는 말이다. 저장 능력만이 문제가 아니다. 전기 저장 장치는 최근의 잇따른 화재에서 보듯이 아직도 기술적으로 안정적이지도 못하다. 다시 말해, 발전소를 대체할 정도의 대량의 전기를 안정적, 경제적으로 저장하지 못하는 것이 현재의 기술 수준임을 인정해야 한다.

아마 이런 이유로 수소경제에 관심을 보이고 있는지 모르겠다. 잉여전력으로 물을 분해해 수소를 얻어 보관하겠다는 발상이다. 하지만 수소는 여전히 매우 값비싼 에너지다. 왜냐하면 전기로 만든 수소는 다시 전기의 형태로 만들어 써야하기 때문이다(전기→수소→전기). 에너지 형태가 바뀔 때마다 엄청난 에너지 손실이 발생한다는 것은 상식이다. 그래서 현재 인류의 기술 수준으로는 수소는 여전히 효율적 에너지로 볼 수 없는 것이다.

4. 탄소중립을 위한 현실적 대안으로서 원자력

탄소중립 추진계획은 거의 억지에 가까워 보인다. 왜 이런 억지 계획이 만들어졌을까? 거의 신성불가침의 영역이 되다시피 한 탈원전 때문이다. 원자력은 이산화탄소를 배출하지 않으면서, 안정적이면서 대규모로 전력을 생산할 수 있는 유일한 전원이다. 원전을 탄소중립을 위한 전원믹스에 포함시키면 태양광, 풍력의 발전 용량을 사뭇 줄일 수 있을테고 또한 자연스럽게 전력수급의 안정성도, 잉여전력도 우리가 감당할 수 있는 수준으로 관리할 수 있을 것이다.

독일을 제외한 세계 주요국들이 탄소중립을 위해 원전을 포기하지 못하는 이유가 여기에 있다.

전 세계는 원전을 포함한 탄소중립 전략을 짜고 있다

세계는 탄소중립 달성과 향후 에너지 전기화에 대처하기 위해 무탄소로 안정적인 전력을 공급할 수 있는 원자력의 지속 이용을 추진하고 있다. 2020년 현재 탈원전을 추진하는 국가는 전 세계적으로 4개국에 불과한 반면 신규 원전 운영국으로 편입될 국가는 7개국 이상으로 파악되고 있다. 경제성장의 지속과 기후변화 방지를 위해 현실적으로 선택할 수 있는 대안으로 원자력을 인정하고 있는 것이다.

미국은 조 바이든 대통령 당선과 함께 트럼프 대통령에 의해 탈퇴했던 파리협정에 복귀하기로 결정함과 동시에 2050년 탄소중립 달성을 위한 법률 제정과 실행계획을 수립할 예정이다. 미국의 탄소중립 전략의 핵심은 단기적으로는 원전을 포함한 현재 이용 가능한 모든 저탄소 기술을 활용하여 이산화탄소 배출을 감축함과 동시에 장기적으로는 신기술 개발을 통해 탄소중립을 달성하는데 있다. 다시 말해, 미국은 현재 기술로는 탄소중립 달성은 거의 불가능하다는 점을 인정하고, 탄소포집(CCS, Carbon dioxide Capture and Storage)이나 소형 모듈원전과 같은 차세대 원자로 개발을 통해 탄소중립을 달성한다는 기술적 접근 전략을 채택하고 있다고 평가할 수 있다.

EU유럽의회는 2020년 말 스페인 마드리드에서 열린 제25차 유엔 기후변화협약당사국총회(COP25)에 앞서 기후변화 방지를 위한 구체적 행동의 시급성을 강조하는 '기후 비상사태를 선포하는 결의문'과 함께 "원자력 발전은 기후목표 달성과 안정적 전력공급에 기여할 수 있기 때문에 전원믹스에서 일정 비율을 유지할 필요가 있으나 폐기물 등의 문제를 감안하여 핵융합과 같은 기술혁신을 고려한 중장기 전략이 필요하다."는 것을 주요 내용으로 하는 'CO25를 위한 결의문'을 채택하였다. 지금까지 원자력 이용에 대해 유보적 입장을 취하던 EU가 공식문서에 기후변화 대책으로서 원자력의 역할을 평가한 것은 그만큼 원자력 이외의 대안이 없다는 현실을 인정했다고 볼 수 있다.

영국은 세계 최대 해상 풍력 단지와 북해 가스전을 보유하고 있음에도 2050년 탄소중립 목표 달성을 위해 원자력의 중요성을 인정하고 있다. 거의 20년 만에 3.2GW 급 Hinkley Point C 원전을 2023년 가동을 목표로 건설하고 있고, 이에 더해 신규원전 Sizewell C도 계획 중이다. 또한 장기적 탄소중립 수단으로 소형원자로 개발을 위한 연구개발에도 박차를 가하고 있는 중이다.

프랑스는 현재 원전의 발전 비중이 75%에 이르고 있으나, 그 비중을 50%까지 낮출 계획을 갖고 있다. 그러나 프랑스는 마크롱 대통령이 "우리의 에너지와 환경의 미래가 원자력에 달려 있고, 신재생에너지 비중을 높이는 에너지전환을 하더라도 앞으로 수십 년은 원전이 계속 기둥이 되어야 한다."고 언급할 정도로, 미래의 에너지전환에 있어서도 원전의 필요성을 계속 인정하고 있다.

일본은 2020년 10월 26일 스가 총리가 2050년 탄소 중립 목표를 제시하고, 수소, 축전지, 카본 리사이클, 해상풍력, CCS 기술 개발을 통한 장기적 탄소중립 전략도 곧 수립할 계획이라고 밝혔다. 하지만 일본은 장기 계획 이외에 기후변화 대응의 일환으로 에너지전환계획을 이미 수립하여 실행 중이다. 주요 내용을 살펴보면 140개에 이르는 석탄발전소를 10년 내에 신형 석탄발전소 위주로 약 50개로 재편하여 화석에너지의 발전 비중을 현재 77%에서 56%로 줄이고, 그 대신 신재생에너지의 비중을 22~24%까지 높일 뿐만 아니라, 원자력도 화석에너지 대체 수단으로 인정하고 신규원전의 신증설은 없지만 재가동을 통해 원전의 발전 비중을 현재 6%에서 20~22%로 상향 조정하는 내용을 담고 있다. 기후변화 대응을 위해 화석에너지의 비중을 획기적으로 낮추지만, 기존의 에너지원은 어느 것 하나도 완전히 포기하지 않겠다는 입장을 분명히 한 것이다. 따라서 일본도 단기적으로는 현재 활용 가능한 저탄소기술을 모두 활용하여 이산화탄소 배출을 감축하고, 장기적으로는 신기술 개발을 통해 탄소중립을 달성하려는 전략을 갖고 있다고 평가할 수 있다.

중국은 탄소중립 목표시점을 2060년으로 정하였다. 중국의 탄소중립 전략의 가장 큰 특징은 재생에너지 확대와 더불어 원전을 적극 활용하고 있다는 점이다. 중국은 현재 5% 정도인 원전의 발전량 비율을 5~6배로 확대하고, 세계적 경쟁력을 확보하고 있는 태양광과 풍력의 비중을 대폭 증가시킬 계획이다.

차세대 원전기술은 탄소중립 성패의 열쇠가 될 수 있다

세계 주요국의 탄소중립 전략의 공통점은 단기적으로나 장기적으로나 원전의 역할을 인정하고 있다는 점이다. 단기적으로는 현재의 원전 기술을 활용하여 온실가스 배출 감축을 꾀하면서, 한편으로는 현재 원전이 갖고 있는 안전성과 핵폐기물 문제 또한 직시하고 장기적으로 이들 문제를 해결할 수 있는 차세대 소형 원자로 개발에 나서고 있다.

사실, 차세대 소형 원자로 개발은 오래 전부터 시작되었다. 대표적 개발 사례는 빌 게이츠가 설립한 테라파워가 설계한 '진행파 원자로(Travelling Wave Reactor, TWR)'이다. 이 차세대 원자로는 기존 원전에서 나온 폐연료까지 연료로 사용하기 때문에, 원전 폐기물의 양을 획기적으로 줄일 수 있고, 끓는점이 높은 나트륨을 냉각재로 사용하기 때문에 안전도 또한 크게 향상시킬 수 있는 것으로 알려져 있다.

이처럼 탄소중립을 위한 장기 대책으로 원전을 버리지 못하는 것은 태양광, 풍력과 같은 재생에너지로는 탄소중립을 달성하지 못한다는 현실적 이유가 배경이다.

5. 탄소중립을 위한 원전 정책과 투자

기후변화를 방지하기 위해서는 이산화탄소 배출이 없는 무탄소에너지를 확대하는 수밖에 없다. 현재 우리 인류가 기술적으로 활용할 수 있는 무탄소에너지는 원자력과 태양광, 풍력, 수력과 같은 재생에너지 이외에는 없다. 더욱이 무탄소에너지 중에서도 수요에 따라 공급을 조절할 수 있는 소위 급전가능 전원은 사실상 원자력과 수력 이외에는 없다. 이 중에서 수량에 영향을 받는 수력은 계절에 따라 발전량의 변동폭이 클 수밖에 없어 급전가능성에 한계가 있다. 결국 완전히 급전 가능한 무탄소에너지는 사실상 원전이 유일하다고 할 수 있다.

따라서 원자력을 제외하고 간헐성으로 인해 급전가능하지 않은 태양광과 풍력만으로 기후변화 방지를 위한 탄소중립을 꿈꾸는 것은 거의 망상이다. 원자력 없이 탄소중립은 달성할 수 없다는 불편한 진실을 받아들여야 한다. 실제로 전 세계 전문가들 사이에서, 원자력이 탄소중립의 필수 전원이라는 주장은 다수설로 받아들여지고 있다.

국제에너지기구(IEA)는 2020년 5월 보고서 '청정에너지 시스템 속 핵에너지(Nuclear Power in a Clean Energy System)'를 통해 "세계 각국이 지구온난화 방지를 위해 목표한 강력한 온실가스 감축은 재생에너지 확대만으로는 달성할 수 없다"며 "원자력이 청정에너지 시스템으로의 전환에 대단히 중요한 역할을 할 것"이라고 분석하기도 했다. 또한, 빌 게이츠는 최근에 환경에 대한 자신의 생각을 담은 책[14]을 출간하면서 "원자력은 매일 24시간 사용할 수 있는 유일한 무탄소 에너지원으로 원전만큼 효율적이고 친환경적인 전력 생산 방법은 없다"고 언급하며 한국이 탈원전 정책을 지속하는 한 2050년 탄소중립 목표를 달성하기 힘들 것이라고 평가한 바 있다. 국내에서도 비슷한 주장은 끊임없이 이어지고 있다. 오죽하면, 집권당 연구원은 2020년 말 대통령이 선언한 탄소중립 선언에 대해 '여건상 불가능에 가깝다'는 보고서를 내놓았다.[15] 원자력의 기후변화 방지 대안으로서 장점을 과소평가해서는 안 된다.

탄소중립을 위해 탈원전 정책은 재고되어야 한다

기후변화는 실제로 인류를 위협하고 있는 당장의 현안이다. 우리 인류가 처해 있는 어떤 위험 요인보다 기후변화의 위험은 광범위하고 치명적일 수 있다. 기후변화에 최우선순위를 부여해야 하는 이유다. 문제는 우리 인류가 능동적으로 활용할 수 있는 기후변화 방지기술을 가지고 있지 못하는데 있다. 현 시점에서는 기후변화의 원인 물질인 이산화탄소 배출을 줄이는 수동적 방안만이 있을 뿐이다. 탄소중립 밖에 없다는 말이다.

한편, 탈원전의 이유는 사용 후 폐기물에서 혹시 누출될지도 모를 방사능과 원전의 중대 사고에 대한 위험에 있다. 하지만, 우리 인류는 원전의 안전 확보를 위한 과학과 기술을 갖고 있다. 물론, 기술이 확보되어 있다고 안전이 저절로 달성되는 것은 아니다. 과학과 기술을 현장에서 적절하게 적용하고 철저히 관리해야 확실한 안전성을 달성할 수 있다. 따라서 원전 안전성 향상을 위해 최첨단 기술을 제때 도입하고 철저한 관리 체제를 확보해야 할 것이다.

탈원전과 탄소중립은 현실적으로 함께 달성할 수 없는 모순된 목표다. 어느 것이든 하나만 선택해야 한다. 기후변화를 방지하기 위해 지구상에서 없애려고 하는 것은 이산화탄소 배출량이지 원전이 아니다.

탈원전 정책을 재고해야 한다. 원전없이 재생에너지만으로 탄소중립을 달성할 수 없기 때문이다. 신재생에너지와 원자력은 둘 다 미세먼지와 온실가스를 배출하지 않는다. 신재생에너지는 착한 에너지, 원자력은 나쁜 에너지와 같은 유치한 프레임은 걷어치워야 한다. 두 에너지 모두 기술개발의 필요성은 여전히 존재한다. 기술개발 경쟁을 유도해야 한다. 신재생에너지와 원자력은 적대 관계가 아니라 경쟁 관계를 유지해야 한다.

탈원전 정책을 재고해야 할 이유는 전력 수급 안정성 확보에도 있다. 2021년 2월 미국 텍사스에서 30년 만의 기록적인 한파로 대정전이 발생해 수많은 주민들이 고통을 당하는 사태가 벌어졌다. 가스관이 동파되고, 풍력 터빈도 얼어붙어 무용지물이 되자 텍사스 전체가 일순간에 멈춰 섰다. 휴스턴 시내 현대식 고층건물도, 최첨단 반도체 공장도, 화려한 장식이 가득한 저택도 전기 공급이 끊기자 모두 한낱 콘크리트 구조물일 뿐, 엄혹한 한파를 막아주지 못한 채 사람들은 고통과 죽음 앞으로 내밀렸다. 현대 문명은 에너지공급이 끊기자 힘없이 무너져 버렸다.

텍사스의 발전설비 구성을 2020년 말 기준으로 살펴보면 가스발전이 52%, 풍력이 약 23%로 두 개 전원이 거의 75%를 차지하고 있다. 이런 상태에서 갑작스런 한파로 가스관이 동파되어 가스 공급이 중단되고, 풍력터빈이 얼어붙어 멈춰 서자 일순간에 원시상태로 돌아간 듯한 혼란이 초래된 것이다. 그나마 원전은 4개 중 3개가 가동되어 최소한의 전기가 공급될 수 있었기에, 대규모 사상자 발생은 막을 수 있었다.

텍사스 사태의 가장 큰 원인은 전원 구성의 실패에 있다고 할 수 있다. 가스와 풍력 발전에 지나치게 크게 의존했기 때문이라는 말이다. 텍사스는 셰일가스 생산의 본거지이고 세계 최고 수준의 풍력 잠재량을 보유하고 있기 때문에, 가스와 풍력의 비중이 높은 것은 자연스러운 결과일 수 있지만, 에너지안보와 수급의 안정성이라는 측면에서 평가해보면 실패라고 규정할 수 있다. 만일 몇 년 전에 취소한 신규원전을 계획대로 추진했었다면 이번 피해 규모는 사뭇 줄었을지도 모른다. 또 한 가지 원인은 텍사스의 독립된 전력계통망에 있다. 다른 주와 전력계통이 연결되어 있지 않아 이번과 같은 위급 상황이 생겼을 때, 다른 주에서 도움을 받을 수 없어 꼼짝없이 당할 수밖에 없는 구조라는 말이다.

텍사스 사태와 비슷한 불행이 미래에 우리에게도 닥칠 우려가 있다. 2020년 말 확정된 9차 전력수급기본계획의 2034년 전원구성을 살펴보면, LNG가 30.6%, 신재생에너지가 40.3%로 두 전원이 70%를 넘을 전망이다. 이는 탈원전, 탈석탄 정책 기조가 반영된 결과인데, 현재 텍사스의 전원 구성과 흡사한 점이 마음에 걸린다. 또한 우리나라 전력계통도 텍사스처럼 완전히 고립된 전력섬이라는 사실에 더욱 찜찜해진다. 현재와 같이 우리의 처지를 고려하지 않은 채 탈원전, 탈석탄 정책을 밀어붙여 재생에너지와 천연가스에 지나치게 의존하는 에너지믹스가 형성되면 이번 텍사스 대정전과 같은 사태가 발생하지 않는다고 누구도 장담할 수 없다.

섞고 연결해야 한다. 몰빵 에너지 믹스는 위험하다. 기승전 재생에너지도, 원자력 르네상스도, 탈원전도 모두 받아들이기 어렵다. 공급실패 위험은 다양한 옵션을 많이 섞을수록 낮아진다. 이런 차원에서 중요한 전원 옵션인 원전을 포기하는 탈원전은 반드시 재고되어야 한다.

저탄소경제로의 전환을 에너지정책의 최상위 목표로 설정하고, 에너지믹스는 저탄소경제의 기여, 에너지안보, 수급 안정성 등을 기준으로 결정하는 방향으로 에너지정책의 전환이 필요하다. 안전한 가운데 경제성장을 유지하며 온실가스 배출을 줄일 수 있으면, 신재생에너지든 원자력이든 차별할 이유가 없다. 기후변화는 현 세대에서 해결될 단기적 문제가 아니다. 몇 세대에 걸쳐 해결해야 할 세기의 문제이다. 미래세대가 어떤 해결책을 찾아낼지 아무도 모른다. 현 세대가 할 일은 미래 옵션을 늘려놓는 것이다. 여기에 현 세대의 이해관계에 끌려갈 수밖에 없는 정치 논리가 끼어들 여지는 없다. 과학적으로 경제적으로 가능성이 있는 옵션을 현재의 정치적 논리로 함부로 제거해서는 안 된다.

원자력은 ESG 투자 포트폴리오에 포함되어야 한다

최근 ESG 에너지 투자는 태양광과 풍력발전에 집중되고 있다. 이와 같은 추세는 태양광과 풍력은 발전단계에서 이산화탄소를 전혀 배출하지 않는 무탄소 에너지라는 차원에서 바람직하다고 할 수 있다. 이와는 대조적으로 ESG 투자는 또 다른 무탄소 에너지인 원자력에는 소극적이다. 사실 ESG 경영원리가 원자력을 바라보는 시각은 복잡하다. 무탄소에너지인 원자력은 분명 기후변화 대응 수단으로서 장점을 갖고 있지만 방사능 폐기물, 사고 시 방사능 누출 가능성 등과 같이 치명적인 환경 피해를 야기할 수 있는 위험 물질이라는 인식이 퍼져있기 있기 때문이다.

하지만 모든 에너지는 예외 없이 상반된 장단점을 공유한다. 석탄은 경제적, 안보적 측면에서는 우위에 있지만 환경적으로 가장 열위에 있고, 석유와 가스는 경제적, 안보적으로는 열위에 있으나 환경적으로는 중위에 있고, 재생에너지는 환경적으로는 우위에 있으나 경제성이 여전히 떨어질 뿐만 아니라 간헐성 등의 문제로 기술적으로도 마땅치 않다.

모든 측면에서 우위에 있는 에너지가 없다는 사실은 선택을 강요한다. 선택에는 기준이 있어야 한다. 기준이 달라지면 선택 또한 달라짐은 당연하다. 따라서 에너지 선택은 기준을 정하는 문제로 치환된다.

에너지 선택을 위한 기준 설정은 현 시점에서 당면한 문제의 우선순위에 달려 있다. 앞선 논의에서 여러 번 강조한 바와 같이, 기후변화는 더 이상 미루거나 회피할 수 없는 인류 공통의 최대 현안이다. 조금 과장되게 말하면 기후변화는 죽느냐 사느냐를 나누는 생존의 문제다. 단순히 먹고 사는 경제적 문제의 차원을 뛰어 넘는 문제인 것이다. 이런 측면에서 기후변화 대응이 에너지 선택의 기준이 되어야 한다. 환경을 강조하는 ESG 투자에게는 더욱 강조되어야 할 선택기준이다.

기후변화 대응을 에너지 선택의 최우선 기준으로 설정하면, 에너지 투자 결정을 위한 순편익 분석에 기후변화 대응 기여도에 높은 가중치를 부여하여 포함시켜야 한다. 이렇게 되면 온실가스를 전혀 배출하지 않는 재생에너지와 원자력의 편익은 지금보다 훨씬 높게 평가되어 투자의 타당성은 더욱 높아질 것이다.

투자의 순편익 분석 시 비용 평가도 일체의 정치적, 이념적 편견을 배제하고 과학적이고 객관적으로 이루어져야 한다. 그럼에도 불구하고, 지금까지 원전에 대한 비용 평가는 과학적 근거보다 정치적이고 심리적 평가에 좌우되는 경향이 다소 있었다고 볼 수 있다.

전 세계에서 지난 50여 년 동안 630여개의 원전이 누적 가동연수 18,500년 넘게 가동되는 동안 원전의 중대 사고에 의해 발생한 사망자는 체르노빌 사고의 47명[16]이 유일한 것으로 알려져 있다. 이와 같은 사망자 수는 타 에너지와 비교해 매우 적은 숫자로, 원전의 안전성을 역설적으로 입증한다고 할 수 있다. 흔히 2011년 후쿠시마 사고로 인한 사망자 수에 대해 논란이 많다. 문재인 대통령은 후쿠시마 사고로 인해 1,368명이 사망했다고 언급했지만, 이는 방사선 위해로 인한 사망자가 아니고 5년여 동안의 피난 생활을 하던 중 노환 등으로 사망한 사람들의 숫자로 밝혀졌다. 후쿠시마 사고 방사능으로 인한 사망자는 단 한 명도 없다는 사실은 유엔방사선영향과학조사위원회 등 권위 있는 국제기구에 의해 여러 차례 확인한 바 있다.

방사능 누출 피해도 과장되는 측면이 있다. 후쿠시마 사고로 방사능 물질에 의한 주변 오염 문제가 있었지만, 스리마일섬(TMI) 원전 사고에서 비록 원자로가 녹았을망정 유의미한 방사성 물질의 누출이 없었다. 견고한 원자로 격납건물이 잘 밀폐했기 때문이다. 바로 옆의 쌍둥이 원전인 TMI-1호기는 2호기의 사고에도 불구하고 40년 동안 잘 가동하다 2020년에 퇴역했다는 사실이 환경오염이 없었다는 사실을 입증해 준다. 우리나라 원전은 TMI 원전과 같이 견고한 격납 건물을 가진 가압수형 원전이다.

또 다른 원자력의 단점으로 사용 후 연료와 같은 폐기물 처리의 위험성이 지적되고 있다. 하지만, 폐기물 문제는 모든 에너지의 공통 사항이다. 특히, 태양광의 폐기물은 양도 엄청날 뿐만 아니라 카드뮴과 같은 유독성 물질도 함께 배출되는 문제가 있다. 원전의 사용 후 핵연료는 발전량 대비 배출량이 매우 적을 뿐만 아니라 그 처리방법도 기술적으로 확보하고 있다고 할 수 있다. 물론, 사용 후 핵연료 영구 폐기장은 대표적 혐오시설로 간주되고 있어 장소를 정하지 못해 대부분 임시 저장되고 있지만, 정치·사회적 결정 과정을 통해 장소가 정해지면 과학적으로 안전하게 처리 가능할 것이다.

최근 빌 게이츠는 원전은 유일한 무탄소 에너지원으로 원전만큼 효율적이고 친환경적인 전력 생산 방법은 없다고 주장하며, 원전을 열린 마음으로 바라볼 것을 주문하기도 했다.

그러나 원자력 발전이 100% 안전하다고 할 수 없다. 그렇다고 공포심에 빠져 당장 폐기할 정도로 위험하다고 할 수도 없다. 지금까지 통계와 과학은 원자력과 관련된 위험이 관리와 통제 가능하다는 신호를 지속적으로 주고 있다. 더욱이 과학계는 위험 관리 관련 기술개발과 제도를 계속 보완해 나간다면 위험 발생 확률은 우리가 감내할 수준보다 훨씬 낮게 통제할 수 있다고 주장하고 있다.

한편 기후변화로 말미암아 우리가 상상할 수 없는 재앙이 금세기 내에 닥칠 수 있다는 위험 또한 과학은 경고하고 있다. 우리는 기후변화의 위험과 일정 수준까지 통제 가능한 원자력 사고 위험 중 어느 것이 더 시급하고 치명적인 위험인지를 선택해야 하는 현실 앞에 놓여 있는 것이다. 전 세계는 기후변화가 시급한 과제라는데 동의하는 것처럼 보인다. 그렇다면 원자력의 위험관련 단점을 일정 수준 아래에서 통제하면서 기후변화 대응수단으로서의 장점을 극대화하는 선택이 합리적이지 않을까?

이런 측면에서, 원자력에 대한 ESG 원칙을 재정립해야 한다. 원자력은 저비용 청정 전력원으로써 미세먼지와 온실가스를 효과적으로 줄이며 안정적인 전력을 공급할 수 있는 현실적 에너지원이라는 점을 인정한다면, ESG 투자원칙에서 원자력 관련 투자를 배제해서는 안 된다. 유럽의회와 유럽이사회가 2020년 12월 원자력에 대한 투자를 지속가능한 경제활동 제외대상으로 분류하지 않는 EU 분류체계(EU Taxonomy)에 합의한 사실에 주목해야 한다. ESG 투자 포트폴리오에 원자력과 원전관련 산업을 포함하게 되면, 기후변화 대응 방안으로서 원전 가치가 더 한층 인정받는 계기가 될 뿐만 아니라 현실적으로 가능한 탄소중립 전략 수립에도 도움이 될 것이다.

ESG 투자 포트폴리오에 원자력 발전 자체뿐만 아니라 폐기물 처리와 폐로와 같은 소위 후행주기 원전산업과 차세대 원자로 개발도 포함되어야 한다. 후행 주기 원전 산업에 대한 투자는 현재 원전의 안전성을 향상시켜 기후변화의 단기적 대응에 기여할 것이며, 차세대 원자로 개발 투자는 장기적으로 탄소중립을 달성하는 현실적 대안을 제공할 것이다.

투자에 차별이 있으면 공정 경쟁은 기대할 수 없다. ESG 투자가 원자력을 차별해서는 안 되는 이유다. ESG 경영도 정치적 중립을 유지하면서 기후변화 대응을 위한 미래 옵션 개발이라는 원칙에 충실해야 할 것이다.

참고문헌

- 국립기상과학원, 『전지구 기후변화 전망보고서』, 2020
- 국제에너지기구(IEA), 『청정에너지 시스템 속 핵에너지(Nuclear Power in a Clean Energy System)』, 2020
- 빌 게이츠, 『빌 게이츠, 기후 재앙을 피하는 법』, 김영사, 2021
- 산업통상자원부, 『9차 전력수급기본계획(안)』, 2020
- 세계경제포럼(WEF), 『2020 지구 위험 보고서』, 2020
- 엘스워스 헌팅턴(Ellsworth Huntington), 한국지역지리학회 역, 『문명과 기후』, 민속원, 2013
- 민주연구원, "2050 탄소중립선언 진단과 제언", 2020.12.21.
- 황상일, "기후변화 대응 육상 및 해양분야의 지속가능한 탄소 흡수원 관리 연구", 한국환경정책평가연구원, 2011
- BBC, Expedition New Earth, Documentary Program, 2007
- British Petroleum, 『BP Statistical Review of World Energy』 68th ed, BP, 2020
- Commission on Growth and Development, 『The Growth Report: Strategies for Sustained Growth and Inclusive Development』 Washington, DC: World Bank, 2008
- Friede, G, Busch, T. Bassen, A., "ESG and financial performance: Aggregated evidence from more than 2000 empirical studies", Journal of Sustainable Finance and Investment 5(4): 210-233, 2015
- IEA, 『Renewables Information』, 2020
- MSCI, 『Foundations of ESG Investing: How ESG affects EquityValuation, Risk and Performance』, 2020
- Stern, Nicholas, 『The Economics of Climate Change』, Cambridge University Press, 2007

- UNEP Finance Initiative, "A Legal Framework for the integration of Environmental" in 『Social and Governance Issues into Institutional Investment』, UNEP, 2005
- Homepage of United Nations Committee on the Effects of Atomic Radiation: https://www.unscear.org/unscear/en/chernobyl.html

주석

1) UNEP Finance Initiative(2005)
2) MSCI(2019)
3) 국립기상과학원(2020)
4) 엘스워스 헌팅턴(2013)
5) Commission on Growth and Development(2008)
6) WEF(2020) 「지구 위험 보고서」
7) 우리나라 분야별 온실가스 배출비중은 에너지 86.8%, 산업공정 7.9%, 농업 2.9%, 폐기물 2.4% 순으로 나타났다. 환경부(2020)
8) British Petroleum(2020), BP Statistical Review of World Energy 68th ed, BP
9) 한전경영연구원의 '글로벌 탈석탄 정책 추진 동향'
10) 프랑스·이탈리아·네덜란드·포르투갈·덴마크·스페인·핀란드·아일랜드
11) 9차 전력수급기본계획
12) IEA(2020), p.8.
13) 황상일(2011)
14) 빌 게이츠(2021)
15) 민주연구원(2020)
16) 사고 직후 3개월 간 28명이 사망하고, 1987~2004년 기간 중 사고관련 사망자는 19명으로 보고되고 있다.(UNCEAR)

제3장
사회적 가치와 지배구조
(Social & Governance)

08 ESG의 등장배경, 그리고 기업의 과제 / 유창조
09 가족기업과 ESG / 신현한
10. ESG와 국내 경영환경 / 조성봉
11. 기업의 사회적 가치 창출과 지속가능경영 / 김영신

08

유창조
동국대학교 경영학과 교수

ESG의 등장배경, 그리고 기업의 과제

- 기업의 목적과 사회적 책임의 진화
- 지속가능경영의 등장
- ESG 등장이 가져다주는 변화
- ESG 경영의 현황과 성과
- 미래 사회의 요구에 따른 기업 목적의 재정의
- 새로운 패러다임 시대에서의 기업 대응전략

ESG의 등장배경, 그리고 기업의 과제

기업의 목적과 사회적 책임의 진화

　기업의 목적은 이윤창출의 극대화에 있고 이는 지금 시대에도 유효하다. 사회 내에서 기업의 역할은 시대적 환경의 변화에 따라 바뀔 수밖에 없다. 최근 첨단기술의 등장으로 기업과 사회와의 관계가 변화되고 있고 그에 따라 기업의 사회 내에서의 역할이 재조명되고 있다. 최근 화두로 떠오르고 있는 ESG 이슈는 기업에게 전과는 다른 새로운 경영 패러다임을 요구하고 있다. 기업과 사회의 관계 속에서 기업의 목적과 기업의 사회적 책임이 어떻게 진화되어왔는가를 생각해 보자.

　개인 또는 법인의 소유권을 인정하는 자본주의는 산업혁명 시대와 맞물리면서 풍요로운 사회를 만드는데 결정적인 시스템으로 작동해 왔다. 자본주의 시장에서 가장 기초적인 원리를 제공한 사람은 애덤 스미스이다. 그는 자본론이라는 저서에서 시장에 수많은 공급자와 수요자가 있고 각 구성원들은 자신의 이익을 극대화하기 위해 노력하면 '보이지 않는 손(invisible hand)'이 작동해 수요와 공급의 균형을 가져다준다고 제안한 바 있다. 각 구성원이 자신의 이익을 위해 경쟁하다 보면 누군가 계획하거나 의도하지 않아도 전체 구성원에게 유익한 결과를 가져다준다는 것이다. 이를 바탕으로 과거 기업과 사회는 분리된 객체로 존재하면서 기업의 목적은 주주의 이익극대화(소유자, 즉 주주의 이익만을 고려함)이고 이를 달성하는 기업은 사회에 대한 의무를 다한 것으로 인정되었다.

기업의 사회적 책임에 대한 논의는 Friedman에 의해 시작되었다. 그는 'capitalism and freedom'이란 저서에서 자신의 이익을 추구하는 경제적 자유를 강조면서도 기업은 주주의 이익뿐만 아니라 커뮤니티에 미치는 영향을 고려해야 한다고 제안했다. Friedman(1970)에 따르면 "기업의 단 한 가지 사회적 책임은 법이 정한 규칙에서 이윤을 극대화하기 위해 자원을 효율적으로 활용하고 경영활동을 전개하는 것"인데, 기업의 사회적 책임이 처음으로 제기되어 본격적인 논의가 시작되었다. 이후 Freeman(1984)이 제시한 이해관계자이론(stakeholder theory)은 기업의 사회적 책임에 대한 논의를 주주에서 이해관계자들(종업원, 투자자, 미디어, 정부, 공급업체, 중간상, 지역 커뮤니티, 고객 등)로 확대하는 계기를 마련했고, 이어 다양한 이해관계들과의 호의적인 관계형성을 통해 기업의 재무적 성과를 높일 수 있음이 제안되어 왔지만(Barnett 2007; Pelosa and Shang 2011), 이러한 제안들은 여전히 주주의 이익극대화라는 관점에서 논의되고 있다.

그러나 기업이 주주의 이윤창출만을 위한 기업 활동(예: 자원의 활용)은 사회에 여러 가지 문제점을 야기하게 된다. 기업의 자원 활용에 따른 폐기물 방출, 오염 등이 대표적인 사회적 문제점(이외에도 대리인 문제, 부패, 노동착취 등이 있음)이고 이는 기업이 직접적인(최소한 간접적인) 원인을 제공했다고 볼 수 있다. 이러한 문제점들은 기업이 법을 준수하면서도 발생 되어 왔기 때문에 기업 활동에 보다 적극적인 규제나 견제가 필요하다는 견해가 자주 언급되면서 기업의 사회적 책임의 범위는 보다

넓게 제시되어 왔다. Carroll(1991)은 기업의 사회적 책임과 관련된 변화과정을 경제적 책임(기업의 소유자인 주주를 위해 이윤을 창출해야 하는 의무), 법적 책임(법적 규정을 준수할 의무), 윤리적 책임(사회가 요구하는 규범에 따라야 할 의무) 및 자율적 책임(사회적 가치를 제고해야할 의무)이라는 사회적 책임의 계층구조를 통해 설명한 바 있다. 이러한 사회적 요구를 인식하면서 일부 기업은 창출한 이윤을 사회에 환원하는 사회공헌활동을 전개하기 시작했지만 이러한 기업의 대응은 자발적이라기보다는 기업이 훼손한 환경 또는 자연자원을 복원하거나 예방하는 차원에서 수동적이었다.

한편, 사회가 발전하고 복잡해지면서 보다 근본적인 사회적 문제점들(소득의 양극화, 빈곤층의 확대, 청년 실업의 등장, 대기업과 중소기업의 격차 확대 등)이 등장했다. 2008년 세계적으로 확산된 금융위기로 개인의 소유와 이윤추구를 전제하는 자본주의 시스템의 보완 필요성이 언급되기 시작했다. Kaletsky(2010)는 '자본주의 4.0'이라는 저서에서 금융위기의 근본 원인 중의 하나로 인간의 탐욕을 제어할 수 있는 제도적 장치의 부재를 언급하고 있다. 시장의 구성원이 자신만을 위한 자유로운 이윤추구는 항상 모두에게 이로운 결과를 가져다주는 것은 아니라는 것이다. 기업이 위에서 언급한 문제점들의 직접적인 원인을 제공한다고 할 수 없지만, 그 결과적 책임에서 자유롭다고 할 수 없다.

기업이 사회에 미치는 다양한 영향을 의식하고 일부 기업들은 사회공헌활동을 시작했지만 초창기 활동은 사회적 요구에 대응하는 자선적 의미였다. 기업이 창출한 이윤의 일부를 사회에 환원(주로 장애인, 빈곤층, 취약계층을 대상)하는 것으로 공중과의 우호적인 관계를 형성하는 것이 활동의 목적이었다. 사회공헌활동이 기업의 경영성과에 관한 연구

결과들이 제시되면 기업들은 기업성과에 미치는 긍정적인 영향을 고려하면서 사회공헌활동을 기획하기 시작했다. 소비자들이 인식하는 기업역량에 미치는 요인으로 기업이 소유한 전문성과 CSR 관련요소 (기업의 사회적 역할에 대한 인식)이 있는데, 최근 연구는 잘 기획된 사회공헌활동은 소비자들의 기업역량 평가에 긍정적으로 영향을 미지고 있음을 확인하고 있다(Bhattacharya and Sen 2003; Sen and Bhattacharya 2001). 같은 맥락에서 Porter & Kramer(2002)는 사회공헌활동을 전략적 요소를 인식하고 이를 통한 경쟁우위를 확보해야 한다고 제안한다. 이어 그들(2006)은 첨단기술의 등장으로 기업과 사회가 서로 연결된 공동체로 발전하면서 상호의존성을 갖고 있어 경영자는 기업의 내부적인 요소가 사회적으로 미치는 영향(inside-out)과 사회적 환경이 기업의 경쟁력에 미치는 영향(outside-in)을 함께 고려하는 통합적 사고를 해야 함을 강조하면서 전략적 CSR을 제안한 바 있다. 그들(2011)의 통합적 사고를 통한 전략은 공유가치창출(creating shared value)이라는 개념으로 발전된다. 그들에 따르면 기업은 사회와의 상호의존성을 인식하여 선순환의 고리를 발견함으로써 기업이 추구하는 경제적 가치와 사회적 가치가 공유될 수 있다. 이러한 공유가치창출의 발전과정은 〈표 1〉에 요약되었다. 이들이 제안하는 CSV가 과거의 사회공헌활동과 다른 점은 기업이 창출한 이윤 중 일부를 환원하는 것이 아니라 사회적 가치를 제고할 수 있는 사업을 개발(전담 부서가 아닌 전사적인 차원에서 전개됨)함으로써 이윤창출과 함께 사회적 기여를 함께 달성하는 것이다. 그들은 이를 위한 방법으로 새로운 시장 개척, 가치사슬에서의 새로운 차원의 경쟁 차원 발견, 다양한 구성원들과의 산업 클러스터를 구축을 제안한 바 있다. 이러한 제안은 기업이 전략적인 관점에서 이윤추구와 함께 사회적 가치를 향상시키는 전략적인 모델을 개발하는 계기를 제공하였는데, 관리효율성 향상형, 제품판매 촉진형(대의명분 마케팅이 대표적인 예), 기업 철학 전달형, 생산성 혁신형, 시장기반 구축형, 사회적 사업 개발형 등 다양한 기업사례가 소개되고 있다(유창조 2015).

표 1 Porter & Kramer가 제시하는 공유가치창출 개념의 발전과정

구분	내용
2002	• 사회공헌활동을 통한 경쟁우위의 확보 • 고려요소: Factor condition 　– Related supporting industries 　– Context for strategy and rivalry 　– Demand condition • 사례: Cisoco Networking Academy
2006	• 기업과 사회가 분리된 객체에서 하나의 공동체로 인식(기업과 사회의 상호의존성) • 통합적 사고의 필요성(Inside-out & Outside-in) • 사례: Whole Foods Market 의 건강식품
2011	• 공유가치창출을 통한 기업과 사회의 선순환 고리의 발견 • 방법: 제품과 시장의 창출 　– 생산성에 대한 재정의 　– 협력적 클러스터의 구축 • 사례: Wal-Mart, Johnson & Johnson

지속가능경영의 등장

앞서 논의된 기업의 사회적 책임은 기업이 이윤극대화를 바탕에 두고 있고 시대적 상황에 따라 사회가 기업에게 요구하는 사회적 책임을 어떤 방식으로 대응하느냐의 문제이고 대응방식의 선택은 기업의 자율적인 의사결정영역이었다. 1980년대에 들어서면서 이와는 다른 각

도에서 기업의 사회적 책임이 논의되기 시작했다. 대표적으로 UN과 같은 국제기구가 지구촌 차원에서 건강한 사회발전(현 세대만을 위한 것이 아니라 후속세대를 위한)을 위한 새로운 운동을 제안해 왔는데, 이는 기업의 사회 내에서의 역할을 보다 포괄적으로 제안하고 있다.

세계환경개발위원회는 1987년 우리가 보유하고 있는 환경과 자원을 후속세대들도 사용할 수 있게 해야 한다고 강조하면서 '환경적으로 건전하며 지속가능한 발전'이란 개념을 제안했다. 이후 1992년 UN 환경개발회의는 브라질 리우 회담에서 지구온난화 방지, 동식물 및 천연자원 보호를 주창하고, 이후 UN 산하에 지속가능발전위원회가 설립되었다. 이러한 국제기구의 활동은 기업뿐만 아니라 사회의 모든 구성원들이 담당해야 할 책임을 선언한 것으로 의미 있는 출발점이었지만, 구성원들의 자발적인 참여를 유도하는데 한계가 있었다. 그에 따라 지구촌의 지속가능한 발전을 위한 보다 구체적인 선언이 계속되었는데, 사회 구성원 중에서도 기업의 역할과 참여가 중요함을 인식하면서 지속가능경영이라는 개념이 등장하게 된다. 즉, 기업은 경제성장과 함께 사회적 문제 해결을 통한 사회발전과 지속가능한 개발과 보존을 통해 환경적 발전을 함께 모색(이를 Triple Bottom Line이라고 함)해야 한다는 것이다. 지속가능경영이라는 개념은 경영활동을 미래에도 지속할 수 있는 확률(지속가능성 또는 생존 가능성)을 높이기 위해선 지속적인 성장을 달성해야 하고 이를 위해 기업은 경제적 수익성뿐만 아니라 비재무적인 요소(사회적 성과와 환경적 성과)를 함께 고려해야 한다는 것이다. 그리고 이러한 경영활동을 위한 구체적인 가이드라인이 제시되어 왔다.

1997년 창설된 Global Reporting Initiative(GRI)는 기업에게 지속가능보고서에 대한 가이드라인을 제시하고 있고, UN Global

Compact에서는 지속가능발전에 기업들의 동참을 장려하면서 환경, 노동, 인권, 반부패의 4대 분야의 10대원칙을 강조한 바 있다. 또한 ISO(국제표준화기구)에서는 각 분야의 사회적 책임 관련 협약과 선언을 집대성하고 거버넌스, 노동관행, 인권, 공정한 운영 관행, 환경 등 7개의 핵심주제로 구성된 표준을 제시하면서 기업들의 자발적인 참여를 권장하고 있다. 한편, 2015년 UN총회는 SDG(Sustainable Development Goals)의 지속가능발전목표를 제시한 바 있다. 이러한 제안들에서 두 가지 점에 주목된다. 첫째는 사회 내에서의 기업의 역할이 과거와는 다른 각도에서 제시된 것이다. 기업은 환경적 및 사회적 문제를 제거하고 예방하는 관점에서 한걸음 더 나아가 기업의 사회에 대한 긍정적인 기여를 통해 모두가 함께 더 나은 삶을 살기 위한 포용적 성장에 역할을 해야 한다는 것이다. 특히, UN의 지속가능발전목표(SDG)에서는 이러한 사회 전체의 발전을 위해서 기업이 보유하고 있는 지식, 전문역량, 기술, 자원의 활용과 공유를 통해 사회문화적 개혁을 선도해 주기를 요청하고 있다. 둘째, 이 가이드라인들은 기업에게 보다 포괄적인 사회적 책임을 수행하기 위한 전사적인 활동을 요구한다. 이러한 원칙들은 사회적 문제 및 환경적 문제뿐만 아니라 기업의 내부적인 경영이슈(인권, 운영관행, 노동자 문제, 거버넌스 등)를 포괄하고 있어 기업은 전사적인 관점에서 지속가능경영을 위한 운영시스템을 구축할 필요가 있다.

EU는 이런 추세를 선도해 왔다. EU는 어느 정도 규모를 갖춘 기업에게 비재무적 성과의 공시를 의무화하고 있고, 글로벌 사업에서 기업의 책임 준수 수준을 기업의 단일차원이 아니라 공급망 차원에서 종합적으로 평가해 사업자를 선정하고 있다. 중국, 인도, 인도네시아 같은 국가들은 CSR 관련 규정을 법제화하면서 미래사회를 대비하고 있다. 이러한 움직임에 대해 국내 기업들은 대체로 수동적으로 대응해 왔다. 해외의 경우 미국 S&P 500 기업 중 90% 정도가 지속가능경영보고서를 발간하고 있지만, 국내에서 지속가능경영보고서를 발간하는 기업은 100여개(코스피 시가총액 200대 기업 중엔 73개: 2020년 기준)에 불과하고 GRI 리포트를 공시하는 기업들도 대부분 포괄적인 공시보다는 선택적으로 공시하고 있다.

ESG 등장이 가져다주는 변화

ESG에 대한 공식적인 논의는 2004년 코피 아난 전 UN 사무총장이 글로벌 연기금과 함께 사회적 책임투자원칙(PRI)을 발표하면서 시작되었고 UN은 2006년 유엔책임투자원칙(UNPRI)을 통해 ESG 이슈를 고려한 사회책임투자를 장려한 바 있다. 이후 다양한 논의가 계속되었고 2015년 WFE는 ESG(Environment, Social, Governance)에 대한 공시 가이드라인을 발표하면서 환경관련, 사회관련, 지배구조관련 등 총 33개 항목을 상장기업의 공시내용에 포함시킬 것을 권고한 바 있다. WFE는 2018년 수정 버전을 발표한 바 있는데, 전 세계 35개 증권거래소가 채택하고 있다. 과거 국제사회가 제시한 가이드라인은 사회적 문제에 초점이 맞춰져 있다면 ESG에서는 환경적 문제와 기업의 내부 경영 이슈를 부각시키고 있다. 이는 기업의 사회적 책임의 국제 표준인 ISO 26000이 제시하는 7개의 핵심 주제는 5개가 사회 관련 주제이고 나머지가 환경과 지배구조 관련 주제인 것과 비교된다.

ESG에서 환경적 이슈가 부각되는 것은 투자자들이 기업에 내재화되어 있는 환경적 리스크를 의식하기 시작했기 때문이다. 최근 자주 목격되고 있는 기후변화(지구온난화)에 따른 생태계 파괴 현상은 환경보존에 대한 지구촌 차원의 대응에 기폭제가 되었다. 1992년 유엔환경개발회의(브라질 지우)에서 발표되고 1994년 온실가스 농도를 안정화시키기 위한 기후변화협약(UNFCCC)가 발표되었고, 교토의정서(1997)를 거쳐 파리협약(2015)에서 온실가스 배출량을 줄여 기온상승폭을 2℃ 이내로 저감하기 위해 7개국이 국가차원에서 자발적 감축 기여방안을 수립하는 것을 의무화하기로 했다. 1995년 G20는 금융안정위원회(Financial Stability Board)를 운영해 기후관련 재무정보 공개 태스크 포스(TCFD: Task-force on Climate-related Financial Disclosure)를 조직해 2017년 이상기후 관련 물리적 위험과 저탄소 경제로 전환하는 과정에서 발생한 전환위험으로 구분하고 이들 위험에 대한 기회와 위험을 재무정보 공개에 반영하기 위한 4대 영역(지배구조: 기후변화 위험에 대한 이사회의 감독과 이사진 역할, 경영전략: 기후 변화 위험과 기회가 경영전략에 미치는 재무적 영향, 리스크관리: 기후관련 위험을 평가하고 관리하는 조직의 절차, 지표와 목표: 기후관련 위험과 기회를 평가하는 지표와 목표)의 공시 지침을 소개했다. 현재는 전 세계의 주요 투자자들이 지지를 선언하고 있는데, 2020년을 기준으로 전 세계 1,440개 기업 및 기관이 TCFD 참여를 선언하고 있다. 우리나라 환경부도 대기오염 물질 배출정보 관리위원회를 설치해 TCFD 지지를 선언한 바 있고 2020년엔 대한민국 정부가 탄소중립을 선언한 바 있다. 이와 같이 기후변화에 대한 대응은 정부가 주도하는 단계에서 기업이 스스로 해법을 찾아야 하는 단계로 넘어가고 있다. 그리고 LG화학 및 포스코와 같은 환경과 밀접한 관련된 사업을 하는 국내 기업들은 최근 탄소중립선언을 통해 환경적 가치 제고를 선도하고 있다. 이와 함께

RE100(Renewable Energy 100%) 움직임도 활발하다. RE100은 재생에너지를 2050년까지 100% 사용해 환경을 보존하자는 것으로 현재 글로벌 기업들의 자율적인 참여가 활발하게 진행되고 있다.

둘째, 과거의 지속가능경영 가이드라인이 지배구조 관련해 의사결정의 투명성, 이사회의 객관성, 다양한 사회 구성원의 참여로 국한되었다면 ESG에선 소유구조, 이사회의 구성과 활동, 감사제도, 관계사의 위험 수준 등에 대한 보다 포괄적이고 구체적인 정보의 공시를 요구하고 있다. 기업의 지배구조가 투명하고 구체적으로 공시되는 것은 매우 바람직한 현상이다. 기업의 지배구조는 경영활동의 의사결정과정이 어떤 구조 하에 진행되는가와 관련된 것으로 경영활동의 출발점이다. 경영활동의 최상위기구는 이사회이고 이사회의 구성은 주주총회에서 결정된다. 이사회는 모든 의사결정에 대한 책임을 지기 때문에 기업이 창출해야 하는 경제적 성과뿐만 사회적 가치 및 환경적 기여를 함께 고려한 경영전략을 승인해야 한다. 따라서 이사회가 사회적 요구를 반영할 수 있도록 구성되어야 하고 그 구성과 결정사항들이 공개되는 것은 경영활동의 투명성을 높여주게 되며 가장 합리적인 의사결정이 내려질 수 있도록 유도하게 된다. 따라서 ESG에서 지배구조 항목을 구체화하는 것은 과거와 다른 경영방식으로 전환되는 계기가 되고 있다(〈표 2〉 참조). 기업은 기본적으로 이윤을 추구하는 동인을 갖기 때문에 지배구조가 시대적 환경에 맞춰 설정되고 공개되지 않으면 사회적 기여나 환경적 기여는 선언적 의미 또는 홍보 활동에 그칠 수밖에 없다. 따라서 기업은 지배구조를 설계할 때부터 기업의 미션이나 목적을 반영해야 사회적 문제나 환경적 문제를 능동적으로 추진할 수 있고 그에 따라 기업의 지속가능성을 높일 수 있다. 적지 않은 국내 기업들은 지배구조 리스크를 안고 있다. 과거 국내 기업들이 고속 성장을 하는 과정에서 폐쇄형 경영(의사결정의 비공개), 주주 중심의 수익성을 추구하는 독자적 경영을 해왔고 이는 과거 시대적 환경에서 장점을 발휘할 수 있었다. 국내 기업들 중 우수한 경영성과를 낸 기업들이 많음에도 불구하고 글로벌 관점에서 지배구조 순위는 아시아 지역에서도 높지 않은데, 이는 국내 기업의 의사결정과정이 투명하게 공개되지 않는 것에 기인한다. 따라서 기업은 첨단기술로 제공하는 공유, 참여, 협력의 새로운 시대적 패러다임을 수용하고 개방적 및 투명한 의사결정, 다양한 이해관계자와 함께 성장하는 포괄적 성장을 추구해야 하는데 ESG가 제시하는 지배구조는 이를 유도하는 기폭제가 될 수 있다.

표 2 **ESG 경영시대가 요구하는 경영방식의 변화**

과거 국내 기업의 경영방식	ESG 시대가 요구하는 경영방식
경제적 성과만 고려되는 경영전략	사회적 기여(환경적 이슈 및 사회적 이슈)가 함께 고려되는 경영전략
의사결정의 비공개(폐쇄적 경영)	이사회 구성의 다양성과 의사결정의 투명한 공개 (개발적 경영)
독자적인 관리	생태계 차원의 관리

ESG는 투자자들이 중심이 되어 일반 기업들이 지속가능한 발전을 위한 사회적 책임에 반응하도록 유도하는 것으로 시작되었다. 투자자들은 과거 기업들의 재무적인 정보만을 가지고 투자를 결정해 왔는데, 기업가치에 결정적으로 영향을 미칠 수 있는 기업지배구조 및 다양한 비재무관련 정보를 확보하여 성장 가능성이 높은 기업들에게 우선적으로 투자하겠다는 의지이다. 상장기업의 환경, 사회 및 지배구조 관

련 항목들이 공시되게 되면, 장기적 관점에서 기업가치와 지속가능성에 영향을 주는 비재무적 요소도 함께 평가하여 투자할 수 있게 되고 그 결과 투자자들의 장기적 수익률 제고와 사회적으로 바람직한 기업활동을 유도할 수 있게 된다. 최근 국민연금과 같은 연기금들은 ESG 기준이 취약한 기업에 대해 적극적인 주주활동 가이드라인을 만들어 보다 적극적인 활동도 예고하고 있다. 따라서 ESG 가이드라인은 기업과 자본시장의 협력을 통해 기업에게 지속가능경영에 대한 인식을 높여주고 금융기관의 책임 있는 투자를 통해 바람직한 기업 활동을 지지하고 궁극적으로 자본조달을 용이하게 해줌으로써 궁극적으로 기업의 수익률을 증대시키는 선순환을 유도하게 될 것이다.

ESG 경영의 현황과 성과

지속가능한 발전을 위한 기업과 투자자의 사회적 책임이 중요해지면서 세계적으로 많은 금융기관이 ESG 평가정보를 활용하고 있다. 2000년 영국을 시작으로 스웨덴, 독일, 캐나다, 벨기에, 프랑스 등 여러 나라에서 연기금을 중심으로 ESG 정보 공시 의무 제도를 도입했다. 그에 따라 글로벌 ESG 펀드는 미국과 유럽을 중심으로 확산되어 이미 1조 달러를 넘어서고 있고, 국내는 아직 초기 단계이지만 여러 금융기관에서 활발하게 시도되고 있다. 초기 ESG 펀드는 사회적 책임이라는 명분에서 시작되었지만 이러한 펀드의 수익률이 일반 펀드보다 높게 나타나는 자료들이 자주 목격되고 있다. 기업의 비재무적 공시가 진행됨에 따라 기업의 ESG 경영과 경제성과와의 관계도 실증적으로 분석되면서 고무적인 결과가 발표되고 있다. BoA(Bank of Americas)는 20년

과거 5년간의 자료를 통해 ESG 평가 지수가 우수한 기업이 그렇지 않은 기업보다 3% 더 높은 수익률을 나타냈고, Blackrock은 2020년 코로나19 팬데믹 기간 동안 ESG 요소에 기반한 투자 포트폴리오가 더 빠른 수익률 회복을 기록했다고 보고하고 있다.

학계에서도 최근 자료를 통한 분석을 통해 기업의 지속가능경영 활동에 적극적인 기업들의 재무적인 성과는 그렇지 않은 기업보다 장기적으로 더 높아지고 기업위험이 감소한다는 연구결과를 발표하고 있다(민재형, 김범석 2020; 임현일, 최경진 2018). 한편, ESG 원칙을 수용하는 기업들은 안정적인 자본 조달 외에도 다양한 효과를 기대할 수 있다. ESG 기준을 준수하는 기업들은 사회적 가치를 중시하는 고객들과의 갈등을 줄일 수 있고, 경영활동에 대한 공중의 신뢰를 확보해 다양한 이해관계자와의 우호적인 관계를 통해 새로운 사업기회를 확보할 수 있고(Stafford & Hartman 1997), 사회적 평판이 향상되어 더 우수한 직원을 채용하고 동기부여와 같은 직원관리의 효율성이 높아지질 수 있으며(Turban and Greening 1997) 지속가능성을 위한 혁신역량을 제고할 수 있다.

이와 같이 기업의 재무적 및 비재무적 정보가 확보되고 이러한 정보들을 토대로 한 ESG 평가 지수가 기업의 재무적인 성과(수익률)와 펀드 수익률에 긍정적 영향을 미치는 결과가 발표되면서 투자자들은 투자 효과를 높이기 위해 기업의 비재무정보를 보다 적극적으로 활용하게 될 것이다. 따라서 기업들은 이제 자발적으로 ESG 가이드라인을 수용할 수밖에 없고 최근 국내에서 ESG 이슈가 부각되는 것은 매우 자연스러운 현상이다.

미래 사회의 요구에 따른 기업 목적의 재정의

전통적으로 기업의 목적은 주주를 위한 이윤창출 극대화였고 아직도 적지 않은 기업들은 이를 기업의 무엇보다 우선적인 목적으로 간주하고 있다. 그러나 최근 국제사회와 전문가들은 기업이 이윤창출만을 고려하는 경영활동은 미래에서 고객으로부터 외면당해 지속가능한 성장을 달성하기 어려울 것이라고 예측한다. 자본주의 시스템에서 가장 중요한 가정이 인간의 합리성이지만, 이윤을 추구함에서 나오는 탐욕이 바람직한 사회를 구현하기 위한 의사결정의 합리성을 제한할 수 있다. 따라서 이윤추구만을 고려해온 경영 패러다임을 보완하기 위한 노력이 제시되어 왔다. 앞서 언급한 바와 같이 기업들의 자발적인 참여에서 출발해 CSR 활동을 의무화하는 움직임에서 ESG 정보에 대한 공시를 제도화하는 것으로 전개되었다. 한편, 기업의 책임 있는 경영을 국가적 차원에서 관리하기 위한 선언도 진행된 바 있다. 경제개발협력기구(OECD)는 오래전부터 다국적 기업에 대한 책임 있는 경영(Responsible Business Conduct)을 제안해 왔는데, 2018년 회원국 만장일치로 글로벌 기업들의 책임경영 가이드라인을 채택한 바 있다. 이는 국가 단위에서의 책임을 인식한 것으로 회원국이 기후변화나 포용적 성장에 대응하기 위해 적극적인 행동하기로 합의하였다는 점에서 의미가 있다. 이를 바탕으로 가이드라인에 서명한 국가들은 국내연락사무소(national contact point)를 설치하고 상호 정보를 공유하고 있고 우리나라도 산자부에 사무소가 설치되어 있다.

이런 상황에서 2020년 미국의 대표기업 및 금융기관이 참여한 BRT(Business Round Table)에서 기업의 목적을 기업들이 스스로 재정의한 바 있다. 이 BRT에 참여한 기업들은 기업의 목적이 경제적 가치의 극대화에만 있는 것이 아니라 사회공동체와 미래 성공을 위해 모든 이해관계자들(주주, 직원, 고객, 협력사, 사회공동체 등)을 위한 가치 창출에 있다고 선언했다. 이는 기업들 스스로 과거 활동의 좌우명으로 받아들여져 왔던 주주이익 최우선 원칙을 포기한 것으로 기업의 목적이 새로운 방향으로 설정되고 있음을 보여준다. Financial Times도 자본주의 개념이 변화되고 있음을 1면 기사로 게재한 바 있고 Fortune과 같은 경제전문지는 기업을 평가하는 지표로 우수한 기업 및 존경받는 기업에서 세상을 바꾸는 기업을 평가해 발표하고 있다. 2020년 다보스 포럼에선 주주 자본주의에서 이해관계자 자본주의로의 패러다임 전환을 선언하고 지구촌의 모든 구성원들이 지속가능한 세상을 구현하기 위한 포용적 성장을 추구해야 한다고 제안한 바 있다. 이어 BoA, 네슬레, IBM 등 61개 글로벌 기업들은 다보스 포럼이 제시한 이해관계자 자본주의 지표(Stakeholder Capitalism Metrics)를 경영의 핵심지표로 사용한다고 선언하고 있고 국내 기업 중 포스코는 기업시민이라는 사명을 선언해 기업이 사회와의 공동체임을 선언하고 있다.

    이상의 움직임을 종합하면 기업의 목적이 재설정되고 있음이 확실하다. 주주의 이익만을 추구하는 기업은 미래 시장에서 생존하기 어려울 것이다. 이해관계자 자본주의는 기업의 이윤추구를 포기하자는 개념이 아니다. 공유, 참여, 협력의 새로운 패러다임이 요구되는 미래사회에서 기업은 다양한 이해관계자와 협력해 생태계 차원의 성장을 추구해야 하고 이를 통해 확보하는 이윤을 생태계 차원에서 적절하게 배분해야 함을 의미한다.

새로운 패러다임 시대에서의 기업 대응전략

　기업들은 경영활동으로 인한 환경적 문제와 사회적인 문제점들을 인지하면서 사회공헌활동을 경영전략의 한 부분으로 인식하고 전략적 활동(전략적 CSR이라 칭함)을 전개해 왔지만, 국제사회는 자구촌의 지속가능한 발전을 위해 기업들에게 경영전반에 대한 가이드라인을 만들어 기업들의 자발적인 동참을 요구하고 있다. 더 나아가 투자자들이 기업들에게 비재무적 공시(ESG)를 요구하고 있고 일부 국가에서는 의무화되고 있는 추세이다. 그에 따라 기업들은 이제 영리추구라는 기업목적을 보다 포괄적으로 재정의해야 한다. 기업의 경영활동에서 가장 중요한 영역이 자본조달이다. 자본이 조달되어야 사업을 시작할 수 있기 때문이다. 자본을 투자하는 기관이나 개개인이 기업 사회지향성을 평가해 투자를 결정하게 되면 기업은 사업을 원만하게 운영하기 위해 지속가능성을 고려해 경영활동을 해야 한다. 이제 기업의 지속가능한 성장을 위한 노력은 필수적인 영역이다. 과거 CSR, CSV 및 사회공헌활동이 기업의 선택에 관한 사항이었다면, ESG 경영은 선택이 아니 장기적으로 미래 생존을 위한 가장 중요한 전략적 요소로 통합되고 있다. 우리나라 기업들은 타국에 비해 사회공헌활동에 많은 노력을 기울여 왔다. 그러나 이는 자발적인 활동이라기보다는 사회적 요구를 수용하는 관점이 많았고 공중과의 우호적인 관계형성 또는 이미지 개선이 중심이었다. 기업들은 창출한 이윤의 일부를 사회에 환원하기 위해 전담 부서를 설치하고 전담 부서가 중심이 되어 책정된 예산을 효율적이고 효과적으로 집행해왔지만 전사적으로 전개되는데 한계가 있었다.
　이런 시점에 우리나라 기업들이 ESG 경영을 전개하는 대응전략은

1) 기업목적에 대한 재정의, 2) 종업원과의 공유, 3) 측정 및 평가 시스템을 통한 전사적 운영시스템의 구축, 4) 혁신역량의 제고이다. ESG 경영의 첫걸음은 최고경영자가 국제사회가 요구하는 기업목적을 수용하는데 있다. 과거 기업가정신의 핵심은 경영의 불확실성에서 오는 위험을 감수하면서 혁신적인 경영활동을 통해 이윤을 추구(또는 가치를 창출)하는 것이었다. 미래사회가 요구하는 기업가정신은 주주만을 위한 이윤창출 또는 가치창출이 아니다. 이제 경영자는 기업과 사회의 상호의존성을 인식하고 다양한 구성원들과 협력해 사회적으로 바람직한 가치를 창출하고 이를 통해 창출되는 이윤을 이해관계자와 적절하게 배분해야 한다. 첨단기술로 급변하는 4차 산업 혁명시대에 기업가들은 새로운 가치를 창출해야 하고 창출하는 가치는 사회적인 가치가 내재되어야 한다. 세계적인 기업이 된 아마존, 애플, 구글, 테슬라, 마이크로소프트 등은 모두 위험스러워 보이는 사업을 도전하는데서 시작되었지만, 다양한 이해관계자들과의 협력 모델을 정착하는 과정에서 경영자의 창의성이 발휘되어 좋은 성과를 낼 수 있었다. 그리고 무엇보다도 먼저 그들이 개발한 사업들은 소비자들의 삶을 풍요롭게 만들면서 더 좋은 세상을 만드는 사회적 가치가 내재하고 있었다. 환경적 가치를 내재한 전기자동차 개발을 통해 글로벌 기업으로 도약하는데 성공한 테슬라의 머스크는 이제 새로운 우주사업에 투자하고 있다. 전자상거래를 통해 편리한 생활을 제공하면서 세계 최고 수준의 기업을 만드는데 성공한 아마존의 제프 베이조스는 2021년 조기퇴진과 함께 새로운 신사업에 대한 도전을 선언했다. 그는 우주산업, 환경과 관련된 새로운 꿈을 꾸기 시작한 것이다. 인간의 삶을 더 풍요롭게 만드는 것이 새로운 사업을 시작하는 출발점인데, 이게 바로 미래사회가 요구하

는 기업가정신의 요체이다.

미래사회가 요구하는 기업 목적을 수용하게 되면 두 번째는 이를 기업경영 전반에 반영하고 이를 기업의 전 직원과 공유하기 위한 시스템을 갖춰야 한다. 최근 ESG 이슈가 부각되면서 국내 기업들이 최근 지속가능경영 또는 ESG 경영을 담당하는 전담부서를 신설하고 전담인력(예를 들면 CSO: chief sustainability officer)를 영입하기 위해 분주히 움직이고 있지만 아직 걸음마 수준으로 평가된다. 물론 이를 담당하는 전담부서나 책임자의 선정이 출발점이 될 수 있지만 이러한 정신이 전사적으로 공유되지 않으면 장기적인 성과를 기대하기 어렵다. 이제 CEO의 가장 중요한 역할은 기업이 추구하는 가치, 고객과 사회가 요구하는 가치가 조화를 이룰 수 있는 이념을 제시하고 이를 구체화하는 윤리헌장, 행동강령들을 마련해 전 직원과 공유하는 시스템을 구축하는 것이다(유창조 2012). 이러한 전사적 시스템 내에서 전담부서의 역할이 부여되어야 기업의 모든 경영활동에서 ESG 이슈가 고려될 수 있다. 최근 포스코는 기업시민이라는 기업사명을 제시하고 이를 실천하기 위한 기업헌장과 CCMS를 마련해 전 직원과 공유하고 있다. 기업시민이라는 기업 사명을 통해 기업이 사회와의 공동체임을 선언한 것은 이해관계자 자본주의라는 새로운 패러다임을 가장 적극적으로 수용한 것으로 포스코의 향후 성과가 주목된다.

세 번째로 기업은 ESG 경영을 위한 운영시스템을 갖춰야 한다. 운영시스템의 출발점은 측정에 있다. 기업엔 전략적 사업단위를 운영하는 다양한 부서 또는 팀이 있는데 이들 사업이 기여하는 다양한 가치가 측정되어야 한다. 국내에서 발표되는 기업들의 지속가능경영보고서에는 다양한 활동들이 열거되고 있지만 목표와 도달성과가 제시되지 않고 있다. 최근 지속가능경영 및 ESG 경영관련 다양한 지수가 제시되어 왔는데 각 기업은 사업환경에 맞는 가장 적절한 측정시스템을 구축해야 한다. 최근 SK가 Double Bottom Line을 정하고 이를 측정하는 시도를 전개하고 있다. 어느 정도 시행착오가 예상되지만 이를 시도한 것만으로도 높이 평가될 수 있다. 측정되면 각 사업팀의 성과가 평가될 수 있다. 각 사업팀의 성과가 측정되고 평가되면 새로운 사업을 계획할 때 다양한 가치가 반영된 목표를 세우고 이를 달성하기 위한 전략을 개발할 수 있다. 측정과 평가는 지속가능경영이나 ESG 경영의 내재화에 필수적인 요소이다. 기업 내에서 구체적인 측정과 평가가 진행되지 않는다면 기업의 사회공헌활동은 그 진정성을 사회에서 인정받기 어렵다.

마지막으로 기업은 지속가능한 성장을 위한 혁신역량을 제고해야 한다. 시장이 융합되면서 시장경계가 허물어지고, 초지능으로 개인의 역량한계가 극복되며, 기존 사업자가 아닌 새로운 사업자와 경쟁해야 하는 4차 산업혁명 시대에 기업은 혼자서 모든 것을 해결할 수 없다. 미래 산업에서 혁신과 생존을 위해 기업이 추구해야 할 방향은 협력과 참여이다. 기업은 기존의 가치사슬을 분리하고 고객이 원하는 가치를 중심으로 재설계해 고객 중심의 혁신을 추구해야 한다(Teiseira and Piechota 2020). 따라서 기업은 개방적 협력을 추구하기 위해 과거의 내부 경영에서 탈피하여 외부의 기술이나 아이디어를 적극 활용하는 가치 네트워크를 구성해 고객에게 전달하는 가치의 완성도를 높여야 한다. Kotler(2010)는 미래의 경영전략으로 공동창조(co-creation)를 제안한 바 있는데, 이 개념은 고객과의 협력뿐만 아니라 산업내의 다양한 기관들과의 협력으로 확대되어야 한다. 다양한 구성원들의 협력과 참여 모델은 이미 플랫폼을 통해서 진행 중이다. 글로벌 시장에서 자원과 기술을 공유하는 혁신플랫폼과 생산자와 소비자를 연결하는 거대한 시장 플랫폼의 등장이 좋은 예이다. 또한 최근 쿠팡은 뉴욕시장에 상장해 100조 이상의 가치를 인정받았는데 이러한 성과의 중심에는 쿠팡이 그간 구축해온 플랫폼이고 향후 성과도 주목될 필요가 있는데, 이 플랫폼은 다수의 기업이 참여해 참여자들의 연결과 상호작용을 통해 고객 중심의 새로운 가치를 창출하는 공간으로 자리 잡아야 한다. 미래 산업에서 기업들은 플랫폼을 중심으로 사회적 가치를 구현하는 생태계 차원의 경쟁을 하게 될 것이다. 이러한 플랫폼을 통해 다양한 구성원들이 협력하는 생태계 경쟁은 이해관계자 자본주의가 구현되는 촉매제 역할을 하게 되고 생태계에 속한 구성원들을 사회와 함께 포용적 성장을 구현하게 될 것이다.

참고문헌

- 민재형, 김범석(2020), "기업의 ESG 노력은 지속가능경영의 당위적 명제인가? 기업의 재무상태에 따른 비재무적 책임 향상 노력의 차별적 효과," 경영과학, 36(1), 17-35.
- 유창조(2012), "기업은 사회적 변혁의 주체," 동아비즈니스리뷰」, November Issue 1, 28-3.
- 유창조(2015), "사회공헌활동의 유형과 성공요건," 마케팅연구, 30(2), 1-22.
- 임현일, 최경진(2018), "기업의 사회적 책임과 기업 위험에 대한 실증연구," 산업경제연구, 31(3), 791-815.
- Barnett, M.(2007). "Stakeholder influence capacity and the variability of financial returns to corporate social responsi- bility," Academy of Management Review, 32(3), 794-816.
- Bhattacharya, C. B. and Sankar Sen(2003), "Consumer-Company Identification: A Framework for Understanding Consumers' Relationship With Companies." Journal of Marketing, 67(April); 76-88.
- Carroll, Archie B.(1991), "The Pyramid of Corporate Social Responsibility: Toward the Moral Management of Organizational Stakeholder," Business Horizons, July-August, 10.
- Friedman, Milton(1970), "The Social Responsibility of Business Is to Increase Its Profits," New York Times Magazine, September 13, 70.
- Freeman, R.(1984), Strategic Management: A Stakeholder perspective, Boston; Pitman.
- Kaletsky, Anatole.(2010), Capitalism 4.0: The Birth of New Economy in the Aftermath of Crisis, Public Affairs.
- Kotler, Philip, Hermanwan Kartajaya and Iwan Setawan(2010), Marketing 3.0, John Wiley & Sons, Inc.
- Peloza, John & Jingzhi Shang(2011), "How Can Corporate Social

- Responsibility Activities Create Value for Stakeholder? A Systematic Review," Journal of the Academy of Marketing Science, 39, 117-135.
- Porter, Michael E. Michael E. and Mark R. Kramer(2002), "The Competitive Advantage of Corporate Philanthrophy," Harvard Business Review, December, 5-16.
- Porter, Michael E. and Mark R. Kramer(2006), "Strategy and Society: The Link between Competitive Advantage and Corporate Social Responsibility," Harvard Business Review, December, 78-93.
- Porter, Michael E. and Mark R. Kramer(2011), "Creating Shared Value: How To Reinvent Capitalism and Unleash a Wave of Innovation and Growth," Harvard Business Review, January and February, 1-17.
- Sen, Sankar and C.B. Bhattacharya(2001), "Does Doing Good Always Lead to Doing Better? Consumer Reactions to Corporate Social Responsibility," Journal of Marketing Research, 38(May), 225-43.
- Stafford, E., & C, Hartman(1997), "Green Alliance: Strategic Relations between Business and Environmental Groups," Business Horizons, 39(2), 50-59.
- Teixeira, Thales S. and Greg Piechota(2020), Unlocking the Customer Value Chain: How Decoupling Customer Disruption, Random Audio House.
- Turban, D. B. and D. W. Greening(1997), "Corporate Social Performance and Organizational Attractiveness to Prospective Employees," Academy of Management Journal, 40(3); 658-672.

09

신현한
연세대학교 경영대학 교수

가족기업과 ESG

- 가족기업과 기업지배구조의 글로벌 스탠더드
- 기업의 소유지배구조
- 가족지배기업의 문제와 성과
- 한국 가족기업의 성과
- 가족기업과 ESG

가족기업과 ESG

가족기업과 기업지배구조의 글로벌 스탠더드

가족기업에 대한 걱정과 우려가 많다. 1997년 외환위기를 겪고 정부와 시민단체는 외환위기의 원인을 '재벌'의 후진적인 기업지배구조로 돌렸다. 가족이 재벌(대규모기업집단)을 지배하며 친족 위주로 구성된 임원진이 가족의 이익을 극대화하는 경영을 한 것이 외환위기의 원인이 되었다는 것이다. 또한 창업주와 그 일가족이 소유지분은 적은데 기업집단의 모든 계열사를 지배한다는 점에 대해서도 부정적이다. 이는 선진국의 기업들은 소유와 경영이 분리되어 있으며, 경영은 전문경영인에게 맡기고, 주주는 전문경영인을 감시하는 소유와 경영이 분리된 체계를 갖추는 것이 좋은 기업지배구조라고 보는 관점 때문이기도 하다(Berle and Means, 1932).

그러나 다수의 연구에서 상장기업의 소유와 경영이 생각만큼 분리되어 있지 않음을 보여주었으며[1], La Porta 등(1999)은 오히려 27개국의 상장 대기업(시가총액 5억 달러 이상)에서도 소유의 집중이 나타나고, 이 중 53%의 기업은 가족이 지배를 하고 있음을 보고하였다. 또한 Morck 등(2000)은 캐나다 기업에서, Claessens 등(2002)은 동아시아 기업에서, Faccio and Lang(2002)은 서유럽 기업에서 소유의 집중이 있음을 보여주었다. 특히 미국 기업 중에서도 S&P 500 또는 Fortune 500에 속하는 대기업의 3분의 1 이상에서 창업주 가족이 평균 16%~18% 지분을 소유하고 있으며[2], 상장기업 전체에서 55%~71% 정도의 기업이 가족기업으로 분류되었다.[3] S&P 500 이나 Fortune 500에 속하는 대기업의 3분의 1 이상에서 가족지분이 상당한 수준을 차지하고 있다는 것은 놀라운 결과이다. 그 이유는 창업한 지 오래 되었을수록 그리고 규모가 클수록 외부주주로부터 추가로 자본을 조달하였을 가능성이 크고, 따라서 가족의 지분은 그만큼 희석되었을 수 있기 때문이다. 따라서 규모가 작거나 업력이 짧은 대부분의 기업에서는 가족의 소유지분과 가족에 의한 지배가 더욱 심할 수밖에 없음을 암시한다. 실제로 비상장기업을 연구한 Shanker and Astrachan(1996), Astrachan and Shanker(2003)는 미국 모든 기업의 90% 내외가 가족이 지배하는 기업임을 보고하였다.

지난 20년간 수많은 연구에서 보여주었듯이, 기업의 소유와 경영이 분리되어 있는 기업지배구조를 더 이상 글로벌 스탠더드라고 할 수 없다. 오히려 전 세계 대부분의 기업은 가족이 소유하고 있거나 지배하고 있음을 알았으며, 가족이 기업을 지배하는 기업지배구조형태가 선진국과 후진국, 서양과 동양, 현재와 과거를 모두 아우르는 글로벌 스탠더드라고 할 수 있다. 따라서 한국의 재벌, 대기업집단의 소유지배구조는 전 세계의 트렌드와 크게 다르지 않다고 할 수 있다.

그렇다면, 대기업집단 또는 재벌을 터부시하고 가족에 의한 경영이나 지배를 후진적인 기업지배구조라고 보기보다는 상당한 지분을 소유하거나 직접 경영권을 행사하는 가족이 지배하는 기업(이후 가족기업 또는 가족지배기업)에 대한 이해와 가족지배기업의 의미를 다시 한 번

새겨 보아야 할 것이다. 가족지배기업은 어떤 기업을 의미하는 것인지, 가족의 소유지분과 경영권(또는 지배권)은 기업의 경영성과에 어떤 영향을 미치는지, 그리고 가족지배기업의 외부 이해관계자에 대한 의무와 책임인 ESG(Environment, Social, Governance) 성과는 비가족기업에 비하여 어떻게 다르며, 왜 다른지 등에 대해 우리의 이해를 높일 필요가 있다.

그림 1 **기업의 이해관계자**

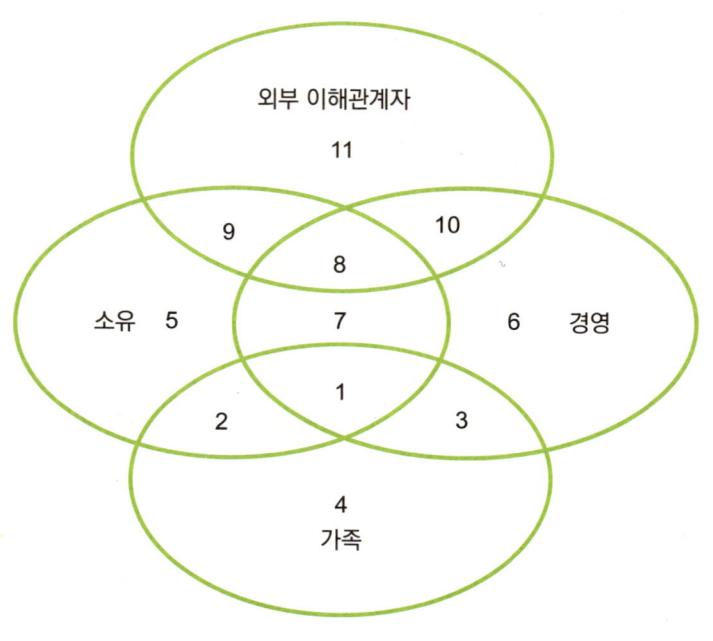

가족기업은 보다 엄밀히 정의하자면 가족이 지배하는 기업을 의미한다고 볼 수 있다. 창업주 또는 그 후계자가 소유지분을 통하거나, 경영진으로 참여하거나, 또는 이사회 등의 지배구조를 이용하여 기업의 중요한 의사결정에 영향력을 행사할 수 있는 기업인 것이다. 기업을 누가 소유하고 누가 지배하는가를 기준으로 이해관계자를 분류하면 〈그림 1〉과 같이 11개의 그룹으로 이해관계자를 구분할 수 있다.

〈그림 1〉에는 4개의 원이 있다. 위아래 두 개의 원은 기업의 이해관계자로서 가족(아래쪽 원)과 외부의 이해관계자(위쪽 원)를 포함하고, 양옆에 두 개의 원은 각각 소유(왼쪽 원)와 경영(오른쪽 원)을 의미한다. 이들 원은 서로 중첩되어 가족 또는 이해관계자의 역할을 구분한다. 1번 교집합은 소유권과 경영권을 가지고 있는 가족구성원을 의미하며, 2번 교집합은 경영에는 참여하지 않지만 소유권을 가진 가족구성원을 의미한다. 반면, 3번 교집합은 경영에는 참여하지만 소유권을 갖지 않은 가족구성원을 의미한다. 예를 들면, 2번 그룹에 속한 가족구성원은 경영에 참여하지 않더라도 주주총회에서 소유권(투표권)을 활용하여 대표이사를 교체하거나, 이사회 이사 또는 감사위원을 선임하는 등 간접적으로 경영권에 영향을 미칠 수 있으며, 3번 그룹에 속한 가족구성원은 후계자 교육을 받는 자녀나 친인척으로서 소유권이 없더라도 회사의 임원이 되거나 이사회 멤버로서 활동을 하며, 직접적으로 경영권을 행사할 수도 있다.

이와 같이 1번, 2번, 3번 교집합에 속한 가족구성원에 의해 소유 또는 지배되는 기업들을 '가족지배기업'으로 분류할 수 있으며, 일반적으로 이들 기업들을 '가족기업'이라고 부른다. 많은 논문에서는 1번과 2번 그룹을 구분하지 않고 가족이 소유한 지분이 10% 또는 20%

이상인지 여부만을 기준으로 기업을 가족기업으로 분류하기도 한다.[4] 반면, 또 다른 논문에서는 1번이나 3번 그룹처럼 창업주의 직계가족이 경영진이나 이사회 멤버로 있는 경우를 가족기업으로 분류하기도 한다.[5]

다음으로 가족구성원 중 4번 그룹과 같이 기업에 대한 소유권이나 경영권을 전혀 갖지 못한 구성원(예를 들면, 창업주의 부인이나 부모 또는 자녀의 배우자 등)도 존재할 수 있으며, 경영에 참여하거나 소유권을 가진 가족구성원들은 4번 그룹에 속한 가족 구성원에 대하여 기업의 성장 과실을 나눠야 할 약간의 책임감이나 의무를 느끼고 있다고 할 수 있다.[6] 기업의 창업주나 경영에 참여하는 직계가족 중에는 회사의 자원을 활용하여 이들 소외 받은 가족구성원에게 경제적인 도움을 주려다가 횡령과 배임으로 징역을 살게 되는 경우도 발생한다.[7]

5번 그룹은 가족구성원도 아니고 금융기관도 아니지만 기업에 대한 지분을 소유하고 있는 소액주주를 의미하며, 6번 그룹은 대표이사, 임원, 이사회 멤버 등의 경영진이지만 소유권을 갖지 않은 전문경영인이다. 반면 소유와 경영의 분리로 인하여 경영자가 주주보다는 경영자 본인의 이익을 최우선으로 하는 대리인 문제를 해결하고자 최고경영진에게 회사 주식을 보상의 일부로 지급하거나 스톡옵션 등을 제공하는 경우가 있다. 이렇게 경영진으로서 소유권을 가지고 있는 경우는 7번 그룹에 속한다.

외부기관에서 파견된 경영진으로서 지분을 가지고 있는 외부 금융기관을 대리하는 경우(예를 들면, 구조조정을 위해 대주단에서 파견된 임원)는 8번 그룹에 속하며, 외부기관이지만 경영권은 없이 소유권만 갖는 경우(예를 들면, 국민연금) 9번 그룹에 속한다. 외부 금융기관은 연기금, 증권사, 보험사, 자산운용사, 파산기업의 채권단 등을 포함한다.[8] 소유권은 없지만 법원과 같이 외부기관에서 파견된 경영진은 10번 그룹에 속하며, 그 외 기업의 외부 이해관계자는 11번 그룹에 속한다.

표 1 가족, 경영자, 소액주주, 외부 이해관계자 간의 상호관계

			소유(그룹)	경영(그룹)	기타(그룹)
주주	가족		소유지배가족(1)		기타가족(4)
			소유가족(2)	지배가족(3)	
	개인		소액주주		
경영자			소유경영인(7)	전문경영인(6)	
이해관계자	기관	정부	공기업(8)		
		연기금	기관투자자(9)		
		증권사			
		자산운용사			
		HF(Hedge Fund)			
		VC/PE			
	채권자			채권단(10)	
	외부기관	공급자			기타이해관계자(11)
		소비자			
		시민단체			

일반적으로 이해관계자는 Stakeholder라고 불리며 주주, 채권자, 경영진, 종업원, 소비자, 공급자, 지역사회, 정부, 시민단체 등을 모두 다 포함한다. 따라서 이 장에서 언급하는 11번 그룹의 외부 이해관계자는 특별히 기업과 직접적인 자본거래가 없는 이해관계자로서, 예를 들면, 채권자, 정부, 지역사회, 환경단체, 시민단체, 소비자, 공급자를

의미한다. 가족, 경영자, 소액주주, 외부 이해관계자 간의 상호관계에 대한 이해를 돕기 위하여 위 설명을 〈표 1〉에 다시 정리하였다.

기업의 소유지배구조

가족지배기업은 얼마나 보편적일까? Aminadav and Papaioannou (2020)는 2004년부터 2012년 사이 134개국에 46,699개 상장기업에 대한 소유구조를 분석하였다. 20%의 지분율을 기준으로 기업의 지배주주를 구분할 때, 1대 주주를 기준으로 53%, 3대 주주가 56%, 5대 주주가 63%이었으며, 중위값도 평균값과 크게 다르지 않았다. 즉, 전 세계에 100개 기업이 있다면, 이중 20% 이상의 지분을 보유한 1대 주주가 있는 기업이 53개, 3대 주주의 총지분율 또는 지분율의 합이 20% 이상인 기업이 56개, 5대 주주의 총지분율 또는 지분율의 합이 20% 이상인 기업이 63개라는 것이다. 소유와 경영이 잘 분리되어 있다고 알려진 영국도 20% 이상의 지분을 보유한 1대 주주가 있는 기업이 약 20%에 달하였고, 미국도 20% 이상의 지분을 보유한 1대 주주가 있는 기업이 약 21%로 비슷하였다. 20% 이상의 지분을 보유한 5대 주주가 있는 기업도 영국과 미국이 각각 37%, 34%에 달하였다. 한국도 20% 이상의 지분을 보유한 1대 주주가 있는 기업이 21%로 영국이나 미국과 크게 다르지 않았으며, 20% 이상의 지분을 보유한 5대 주주가 있는 기업은 24%로 영국과 미국에 비교하면 오히려 낮았다. 5% 이상의 지분을 가진 블록홀더(block holder)가 있는 기업의 비율은 한국이 50%, 영국이 66%, 미국이 57%로 한국보다도 영미 국가에서 지배주주가 있는 기업의 비율이 오히려 높았다.

가족이 지배하는 기업의 비율은 조금 다른 모습을 보이는데, 한국의 경우 가족이 20% 이상 지분을 가지고 지배하는 기업의 비율이 17%인데 비해, 영국은 10%, 미국은 16%로, 영미 국가에 비해 한국에서 가족이 지배하는 기업의 비율이 약간 높았다. 그러나 전 세계 평균은 약 20%로 한국의 가족지배기업의 비율이 특이하게 높은 수준은 아니었다.

왜 어떤 국가에서는 지배주주가 있는 기업이나 가족지배기업의 비율이 다른 나라보다 더 높을까? La Porta 외(1999)와 Aminadav and Papaioannou(2020)는 관습법(Common Law)을 따르고 있는 영국이나 미국 등의 영미계 국가보다는 주주 보호가 약한 성문법(Civil Law) 국가에서 가족지분이 높게 나타난다고 주장하였는데, 그 이유는 투자자 보호, 법원의 효율성, 상품시장의 규제, 노동법 등에 법체계가 영향을 주기 때문이라고 보았다. 실제로 전 세계를 아울러서 대표적인 성문법 국가 중 하나인 프랑스 민법을 채택한 국가에서 가족이나 특정인 또는 다른 기업이 지배하는 기업의 비율이 가장 높았으며, 그 뒤로 독일과 스칸디나비아 국가에서 그런 비율이 높았다.

이는 소유집중도를 보았을 때도 비슷한 결과로서, 주주가 경영진의 경영권 남용으로 피해를 보았을 때 경영진을 대상으로 피해보상을 청구할 수 있도록 회사법상 주주가 잘 보호되는 국가에서 기업의 지분이 분산되었음을 보여준다. 반면, 해고, 노동시간, 노조의 권리 등 고용에 관한 규제가 심한 나라일수록 소유집중도가 높았다. 이는 해고가 어렵고, 노조의 결성이 쉬운 국가에서 소유의 분산이 어렵다고 주장한 Roe(2006)의 의견과 일치한다.

Pagano and Volpin(2005)은 소유집중도가 낮은 경우의 문제점으로 소유지분이 적은 경영자는 사적이익을 추구하기 위해 노조와 자연스럽게 공조를 할 수 있으며, 노조는 높은 임금과 장기계약 등을 유지하기 위해 경영자와의 합의하에 인수합병에 반대하는 입장을 취한다고 주장하였다. 또한 노동시장이 경직적인 경우 지배주주는 노조와 함께 외부의 소액투자자를 착취할 수 있다고 주장하였다. Anderson and Reeb(2003a)와 Villalonga and Amit(2006, 2010)은 규모의 경제 효과가 적은 산업, 직원 감독이 필요한 산업, 투자기간이 긴 산업, 차등의결권이 있는 산업 등에서 가족지배기업이 많음을 보여주었다. 이상의 연구결과는 가족지배기업이 많고 적음을 가지고 기업지배구조의 우수성이나 후진성을 논하기보다는 가족지배가 더 효율적인 기업지배구조가 될 수밖에 없는 정치, 경제, 사회, 문화적인 요소를 함께 살펴보아야 함을 의미한다.

가족지배기업의 문제와 성과

다양한 이해관계자가 서로의 이해관계에 따라 소유권과 경영권을 행사하면서 다양한 형태의 대리인 문제가 발생할 수 있다. 다양하고 복잡한 소유지배구조와 소유지배의 주체 간에 발생 가능한 갈등을 몇 가지 대리인 문제의 유형으로 다 정리하기는 어려우나, 이러한 분류는 최근 학문적, 사회적 관심이 되고 있는 기업의 ESG 활동이 기존의 대리인 문제 중에 어떤 유형의 갈등을 다루고 있는지 알 수 있도록 도와준다.

먼저 첫 번째 유형의 대리인 문제는 주주와 경영진 간의 이해관계에서 비롯하며 전문경영인(3, 6, 10번 그룹)과 주주(2, 5, 9번 그룹)의 갈등을 의미한다고 볼 수 있다. 소유권이 없는 전문경영인은 주주의 이익을 위해 일하는 것이 아니라 전문경영인 자신의 이익을 위해 일할 때 대리인 문제가 발생한다는 것이다. 이런 유형의 대리인 문제를 해결하기 위하여 전문경영인에게 주식이나 스톡옵션을 부여하여 소유경영인(1, 7, 8번 그룹)이 되도록 하거나, 인센티브 제도를 이용하여 주주와 전문경영인의 이해관계를 일치시키거나, 사외이사, 감사위원회 등의 기업지배구조를 이용하거나, 소유지배가족(1번 그룹)이나 지배가족(3번 그룹)처럼 직접 경영에 참여하여 전문경영인을 감시, 감독하기도 한다. 이와 같이 가족지배기업에서 가족은 본인이 직접 경영에 참여하거나, 전문경영인이 주주를 위하여 보다 열심히 일하도록 감시함으로써, 경영성과와 기업가치를 높일 것이라고 예상할 수 있다.

하지만 가족의 경영 참여는 두 번째 유형의 대리인 문제를 야기할 수 있는데 경영에 참여하는 지배가족(1, 3번 그룹)의 이해관계가 소액주주를 포함한(소유권만 가지고 있는) 외부주주(5, 9번 그룹) 또는 소유권은 없지만 기업에 자본을 제공한 채권자(11번 그룹)의 이익을 침해할 수 있다는 것이다. 지배가족은 그 자신을 위하여, 또는 소유권이 없는 다른 가족 구성원들의 이익을 위하여, 회사의 자원을 유용할 수도 있다. 기업은 이러한 지배가족의 대리인 문제를 해결하기 위해 투명한 공시와 사외이사, 감사위원회 제도 등 기업지배구조를 활용할 수 있다.

다음으로 경영에 참여하는 가족구성원인 1, 3번 그룹과 소유권은 있지만 경영에 참여하지 않는 2, 4번 그룹에 속하는 가족구성원 간의 대리인 문제도 있을 수 있다. 이런 세 번째 유형의 대리인 문제는 경영에 참여하는 가족구성원이 경영에 참여하지 않거나, 하지 못하는 다른 가족구성원의 이익을 침해하기 때문으로 가족구성원 간의 갈등으로 경영성과나 기업가치에 미치는 영향이 상대적으로 적어서인지 이에 대해서는 많은 연구가 없다.

다음은 이해관계자(11번 그룹)와 주주, 가족과 경영진(1, 2, 3, 4, 5, 6, 7, 8, 9, 10번 그룹) 간의 대리인 문제가 있다. 네 번째 유형의 대리인 문제는 주주, 가족 또는 경영진이 기업의 직접적이며, 단기적인 이익을 위하여 장기적이며 지역사회와 환경을 포함한 이해관계자의 이익을 침해할 때 발생한다.

〈표 2〉에서는 위에서 설명한 네 가지 유형의 대리인 문제의 유형별 갈등의 주체를 정리하였다. 전통적인 대리인 문제는 1번 유형과 2번 유형으로 주주와 경영진 간, 지배주주와 소액주주 간, 또는 주주와 채권자 간의 문제이며, 기업지배구조는 이러한 전통적인 대리인 문제를 해결하려고 하고 있다.

표 2 대리인 문제의 유형과 유형별 갈등의 주체

대리인 문제의 유형	갈등의 주체 (그룹)	
1번	주주 (2, 5, 9)	전문경영인 (3, 6, 10)
2번	지배가족 (1, 3)	외부주주 (5, 9) 또는 채권자
3번	지배가족 (1, 3)	비지배가족 (2, 4)
4번	주주, 가족과 경영진 (1, 2, 3, 5, 6, 7, 8, 9, 10)	외부이해관계자 (11)

〈표 2〉의 1번 유형부터 3번 유형까지의 대리인 문제는 기업에 대한 소유권을 가진 자와 경영권을 가진 자 간의 갈등에서 기인한다면, 4번 유형은 이해관계자와 기업(가족 또는 경영진) 간의 대리인 문제로 기업에

대한 소유권은 없지만 기업이 존재하는 환경을 제공하고, 기업의 생산 활동에 필요한 노동력과 원재료를 공급하고, 제품을 소비하는 등 기업 활동에 의하여 영향을 받게 되는 종업원, 소비자, 공급자, 정부 등 다양한 사회 구성원과 기업 간의 갈등에서 기인한다고 볼 수 있다. 기업이 단기 이익을 추구하며 환경을 파괴하거나, 종업원이나 공급자를 착취하거나, 소비자를 속이는 등의 행동을 취할 수 있는데, 최근에는 이러한 네 번째 유형의 대리인 문제를 해결하기 위하여 정부와 금융기관은 기업의 ESG 활동을 공개하도록 하고, 기관투자자의 ESG 투자를 장려하고 있다.

가족지배기업은 이런 대리인 문제를 얼마나 잘 해결하고 있을까? 기업의 ESG 성과는 일반적인 경영성과와 별개로 논의될 수 없다. 기업이 단기적인 이익만을 추구한다면 기업의 ESG 성과는 떨어질 수밖에 없고, 반면에 ESG 성과만을 추구한다면 첫 번째 유형과 두 번째 유형의 전통적인 대리인 문제를 잘 해결하더라도 기업의 경영성과는 낮을 수밖에 없을 것이다. 하지만 기업이 장기적인 성과를 추구하며 전통적인 대리인 문제도 잘 해결한다면 기업의 ESG 성과와 경영성과는 동시에 달성될 수 있다고 볼 수 있다. 많은 연구자들이 기업의 CSR 활동과 재무 또는 경영성과의 관계에 대해서 연구하는 이유가 여기에 있다고 할 수 있다. 따라서 만약 어떤 기업이 경영성과와 ESG 성과가 동시에 우수하다면 그러한 기업은 장기적인 목표를 가지고 운영이 되고 있으며, 대리인 문제도 잘 관리한다고 볼 수 있다.

이제부터는 가족지배기업은 전통적인 대리인 문제를 비가족기업에 비하여 얼마나 더 잘 해결하고 있는지를 보기 위하여 가족지배기업의 경영성과에 관한 연구를 살펴본 후, 가족지배기업이 네 번째 유형의 대리인 문제를 비가족기업에 비하여 얼마나 더 잘 해결하고 있는지를 보기 위하여 가족지배기업의 ESG 성과에 관한 연구를 살펴보겠다. 장기적인 안목으로 경영을 할 수 밖에 없는 가족지배기업은 ESG 활동을 소홀히 할 수 없을 것이고, 단기적으로는 전통적인 대리인 문제를 해결하여 좋은 경영성과를 보여줄 것으로 예상할 수 있다.

Anderson and Reeb(2002, 2003)의 연구에 의하면 S&P 500 기업의 3분의 1은 창업주의 가족이 경영에 관여하고 있는 가족지배기업에 해당하며, 가족지배기업은 비가족기업에 비해 경영성과가 뛰어났다. Anderson and Reeb(2002, 2003)의 연구 이후에 가족기업의 경영성과에 관한 많은 연구가 진행되었으며, 대부분의 연구는 가족기업의 경영성과가 비가족기업에 비하여 우수함을 보여주었다.

가족기업이 비가족기업에 비하여 우수한 경영성과를 보이는 이유는 첫 번째, 소유와 지배가 집중된 지배가족은 전문경영인을 감시 감독할 충분한 동기가 있으며, 전문경영인에 의한 전통적인 대리인비용 문제를 없앨 수 있기 때문이다(Burkart 외, 2003; Villalonga and Amit, 2006). 두 번째, 지배가족은 주주보호에 취약한 법 제도를 대신하고, 가족구성원 간의 신뢰를 바탕으로 미흡한 기업지배구조와 계약 불이행 등의 문제를 해결할 수 있기 때문이다(Bertrand and Schoar, 2006). 세 번째, 자본주의 자유시장경제의 원활한 운영을 위해 필요한 각종 제도적 장치와 자본시장, 노동시장이 부족한 개발도상국 같은 경우, 가족이 지배하는 기업집단은 그들의 정치적 인맥과 사업적 명성을 활용하고 내부자본시장과 내부노동시장을 형성하여 상품시장에 제품과 서비스를 공급하며 성장할 수 있기 때문이다(Khanna and Palepu, 2000). 네 번째, 지배가족은 장기적인 관점에서 기업을 운영하며, 가족이 제공하는 인내 자본(patient capital)으로 장기투자를 하여 주주뿐만 아니라 모든 이해관계자에게 혜택을 제공하기 때문이다. 또한, 지배가족은 재무적 곤경에 빠진 기업에게 가족의 자본을 추가로 투자하여 기업을 회생시키기도 하며, 특히 경제상황이 안 좋을 때 비가족기업에 비해 경영성과가 좋거나 안정적인 결과를 만들기도 한다(Villalonga and Amit, 2010).

반면 가족지배기업의 성과가 좋지 않을 수 있는 이유도 다수 존재한다. 지배가족은 경영권을 행사하여 가족에게는 유리하지만 외부주주나 소액주주에게는 불리한 의사결정을 할 수 있다(Burkart 외, 2003; Villalonga and Amit, 2006). 또한 전문경영인 대신에 가족구성원을 경영진으로 채용하거나, 재무적 성과보다는 가족의 사회정서적 부(Socioemotional Wealth)를 위하여 회사의 자원을 남용할 수도 있다(Lemos and Scur, 2020; Bennedson 외, 2007; Gomez-Mejia외, 2007, 2010, 2011). 가장 직접적인 형태의 사적이익추구 행위는 기업집단 내의 부의 이전(Tunneling)으로 이는 기업 간 거래를 통하여 지배가족의 소유지분이 낮은 기업으로부터 소유지분이 높은 기업으로 이익을 이전하는 것이다(Bertrand 외, 2002, 2008).

Anderson and Reeb(2002, 2003), Martinez 외(2007), Miller 외(2007) 등은 가족이 일정 수준 이상의 지분을 소유하고 있거나, 가족구성원이 이사회의 이사나 임원으로 있는 기업을 가족기업으로 보고 ROA, ROE, 토빈큐(Tobin's Q) 등의 경영성과와 기업가치를 비가족기업과 비교한 결과, 가족기업의 경영성과가 비가족기업에 비하여 유의하게 높음을 발견하였다. 반면 Villalong and Amit(2006), Amit and Villalonga(2014)는 창업주가 이사회 의장으로서 전문경영인을 CEO로 둔 경우나 본인이 CEO인 경우에만 가족기업의 가치가 비가족기업에 비하여 더 높다고 하였으며, Maury(2006)의 연구결과도 가족이 적극적으로 경영에 참여할 때 기업가치가 더 높은 것을 보여주었다.

Chang and Shim(2015)은 전환기의 일본 상장기업을 대상으로, Yopie and Itan(2016)는 인도네시아 기업을 대상으로 전문경영인의 경영실적과 가족 CEO의 경영실적을 비교한 결과, 가족 CEO는 기업가치에 음(-)의 영향을 미쳐서 전문경영인보다 더 열등한 기업실적을 나타내고 있음을 발견하였다. 반면, Minichilli, Corbetta and MacMillan(2010)은 최고경영진(Top Management Team)에 속한 가족구성원의 비율과 경영성과가 U-shape 관계가 있음을 발견하였다. 즉, TMT에 가족구성원이 적거나 아주 많은 경우 경영성과가 우수하고, 가족구성원과 전문경영인이 동시에 TMT에 있는 경우에는 TMT의 분리가 발생하여 경영성과에 악영향을 미친다는 것이다.

이와 같이 가족기업의 경영성과가 비가족기업에 비해 좋은지 나쁜지에 관하여 일관된 결과는 없었다. 하지만, Wagner, Block, Miller, Schwens and Xi(2015)는 가족기업의 재무적 성과를 연구한 380편의 논문을 분석한 결과, 가족기업의 경영성과가 경제적인 규모로는 크지 않으나 비가족기업에 비하여 통계적으로는 매우 유의한 차이를 보인다고 하였다. 특히, 가족기업의 재무적 성과가 우수한 현상은 소유지분을 기준으로 가족기업을 구분하였을 때, 성과를 ROA로 측정할 때, 상장 대기업에서 주로 나타난다고 하였다.

한국 가족기업의 성과

국내 기업을 대상으로 한 연구로 남영호·문성주(2007a)는 코스닥 등

록기업을 대상으로, 남영호·문성주(2007b)는 거래소 상장기업을 대상으로, 기업을 가족기업과 비가족기업으로 분류하여 1997년부터 2002년까지의 성과를 비교 분석한 결과 가족기업의 수익성, 생산성, 고용력 등의 성과가 비가족기업의 성과보다 높게 나타나고 있음을 밝혔다. 백자욱(2018)은 거래소에 상장된 비금융기업을 대상으로 가족기업 여부와 오너경영 여부에 따른 경영성과를 비교분석하였다. 창업자와 그 직계가족이 보유하는 지분이 20% 이상 되는 경우를 가족기업으로 분류하고, 그 외는 비가족기업으로 분류하였을 때, 가족기업이 비가족기업에 비해 통계적으로 유의한 수준으로 더 나은 경영성과를 보였다. 반면, 가족기업을 오너경영자가 CEO로서 경영하는 기업군과 전문경영자가 CEO로서 경영하는 기업군으로 구분하여 비교하였을 때, 통계적으로 유의하지는 않았으나 전문경영인 CEO기업이 더 나은 성과를 보였다. 송준기(2016)는 창업자나 창업자 가족이 대주주인 기업을 가족지배기업으로 분류하고 가족지배기업의 경영성과를 비가족지배기업의 경영성과와 비교한 결과 가족지배기업의 경영성과가 더 높은 것을 발견하였다. 하지만 가족 CEO기업이 전문경영자기업보다 경영성과가 낮은 것으로 나타나 가업을 상속하는데 있어서 소유권은 후손에게, 경영권은 전문경영인에게 맡기는 것이 바람직할 것이라고 주장하였다. 전문경영인은 가족구성원이 갖지 못한 전문 경영 역량과 외부네트워크, 경험을 보유하고 있으며, 전문경영인에게 경영권을 승계하는 것은 내부구성원들에게 가족이 아니어도 경영자가 될 수 있다는 시그널을 주고 업무 몰입도를 높여서 궁극적으로는 기업의 경영성과가 좋아질 수 있다는 것이다.

반면, 안세연·박동준(2013)은 가족지배기업의 경영권 승계 시 전문경영인 또는 소유경영인의 선택이 기업의 장기성과에 미치는 영향을 조사하였다. 조사대상인 LS전선과 대한전선은 국내전선사업의 초기 양대산맥을 구축한 두 기업으로서 2004년 기점으로 경영진을 교체하였는데 LS전선은 소유경영체제를 유지한 반면, 대한전선은 전문경영체제로 변모하였다. 대한전선은 전문경영인 체제를 도입한 후 기존연구에서 주장된 전문화의 이점을 보여주었으나 장기성장에 실패한 반면, 소유경영체제를 유지한 LS전선은 꾸준한 해외진출 및 다각화를 통한 고속성장을 달성하였음을 발견하였다. 이는 전문경영인을 고용했을 때 전문경영인의 사적이익 추구행위, 시장보다 높은 급여 및 보상수준의 요구 등 대리인비용의 증가 때문이다. 또한 소유지분이 없는 전문경영인은 기업의 장기 경쟁력을 위한 투자보다는 자신에게 주어지는 보상과 관련된 단기성과에 집착할 가능성이 높기 때문이라고도 볼 수 있다.

고윤성·박선영(2013)은 2000년부터 2009년까지 우리나라 유가증권(KOSPI)시장에 상장된 가족기업을 대상으로 수행한 실증 분석결과, 가족이 경영에 참여하고, 나아가 최고경영자로 참여하는 경우 회사 이익의 질이 우수하고, 장기적인 R&D 투자를 많이 하며, 이는 우수한 영업성과로 연결되는 것을 보고하였다. 즉, 가족구성원이 소유만 하는 가족기업보다는 가족구성원이 기업의 핵심적인 역할을 담당하면서 가족기업을 보다 책임감 있게 운영하는 경우가 가족기업의 장점을 가장 잘 부각하고, 효과적이며 효율적인 경영성과를 얻을 수 있는 유형이라고 주장하였다. 박세열 외(2010)도 마찬가지로 지분을 소유한 가족이 경영도 하고 있을 때 ROA의 성과가 더 좋은 것을 발견하였다.

가족기업과 ESG

기업의 사회적 책임을 의미하는 CSR(Corporate Social Responsibility)은 경제, 사회, 환경, 윤리 등을 고려한 SEE(Social, Ethical, Environment)에 대한 의무에서 시작되었다. 그러나 2000년대 초 미국의 대형 회계부정 사건이 잘못된 기업지배구조(Governance)에 기인한다고 보고 지배구조(Governance)가 윤리(Ethics)를 대체하면서 CSR의 관점이 SEE에서 ESG(Environment, Social, Governance)로 변화되었다.[9] 이는 기업의 책임이 기부금 지출, 공익재단 설립과 같은 단순한 사회공헌 활동에 국한되지 않고 지속가능성의 개념으로 기업평가의 중요한 척도로 이용되며, 기업이 지속가능하기 위해서는 성장성 및 수익성과 같은 재무적 성과 외에도 환경(Environmental), 사회(Social), 지배구조(Governance)와 같은 비재무적 성과도 중요하다는 것이다.[10]

기업을 소유한 주체의 유형에 따라 투자기간, 다각화, 추구하는 목표 등이 다르며, 이는 기업의 지속가능한 사회적 책임 활동에 매우 중요한 영향을 미친다.[11] 일반적으로 투자기간은 투자 주체에 따라 많이 다른데, 공모펀드의 투자기간은 몇 개월 정도에 불과하고, 사모펀드의 투자기간은 몇 년이라면, 가족의 투자기간은 수십 년에서 몇 세대를 넘는다고 본다. 다각화에 따라 투자자들의 위험 선호도가 달라지는데, 창업주나 가족의 경우 한두 개의 기업에 자본이 집중투자 되어있어 공모펀드 투자자들보다는 위험에 대한 노출이 심할 것이다. 또한 투자자에 따라 추구하는 목표가 다른데, 기관투자자들은 투자자들을 위해 수익성을 극대화하려고 하는 반면, 가족은 사회적·정서적 부의 극대화를 추구하고, 정부의 경우 국민의 사회복지를 극대화하려고 할 것이다.

대부분의 지분은 분산되어 있어서 경영에 참여하는 창업주나 가족, 또는 사모펀드, 정부 등이 기업의 전략을 설정하기 때문에 기업의 지속성과 사회적 책임 활동은 누가 기업을 소유하고 있느냐에 영향을 받을 수밖에 없다. 가족을 포함한 소유지배주주는 지속가능한 기업을 만들기 위해 주주의 이익을 포기하고 이해관계자의 이익을 대변해야 하거나, 재무적인 성과를 포기하고 비재무적인 성과를 추구해야 할 수도 있다. 반면 기관투자자는 투자기간에 따라 국민연금과 같이 장기 수익성을 목표로 하는 경우와 증권사, 은행 등과 같이 단기수익성을 목표로 하는 경우, 각각 기업의 ESG 성과에 다른 영향을 미칠 수 있다.

그림 2 소유구조와 CSR의 관계를 연구한 논문들을 분석한 결과

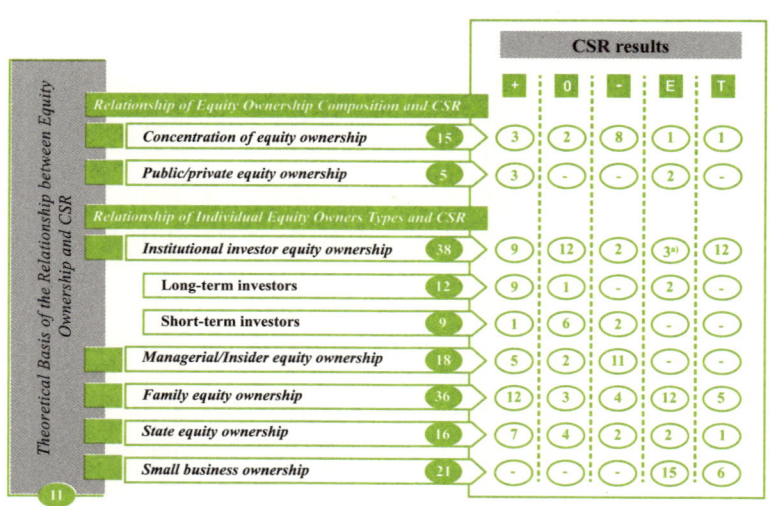

〈그림 2〉는 Faller and Knyphausen-Aufseß(2018)가 소유구조와 CSR의 관계를 연구한 논문들을 분석한 결과를 보여준다. 소유지분의 집중(Concentration of equity ownership)과 CSR 성과 간의 관계를 연구한 15편의 논문 중에서 부정적인 관계를 발견한 연구가 8편, 긍정적인 관계를 발견한 연구는 2편으로, 소유지분의 집중과 CSR 성과 간에 음의 관계가 더 많았다. 반면, 주주의 유형에 따른 CSR 성과를 본 연구에서는 경영진의 지분(Managerial equity ownership)과 CSR 성과 간에 관계를 연구한 18편의 논문 중에 음의 관계를 보고한 논문이 11편으로 양의 관계를 보고한 5편의 논문보다 더 많았으나, 가족의 소유지분(Family equity ownership)과 CSR 성과 간에 관계를 연구한 36편의 논문 중에는 양의 관계를 발견한 논문이 12편으로 음의 관계를 보고한 4편의 논문보다 더 많았다. 이러한 연구 결과는 소유의 집중이나 경영진의 소유권보다 가족에 의한 지분 소유가 ESG에 더 중요한 영향을 미친다고 해석할 수 있다.

ESG와 관련된 국내 연구는 아직 많지 않다. 최승빈(2017)은 CSR 활동과 토빈큐, 총자산수익률(ROA), 자기자본수익률(ROE), 투하자본수익률(ROIC), 총자산 영업이익률 등의 관계를 조사한 결과 기업의 CSR 활동과 재무성과 간에 유의한 양의 관계를 보고하였다. 이는 가족기업뿐만 아니라 일반적인 기업에서도 장기적인 경영 활동의 결과라고 할 수 있는 ESG 성과가 단기적으로 대리인 문제를 해결한 결과라고 볼 수 있는 경영성과와 양의 상관관계가 있음을 보여준 것이다.

앞의 연구는 ESG 성과와 단기경영성과 간의 관계를 보았다면, 기업의 미래 성과를 대변하는 기업가치와 ESG의 성과는 어떠한지 궁금할 수 있다. 기업가치는 기업의 미래현금흐름을 현재가치로 할인한 결과이기 때문에 기업이 단기 이익만을 추구한다면 단기 경영성과는 높게 나오더라도 기업가치는 오히려 낮아질 수 있기 때문이다. 정강원(2020)은 기업의 CSR 활동, 기업지배구조와 토빈큐로 측정한 기업가치 간에 유의한 양의 관계를 발견하였고, 이는 한국의 자본시장이 기업의 ESG 활동을 가치에 반영하는 것이라고 해석을 하였다. 강원·정무권(2020a)은 ESG 지표 개발에 사용되는 사건에 대한 시장반응을 보는 사건연구를 수행하였는데, 이는 ESG와 관련된 행동을 해당 기업이 앞으로도 반복할 가능성에 대한 시장의 반응을 살펴보고, 시장의 반응이 있는 활동에 대해 모니터링을 지속할 필요가 있음을 보기 위함이다. 연구결과 최고경영진 관련 사건, 사업위험 관련 사건, 미래현금흐름 관련 사건 등에서는 유의한 시장반응을 발견하였지만, 지표측정에 사용된 전체 사건을 연구대상으로 하였을 때는 유의미한 결과를 얻지 못하여서 ESG 지표와 주식시장에서의 기업가치평가 간에 괴리를 암시하였다. 그러나 강원·정무권(2020b)은 ESG 성과와 기업가치 간에 양의 관계를 발견하였는데, 이는 기업의 친환경 제품개발이나 투자, 사회적 기여를 위한 자선활동, 투명한 지배구조를 위한 감사기구 설치 등은 많은 비용을 발생시키기는 하지만, 환경 활동은 환경문제로 인한 위험을 줄여주고, 사회 활동은 기업의 명성과 이미지 개선에 도움이 되고, 좋은 기업지배구조는 기업의 투명성을 높여주기 때문이라고 해석하였다. 또한 ESG 성과와 기업가치 간의 관계는 수익성이 높거나 외국인지분이 높은 기업에서 두드러지는 것을 발견하였는데, 이는 기업의 ESG 활동은 수익성이 뒷받침되거나 선진 규범적 투자자의 존재로 공시의 투명성이 높은 기업에서 큰 효과를 거둘 수 있음을 보여주었다.

강상구·임현일(2015)는 CEO의 평판 관리 인센티브와 CSR 성과, 기업가치의 관계를 연구하였는데, 비가족경영자의 CSR 활동은 토빈큐로 측정한 장기적 기업가치에 긍정적인 영향을 주지 못하는 것을 발견하였다. 특히 비가족경영자이면서 비재무적 평판이 좋은, 즉 평판 관리의 인센티브가 큰 CEO들의 CSR 활동은 오히려 기업가치에 음(-)의 영향을 주는 것으로 확인되었다. 이는 CEO가 CSR 활동을 통해 기업 고유의 가치를 상승시키는 것이 아니라 본인의 사적이익을 추구하기 위해 CSR 활동을 악용할 수 있다는 주장을 뒷받침 한다.

김아리·김보인(2020)의 분석에 의하면, 기관투자자 중 외국인 기관투자자와 국민연금의 지분은 기업의 CSR 성과와 양의 관계가 있으나, 금융투자사, 보험사 및 은행의 지분과 기업의 CSR 성과 간에는 유의미한 관계가 없었다. 이는 독립적이고 장기적 투자 기간을 가지는 기관투자자는 기업의 CSR 성과에 긍정적 역할을 미치거나 CSR 성과에 근거한 투자의사결정을 하는 것으로 해석할 수 있다.

이상 지금까지의 국내외 연구를 종합한 결과, 가족지배기업의 경영성과와 ESG 성과가 비가족기업에 비하여 높다고 말할 수 있으며, ESG 성과가 높을 때 가족기업의 기업가치도 높았다. 이는 소유지배가족이 단기적인 이익을 추구하기 보다는 사회적인 명성, 심리적인 자산과 사회적 자본을 중시하고, 장기적인 관점으로 경영을 하며, 전문경영인에 의한 대리인 문제를 효과적으로 관리한 결과라고 볼 수 있다.

참고문헌

- Aminadav, G. and E. Papaioannou(2020). "Corporate control around theworld." The Journal of Finance.
- Aminadav, G.,and Papaioannou, E.(2016). "Corporatecontrol around the world." The Journal of Finance75(3): 11-1246
- Amit, R. and B. Villalonga(2014). "Financial performance of familyfirms." The Sage handbook of family business: 157-178.
- Anderson, R. C. and D. M. Reeb(2003). "Founding-family ownership and firm performance: evidencefrom the S&P 500." The journal of finance58(3):1301-1328.
- Astrachan, J. H., &Shanker, M. C.(2003). "Family businesses' contribution to theUS economy: A closer look." Family business review 16(3):211-2.
- Bennedsen, M., K. M. Nielsen, F. Pérez-González and D. Wolfenzon (2007)."Inside the family firm: The role of families in succession decisions andperformance." The Quarterly Journal of Economics122(2):647-691.
- Berle, A. A., and Means, G. C.(1932). "The moderncorporation and private property. New Brunswick. NJ: Transaction. "NJ: Transaction
- Bertrand, M., and Schoar, A.(2006). "The role of family in family firms." Journal of economic perspectives 20(2): 73-96.
- Bertrand, M., Johnson, S., Samphantharak, K., and Schoar, A.(2008). "Mixing family withbusiness: A study of Thai business groups and the families behind them." Journal of financial Economics 88(3): 466-498.
- Burch, P. H.(1972). "Themanagerial revolution reassessed: Family control in America's largecorporations."Lexington Books
- Burkart, M., F. Panunzi and A. Shleifer(2003). "Family firms." Thejournal of finance58(5): 2167-2201.
- Chang, S. J. and J. Shim(2015). "When does transitioning from

- familyto professional management improve firm performance?" StrategicManagement Journal36(9): 1297-1316.
- Claessens, S., and Fan, J. P.(2002). "Corporate governance in Asia: A survey." International Review of finance 3(2): 71-103.
- Claessens, S., Djankov, S., and Lang, L. H.(2000). "The separation of ownership and controlin East Asian corporations." Journal of financialEconomics 58(1-2): 81-112.
- Demsetz, H., and Lehn, K.(1985). "The structure of corporate ownership:Causes and consequences. " Journal of politicaleconomy 93(6): 1155-1177.
- Faccio, M., &Lang, L. H.(2002). "The ultimate ownership of WesternEuropean corporations. " Journal of financial economics 65(3):365-395.
- Faller, C. M. and D. zu Knyphausen-Aufseβ(2018). "Does equityownership matter for corporate social responsibility? A literature review oftheories and recent empirical findings." Journal of Business Ethics150(1): 15-40.
- Gomez-Mejia, L. R., Cruz, C., Berrone, P., and De Castro, J.(2011). "The bind that ties:Socioemotional wealth preservation in family firms." Academy of Management Annals 5(1): 653-707.
- Jetha, H.(1993). "Theindustrial Fortune 500 study." UnpublishedResearch, Loyola University, Chicago
- Khanna, T., &Palepu, K.(2000). "Emerging market business groups, foreignintermediaries, and corporate governance."In Concentratedcorporate ownership(pp. 265-294). University of Chicago Press.
- La Porta, R., Lopez-de-Silanes, F., &Shleifer, A.(1999). "Corporateownership around the world. "The journal of finance54(2): 471-517.
- Lemos, R., &Scur, D.(1920). "The ties that bind: family CEOs,management practices and firing costs. " Working paper.

- Martínez, J. I., Stöhr, B. S., and Quiroga, B. F.(2007). "Family ownership and firm performance:Evidence from public companies in Chile." FamilyBusiness Review 20(2): 83-94.
- Maury, B.(2006). "Family ownership and firm performance: Empiricalevidence from Western European corporations." Journal of corporatefinance12(2): 321-341.
- McConaughy, D. L.(1994). "Founding family controlled corporations:An agency-theoretic analysis of corporate ownership structure and its impactupon corporate efficiency, value, and capital structure." Unpublished doctoral dissertation, University of Cincinnati, OH, 155
- Miller, D., Le Breton-Miller, I., Lester, R. H., and CannellaJr, A. A.(2007). "Are family firms reallysuperior performers?" Journal of corporate finance 13(5): 829-858.
- Minichilli, A., G. Corbetta and I. C. MacMillan(2010). "Topmanagement teams in family-controlled companies:'familiness','faultlines', and their impact onfinancial performance." Journal of management studies47(2):205-222.
- Morck, R., D. Strangeland and B. Yeung(2000)."Inherited wealth, corporate control." Working Paper
- Pagano, M. and P. F. Volpin(2005). "Managers, workers, and corporatecontrol." The journal of finance60(2): 841-868.
- Roe, M. J.(2006). "Politicaldeterminants of corporate governance: Political context, corporate impact."Oxford University Press on Demand
- Shanker, M. C., &Astrachan, J. H.(1996). "Myths and realities: Family businesses'contribution to the US economy—A framework for assessing family businessstatistics." Family business review 9(2):107-123.
- Shleifer, A., and Vishny, R. W.(1986). "Large shareholders and corporatecontrol." Journal of political economy 94(3,Part 1): 461-488.
- Villalonga, B.(2018). "The impact of ownership on buildingsustainable and responsible businesses." Journal of the British Academy6(s1): 375-403.

- Villalonga, B. and R. Amit(2006). "How do family ownership, controland management affect firm value?" Journal of financial Economics80(2):385-417.
- Villalonga, B. and R. Amit(2009). "How are US family firmscontrolled?" The Review of Financial Studies22(8):3047-3091.
- Villalonga, B. and R. Amit(2010). "Family control of firms andindustries." Financial Management39(3): 863-904.
- Wagner, D., J. H. Block, D. Miller, C. Schwens and G. Xi(2015). "Ameta-analysis of the financial performance of family firms: Anotherattempt." Journal of Family Business Strategy6(1): 3-13.
- Yopie, S. and I. Itan(2016). "CEO-Family vs. CEO-Nonfamily: Who is aBetter Value Creator in Family Business?" Journal of Applied ManagementAccounting Research14(2).
- 강상구 and 임현일(2015). "CEO 의평판관리에 대한 인센티브와 기업의 사회적 책임에 대한 연구." 보험금융연구26(1): 73-108.
- 강원 and 정무권(2020). "ESG 활동의 효과와 기업의 재무적 특성." 한국증권학회지49(5): 681-707.
- 강원 and 정무권(2020). "비재무지표와 기업의 시장성과 간의 관계에 대한 연구: ESG 지표개발에 사용되는 사건의 시장반응 분석." 연세경영연구57(2): 1-22.
- 고윤성 and 박선영(2013). "가족구성원의 경영참여와 가족기업경영." 회계저널 22(2): 61-109.
- 김아리 and 김보인(2020). "기관투자자유형과 기업의 사회적 책임 성과: 한국상장기업을 대상으로." 국제경영리뷰23(3): 227-245.
- 김윤경(2020). "기업비재무정보(ESG) 공시가 재무성과와 기업가치에 미치는 영향." 규제연구29(1): 35-59.
- 남영호 and 문성주(2007a). "가족기업의 성과에 관한 연구: 코스닥 등록기업을 중심으로." 중소기업연구29(1): 21-48.
- 남영호 and 문성주(2007b). "가족기업과 비가족기업의 성과비교: 거래소 상장기업을 중심으로." 대한경영학회지 20(1): 237-264.
- 박세열, 신현한, 박경진(2010). "가족기업의 기업지배구조적 특성이 기업가치 및

경영 성과에 미치는 영향." 경영연구 25:163-5.
- 백자욱(2018). "오너 CEO기업과 비오너 CEO기업과의 경영실적 비교분석." 산업경제연구31(4): 1313-1329.
- 송준기(2016). "한국에서 가족의 소유와 경영이 기업성과에 미치는 영향: 거래소 상장기업을 중심으로." 전문경영인연구(3): 161-182.
- 안세연 and 박동준(2013). "소유 또는 전문 CEO 선택이 가족기업의 장기성과에 미치는 영향: 두 가족기업의 성쇠." 전략경영연구16(2): 57-87.
- 정강원(2020). "기업의 사회적 책임과 재무적 성과와의 관계에 관한 연구." 기업경영리뷰11(1): 15-33.
- 최승빈(2017). "기업의 사회적 책임과 재무적 성과 관련성에 관한 연구." 기업경영리뷰8(1): 149-174.

주석

1) Demsetz and Lehn(1985)와 Shleifer and Vishny(1986)

2) Anderson and Reeb(2003)와 Villalonga and Amit(2006)

3) Villalonga and Amit(2010)

4) La Porta 외(1999), Claessens 외(2000), Faccio and Lang(2020), Anderson and Reeb(2003), Villalonga and Amit(2006), Villalonga and Amit(2009), Aminaday and Papaioannou(2016)

5) Burch(1972), Shleifer and Vishny(1986), McConaughy(1994), Jetha(1993)

6) "김범수 카카오 이사회 의장이 자신이 보유한 자사 주식 33만주를 부인과 두 자녀를 포함한 14명의 친인척에게 증여했다고 일 공시를 통해 밝혔다. 일 카카오 종가(44만원) 기준, 33만주는 1452억 원에 상당한다. 김 의장은 부인과 두 자녀에게 각 6만주(264억 원 상당)를, 그 외 다른 친인척에게는 각 4200~2만5000주를 나눠줬다. 이번 증여로 카카오 최대 주주인 김 의장의 지분은 14.2%(1250만 631주)에서 13.74%(1217만 631주)로 줄었다."(2021년 1월 20일)

    출처: https://www.chosun.com/economy/tech_it/2021/01/20/5PHIO3NFJVAS3HFBG7KR4B5BZ4/

7) "롯데그룹 비리를 수사 중인 검찰이 고심 끝에 신동빈(61) 롯데그룹 회장에 대해 1700억 원대 횡령과 배임 등 혐의로 구속영장을 청구했다. 서울중앙지검 롯데수사팀(특수특수4부·첨단범죄수사1부)는 신 회장에게 신동주(62) 전 일본 롯데홀딩스부회장, 신유미(33) 롯데호텔 고문 등 신씨 일가를 롯데계열사에 등기이사로 이름만 올려 이들이 500억 원대 급여를 받게 한 혐의와 롯데피에스넷 유상증자 과정에서 다른 계열사에 480억 원 상당의 손실을 끼친 혐의, 롯데시네마 매점 운영권을 신격호 총괄회장의 셋째 부인으로 알려진 서미경(57)씨 등에게 임대해 770억 원을 서씨 등이 챙기게 한 혐의 등을 적용했다."(2016년 9월 26일)

    출처: https://www.chosun.com/site/data/html_dir/2016/09/26/2016092601416.html

8) 채권단은 채권자 중에 기업의 구조조정에 관여하게 된 집단으로서 소유권을 직접 가지고 있지는 않지만 채권을 회수하기 위해 경영권을 일부 행사할 수 있는 권한을 가지고 있다.

9) 박진우, 2013

10) 김윤경, 2020

11) VIllalonga, 2018

10

조성봉
숭실대학교 경제학과 교수

ESG와 국내 경영환경

- ESG의 한계와 기업의 전략
- 한국의 기업환경과 ESG
- 한국의 기업가정신과 ESG 경영
- 화장술이 아닌 기업가정신으로서의 진정한 ESG

ESG와 국내 경영환경

　글로벌 기업환경에서 ESG(Environment, Social, Governance) 경영이 큰 주제로 확산되고 있다. 여러 기관에서 기준을 정하여 기업을 평가하고 이를 점수화하여 발표하고 공개하고 있다. 그러나 ESG가 영향력을 발휘하는 것은 자본시장이다. ESG 평가가 높은 기업의 주식과 채권에 투자하는 ESG 투자가 기업들의 ESG 경영을 유도하고 있다. ESG는 기업의 사회적 책임(Corporate Social Responsibility, CSR) 경영, 지속가능(Corporate Sustainability Management) 경영 등의 연장선상에 있지만 기후변화에 대응하여 탄소배출을 줄이며 재생에너지를 활용하는 환경경영을 더욱 강조한다. 한 마디로 전 지구적 걱정거리인 환경문제에 대처하고 사회적 책임과 건전한 기업지배구조를 원하는 사회적 요구에 응하면서 기업을 '착하게' 경영하라는 메시지이다.

　ESG는 자본시장의 자율적 투자 가이드라인이다. 법은 사회의 구성원이 지켜야 할 최소한의 규범인데 ESG는 현시점에서 법제화되고 강제화되기 어려운 요구사항을 기업들이 지켜주었으면 하는 바람이 반영되어 있다. 그러나 때로는 법과 자율적 ESG 준수의 구분이 명확한 것은 아니다. 또한 법과 자율적 준수 사이에도 다양한 스펙트럼이 존재한다. 일례로 법적으로 금지하지는 않으나 세금을 부과하는 방식도 있다. 또한 탄소 배출권과 같이 탄소를 배출할 수 있는 권리를 구입할 수도 있다. 세금과 마찬가지로 특정 행위를 금지하지는 않지만 이에 따른 사적 비용(private cost)을 높이는 것이다. 또한 정부는 당장에는 법이나 조세 등과 같은 방법을 실행에 옮기지는 않으나 로드맵 등을 통하여 미래의 일정과 목표를 설정하여 기업들이 대비하고 미리 투자를 하도록 유도한다.

그러나 이와 같은 정부의 바람이 과연 기업의 높은 수익성과 연결될 수 있을지는 분명하지 않다. 이 점에서 ESG는 딜레마를 갖고 있다. ESG를 제대로 이행하면 수익성이 올라가므로 ESG를 수익성의 지표로 볼 수 있다면 처음부터 ESG를 투자 가이드라인으로 삼는 것 자체가 중복이요, 불필요한 것일 수 있다. ESG 경영이 수익성을 높이는 것이라면 굳이 누가 강요하지 않아도 알아서 ESG를 수행할 것이기 때문이다. 반대로 ESG가 수익성을 제대로 반영할 수 없다면 ESG는 투자 가이드라인으로서 적절한 지표가 아닐 수도 있다. 그렇다면 ESG가 의미 있는 사회적 제안이면서 동시에 기업의 수익성을 나타내는 지표로 활용되기 위한 조건은 무엇인가? Porter, Serafeim and Kramer(2019)가 밝혔듯이 ESG가 단순히 투자대상 기업의 리스크를 점검해 주는 지표를 넘어서 좋은 투자대상을 지목하는 지표가 되기 위해서는 ESG가 기업의 경영전략과 경쟁전략에 구체적으로 체화되어야 한다. 그러나 ESG가 기업전략에 구체적으로 체화될 수 있느냐는 각 사회의 기업환경을 떠나서는 논의될 수 없다. 왜냐하면 각 사회의 기업환경에 따라 ESG가 발현될 수 있는 분위기와 환경이 천차만별로 다르기 때문이다.

ESG는 본질적으로 미국보다는 유럽적인 기업환경에서 제기된 발상이다. 미국식 자본주의는 잘 알려진 대로 기업과 주주의 이해를 존중하는 주주 자본주의(shareholder capitalism)라고 불린다. 미국식 자본주의 정신은 미국 헌법이 제한하고자 하는 정부의 역할과도 관련이 있다. 즉, 삼권분립을 통해 권력을 분할하고 국가기관들이 서로 견제와 균형을 통해 쉽게 개인과 기업의 경제활동의 자유를 구속하지 못하도록 한 미국 헌법의 정신이 미국식 자본주의에 잘 반영되어 있다. 반면, 유럽식 자본주의는 그 중상주의적 전통에서도 알 수 있듯이 국가의 정치적·경제적 힘을 신장하기 위한 정부의 역할을 강조하고 있으며 공익이란 명목으로 개인과 기업의 경제적 자유와 재산권 그리고 사적 계약에 대한 국가의 간섭을 비교적 용이하게 한다. 이러한 특성으로 인하여 유럽식 자본주의는 이해당사자 자본주의(stakeholder capitalism)이라고 불린다. 즉, 유럽식 자본주의는 주주, 근로자, 채권자, 소비자, 공급자, 투자자, 지역사회 주민 등 여러 이해당사자들에 두루 관심을 두며 기업을 관리하려는 사회분위기와 밀접하게 연결되어 있다. 미국과 유럽이라는 대비되는 기업환경에 따라 ESG가 갖는 의미가 다른 것처럼 ESG가 한 경제와 그 공동체에서 어떻게 구현되고 적용되며 실현되느냐는 크게 다를 수 있다. 특히 우리나라에서 ESG가 어떻게 도입되고 구현될 수 있는지는 우리의 특수한 기업환경과 분리해서 생각할 수 없는 문제이다.

 이 챕터에서는 ESG의 명암과 한계를 살펴보면서 ESG가 투자자에게 활용될 수 있는 기업가치의 지표로 활용되기 위한 조건이 무엇인지를 논의할 것이다. 다음으로 ESG가 이행되고 구현되는 우리 기업환경의 문제점을 검토한 후 ESG가 우리 사회에서 의미 있게 구현되는 방향은 무엇인지 제시한다.

ESG의 한계와 기업의 전략

ESG가 전 세계적인 주목을 받고 있고 모범적인 기업의 방향으로 제시되고 있음에도 불구하고 ESG의 높은 순위가 기업의 수익성을 보장한다는 아무런 증거도 제시되지 않고 있다. Fortune이 매년 발표하는 '세계를 변화시키는 기업(Change the World)' 명단에 실린 기업들은 이윤을 통해 사회를 변화시키고 있다. 그러나 이들 중 다수는 업계 최고의 ESG 순위를 기록하고 있지 않다. 그 지분에서 SRI 펀드의 비중도 크지 않은 편이다. Dow Jones의 지속가능성 지수(Sustainability Index) 순위가 주주가치를 증가시킨다는 증거가 없다는 점도 이와 맥을 같이 한다. 즉, 사회적으로 칭찬을 받을만한 기업경영 방침이 구체적으로 어떻게 수익성을 제고시키는지에 대한 과학적 근거는 없다[1].

오히려 ESG 경영의 전반적인 확산을 불러들인 환경문제의 강조는 기업의 수익성을 떨어뜨리고 재무적 리스크를 높이는 방향으로 작용한다. 다양한 이해당사자들 속에서 균형을 잡아야 하는 유럽식 시장경제에서는 기업의 수익성과 자율성이 훼손되더라도 미국식 시장경제보다 ESG에 더 잘 순응한다. 이는 투자자들의 태도에서도 나타난다. 유럽에서는 43%의 투자자들이 ESG를 검토하는 반면 미국의 경우에는 신용분석 전문가와 포트폴리오 관리자의 13%만이 ESG를 고려[2]한다. 이해당사자들과의 관계를 중시하는 유럽식 이해당사자 자본주의가 기업과 그 주주를 존중하는 미국식 주주 자본주의보다 ESG에 더 큰 관심을 보인다.

이와 같은 기업환경은 온실가스 감축 이행과정에 직접적으로 관련된 기업의 수익성과 향후 관련 투자에 악영향을 미칠 수도 있다. 가장 대표적으로 좌초자산(stranded asset)을 고려할 수 있다. 좌초자산은 갑자기 바뀐 정부의 규제와 정부 정책으로 인하여 당초 예상하였던 수익성을 시현할 수 없게 된 생산설비를 의미한다. 탄소배출에 대한 규제가 강화되면서 퇴출바람이 커진 석탄발전소가 그 대표적인 사례이다. ESG 경영이 확산되고 있는 유럽의 전력사업체는 석탄발전설비를 처분하거나 폐쇄하는 등의 방법으로 발전설비의 탈탄소화를 진행하고 있어서 기업의 재무적인 리스크가 크다. 반면 미국의 경우 규제당국이 이와 같은 재무적인 쇼크를 장기에 걸쳐 소비자가 분담하도록 허용함으로써 사회 전체가 ESG 노력에 동참하는 모습을 보이고 있다. 기업의 사회적 책임과 ESG 경영이라는 이름으로 유럽에서는 기업의 파산과 재무적인 어려움을 불러들일 수 있으나 미국에서는 규제대상 기업이 예상할 수 없었던 문제에 대해서는 그 비용을 회수할 수 있도록 허용함으로써 향후의 기후변화에 대한 극복에서도 기업들의 리스크를 줄여주고 동참할 수 있는 분위기가 형성되고 있다.

대부분의 기업 리더들은 사회적 의식이 높은 소비자, 근로자 그리고 투자자들을 끌어 모으기 위해 지속가능성 점수와 ESG 점수를 높이려고 한다. 투자분석가들은 투자대상 기업의 포트폴리오를 만든 다음 규제, 환경, 명성 등에 혹 있을 위험을 가려내는 수단으로 ESG와 지속가능성 순위를 고려하고 있다. 즉, ESG는 그 자체가 수익성에 직결되는 신호로써 작동하기보다는 투자의 안전성을 높이는 일종의 검증 장치로 활용되는 셈이다.

ESG의 한계는 그 점수의 산정과정을 보면 알 수 있다. ESG는 미인대회식의 점수 가산 방식이다. 많은 투자자들은 이를 투자적격을 위한 하나의 장식으로 활용하고 있다. 부정적인 측면에 대한 감점은 없다.

일례로 과거 금융위기 때 비우량주택담보(subprime) 대출의 비중이 높았던 은행들에 대해 문제를 제기하지 않는다. 결국 ESG 보고는 투자자와 소비자를 기분 좋게 하는 화장술로 이용될 개연성이 높다.

ESG가 가져다주는 외부 경제효과는 산업 전체적으로는 긍정적이지만 ESG 투자에 따른 개별기업의 경쟁우위를 희석시키기 때문에 수익성 지표로 활용되기에는 무리일 수 있다[3]. 일례로 FedEx, DHL, UPS 등 유수의 물류기업들이 환경경영 방침에 따라 수송용 에너지를 줄이는 바람에 물류산업 전체의 운영효율이 제고될 수 있지만 결과적으로 어느 한 기업의 경쟁적 우위가 나아지지는 않았을 수도 있는 것이다.

한편, ESG는 비즈니스 모델에 따라 그 평가가 달라질 수 있어서 기업의 사회적·환경적 노력을 제대로 반영하지 못하는 경우도 나타난다. 예를 들어 거래단계가 수직적으로 통합된 월마트는 물류 단계를 대부분 자체 관리하지만 아마존은 이 중 상당 부분을 외주에 의존한다. 월마트는 배달물량, 포장, 배송 관리(fleet technology) 등의 과정에서 탄소배출량을 줄이기 위해 많은 노력을 기울이지만 아마존은 자체적으로 기울이는 노력이 많지 않다. 오프라인 쇼핑과 온라인 쇼핑의 탄소배출량 비교도 단순하지 않다. 오프라인 쇼핑의 경우 구매자가 한 번 구입하는 물품 수와 물품량이 많아지면 구입 대비 탄소배출량이 줄어든다. 그러나 탄소배출량을 줄일 것 같은 온라인 쇼핑의 경우 여러 택배회사가 다양한 제품을 따로따로 배달하게 되므로 오히려 평균적 탄소배출량은 더 클 수도 있다. 이처럼 수직적 통합의 정도, 물류유형, 소비자 쇼핑패턴에 따라 환경에 미치는 영향은 일률적으로 평가하기 어렵다.

ESG 자체가 기업의 수익성을 대변할 수는 없지만 혁신적인 기업전략과 만날 때 ESG는 눈부신 경쟁우위를 확보하는 수단이 될 수 있다. 기업의 전략을 통해 사회적 혁신과 경제적 가치를 통합할 수 있을 때 ESG 노력은 그 진정한 가치를 발휘하게 된다. Porter, Serafeim and Kramer(2019)는 그 대표적인 사례로서 남아프리카에 기반을 둔 건강보험회사 Discovery사의 사례를 들고 있다. Discovery사는 행동 경제학자들이 개발한 애플리케이션과 착용 운동기구(wearable fitness devices)를 통하여 주간 운동 목표를 달성하는 소비자에게 건강식품 할인권을 제공하는 등 건강보험과 경제적 인센티브를 연계시켰다. Discovery사의 이 같은 노력은 사람들의 행동을 변화시켜 건강보험 비용을 줄이고 기대수명을 증가시켰다. 그 결과 Discovery사는 보험상품을 낮은 보험 프리미엄 가격과 높은 수익성으로 연결할 수 있었으며 동시에 사회적 가치도 구현할 수 있었다. 4천만 개에 달하는 데이터를 통하여 행동과 건강변화 인센티브를 연결하는 이 같은 Discovery사 특유의 노하우는 쉽게 모방할 수 없었으며 Discovery사는 특허 라이센스를 통해 전 세계 주요 생명보험회사에 이를 보급하는 방식으로 시장을 확대하였다. Discovery사가 창출한 사회적 영향과 건강 증진은 바로 ESG를 기업전략으로 구체화한 좋은 사례로서 ESG가 사회와 주주들의 공유가치를 창출할 수 있음을 보여주고 있다. 이처럼 ESG를 통한 공유가치의 창출은 기업전략의 핵심으로 자리 잡고 있다. 이처럼 우수한 경제적 성과로 연결 짓기 위해서 기업들은 고객에 대해 더 나은 가치를 제공하는 차별화 전략과 경쟁기업에 비해 더 낮은 비용으로 이를 실현하는 경쟁전략을 만들어 내는 것이 중요하다.

　이와 같이 ESG는 비록 사회적 가치를 높이는 기업의 노력이지만 사회에 기업을 잘 보이려는 화장술이나 홍보전략으로 국한되어서는 안 된다. 또한 사회적 책임을 다하도록 억지로 기업들을 이끌어 들이는 반강제적 장치가 되어서는 큰 효과가 나타나지 않는다. 오히려 ESG는 기업이 고도의 전략을 구체화할 수 있는 단서가 되어야 한다. 이런 의미에서 ESG는 기업의 수익성과 연결될 수 있는 자율적이고 자발적인 기업전략으로 승화될 때 그 진정한 가치가 드러난다고 볼 수 있으므로 사회적 운동이나 기업을 압박하는 수단으로 활용되기보다 기업가정신(entrepreneurship)이 발로될 수 있는 하나의 창구로서의 역할을 할 수 있어야 한다.

한국의 기업환경과 ESG

한국은 기업환경에 미치는 정부의 영향력이 크다. 정부가 한국의 기업환경에 영향력을 행사하는 경로는 다양하다. 우선 정부가 직접 참여하는 공기업과 공공부문의 비중이 적지 않다. 한국의 거대 인프라 산업의 상당 부분은 공기업이 장악하고 있다. 전력산업은 한국전력공사와 그 6개 발전자회사가 사실상 80% 넘는 독점력을 행사하고 있으며 천연가스의 도입·인수·저장 및 수송을 담당하는 가스공사, 석유의 개발과 저장에 참여하는 석유공사 및 수도권과 지방에 집단에너지를 공급하는 지역난방공사 등이 에너지부문을 사실상 장악하고 있다. 다른 인프라 부문도 철도공사, 도로공사, 수자원공사, LH공사 등을 통하여 정부가 컨트롤하고 있으며 공항과 항만 등도 공기업이 모두 관장하고 있다. 금융부문에서도 국민연금, 건강보험 외에도 산업은행, 수출입은행, 무역보험공사, 예금보험공사, 기업은행, 우리은행, 기술보증기금, 신용보증기금 등을 통하여 정부가 직접 금융업에 참여하고 있다. 이 밖에도 교육부문에서는 보육시설, 유치원의 상당부문 그리고 초·중·고등학교의 대부분이 공립학교이며 대학교육은 유수한 국공립대학이 큰 비중을 차지한다. 문화와 체육부문에서도 국공립 시설과 정부가 주도하는 기관이 압도적이며 민간의 시설과 단체는 오히려 예외적이라고 할 수 있다.

정부는 대기업의 경영에 상당한 영향력을 행사하며 개입하고 있다. 낙하산 인사 등의 인맥과 공기업에 가까운 개입을 통하여 우리나라 금융산업은 이른바 '관치금융'이라고 불린다. 특히 은행 등 금융회사를 비롯하여 민영화된 포스코, KT 등은 최대 지분이 제한되어 있는데 이처럼 '주인 없는' 기업의 경우 사실상의 주인 노릇은 정부가 담당하고 있다. 특히 정권이 바뀔 때마다 임기와는 무관하게 은행과 초대형 기업은 친정권 인사가 새롭게 CEO로 내정되곤 한다.

한국의 산업정책의 폭과 깊이 그리고 규제도 정부가 기업환경에 영향력을 행사하는 중요한 경로이다. 경제개발시기에 한국의 정부는 대기업과 함께 산업을 일으켰으며 이 과정에서 정부는 각종 지원과 금융을 통하여 대기업의 성장을 도왔다. 또한 제조업에 대해서는 규모의 경제에 바탕을 두어 중상주의적인 수출금융 등 무역정책을 통하여 수출을 진흥시켰다. 수출주도형 경제성장을 이끈 우리 정부는 다양한 정부의 직간접 가이드라인과 정부의 지원을 통하여 기업을 통제하고 길들여왔다. 우리나라는 또한 1987년 헌법에서 도입된 '경제민주화'의 개념을 공정거래법 등에 적용하여 대기업에 대한 규제를 강화하였다. 그 결과 공정거래정책은 시장기능을 정상화하고 경쟁을 촉진하기보다는 출자총액 및 상호출자 제한, 계열사 채무보증 제한, 금융·보험사 의결권 제한, 중소기업 업종으로의 기업결합 제한 등과 같이 크기를 이유로 대기업을 규제하는 방식으로 전환되었다.

국민연금을 통한 의결권 지분행사는 정부가 상장 대기업에 영향력을 행사하는 또 다른 메커니즘이다. 2006년에 정부가 '국민연금 의결권 전문위원회'를 도입하면서 구체화된 정부의 의결권 행사는 강제적인 연금을 통하여 정부가 국민을 대리하여 의결권을 행사하여 '연금 사회주의'라는 비판을 불러들이고도 있다. 국민연금의 상장기업에 대한 의결권 행사의 폭은 점점 확대되고 있는데 국민연금은 2018년 의결권 행사지침에 스튜어드십 코드(Stewardship Code)를 도입하여 상장기업에 대하여 보다 적극적인 의결권 행사를 시도하고 있다.

한국은 기업의 자율적 창의성보다 정부의 정책적 선도와 규제가 기업경영의 방향에 더 큰 영향을 발휘하는 기업환경을 갖고 있다. 기업에 대한 평가는 가장 중요하게는 소비자 그리고 주주 및 채권자들에 의해서 이루어지는 것이 일반적이지만 우리의 기업환경에서는 정부와 정권의 평가가 중요한 위치를 차지한다. 공기업에 대한 평가가 대표적이다. 우리 공기업의 대부분이 독점기업이어서 소비자의 평가는 무의미하다. 비교 대상과 다른 선택의 여지가 없기 때문이다. 정부가 사실상 빚보증을 서기 때문에 채권자의 평가도 큰 의미가 없다. 공기업 중 상장된 기업이 많지 않고 설사 상장되었다 하더라도 일반주주보다 정부와 공무원들의 평가와 이해에 더 관심을 기울인다. 기업을 길들이는 상품시장, 금융시장 및 자본시장에서의 보편적인 규율 메커니즘(discipline mechanism)이 공기업에 대해서는 제대로 작동하지 않는 것이다.

흔히 공기업의 경우 이중적 주-대리인 문제(principal-agent problem)가 발생한다고 지적한다. 주-대리인 문제는 소유와 경영이 분리된 기업의 경우 CEO를 비롯한 경영층에 주주들이 기업의 경영을 위임할 때 경영층이 주주의 이해와 상충된 방식으로 기업을 경영하는 경우를 지칭한다. 그런데 공기업은 이러한 위임구조가 국민으로부터 공무원에게, 다시 공무원으로부터 공기업 경영층에게로 두 번에 걸쳐 이중적으로 나타나기 때문에 국민들의 이해는 제대로 반영하지 못할 가능성이 크다. 특히 우리나라의 경우 '공공기관운영에 관한 법률'에 의한 공기업 및 공공기관에 대한 정부의 경영개입이 심하고 공기업의 자율성이 심하게 침해받고 있어서 이중적 주-대리인 문제에 따른 자원배분 및 공기업 경영의 왜곡의 정도는 더 심각하다.

우리나라의 경우 각종 정부정책과 공적인 가치가 공익이란 이름으로 공기업의 경영목표로 부과되고 있다. 2020년에 진행된 정부의 공기업 경영평가[4]의 '경영관리 범주 비계량지표'에는 전략기획, 경영개선, 리더십, 일자리 창출, 균등한 기회와 사회통합, 안전 및 환경, 상생·협력 및 지역발전, 윤리경영, 조직·인사 일반(삶의 질 제고), 재무예산 운영·성과, 보수 및 복리후생, 노사관계, 혁신노력 및 성과 등 다양한 항목이 포함[5]되어 있다. 또한 경영관리 계량지표의 평가 유형에는 사회적 가치 구현, 업무효율, 재무예산 운영·성과, 총인건비 관리, 국민소통 등이 포함된다. 이러한 비계량 및 계량지표에 의한 평가지표에는 일자리 창출, 균등한 기회와 사회통합, 안전 및 환경, 상생·협력 및 지역발전, 윤리경영, 조직·인사 일반(삶의 질 제고), 보수 및 복리후생, 노사관계, 사회적 가치 구현, 국민소통 등과 같이 공기업의 수익성이나 국민 및 소비자에 대한 공기업의 상품과 서비스에 대한 만족도보다는 ESG와 유사하거나 중복되는 공기업의 사회적 책임과 정부가 지향하는 정책적 목표가 상당수 포함되어 있다.

정부가 공공기관 경영평가에서 사회적 가치에 대한 배점을 상향 조정하고 있어서 우리 공기업은 기업의 본질적인 목표인 수익성 향상 이외의 부차적인 경영목표에 많은 노력을 기울이고 있다. 특히 정부가 공기업에 과도하게 적용하고 있는 가격규제와 같은 공익적 목표에 따라 수익성 향상에 제약이 따르고 그 결과 재무적 성과에 대한 배점을 높게 받을 수 없다는 한계를 극복하기 위해 다른 분야에서의 배점을 높이려는 노력이 관행화되어 있다. 대부분의 공기업은 경영평가 점수를 관리하고 이에 대해 높은 평점을 받기 위하여 기획부서에서 공기업 경영평가를 전담으로 하는 많은 인력이 소속 공기업의 전반적인 점수 관리에 매달리고 있다. 또한 중앙 및 지방언론 그리고 각 공기업이 속해 있는 산업·환경 등 전문분야의 언론에 좋은 평판을 얻기 위한 다양한 접근을 하고 있다. 실제로 이를 위해 언론, 학회 및 각종 단체들은 공기업에 대하여 봉사, 환경, 안전, 상생, 협력, 소통 및 정보공개, 업무환경 개선, 불우이웃 및 지역사회 돕기, 부패방지 및 청렴도 개선, 중소기업 지원, 노사협력, 기술개발 및 국산화 등등 다양한 분야에 대한 홍보와 선전의 플랫폼을 제공하고 있다. 이외에도 공기업 평가에는 청렴도, 고객만족도, e-정부화 등 다양한 부문에 대한 설문조사 결과도 포함되어 있다. 그러나 이와 같은 공기업의 노력은 사회적 가치와 공익적 가치를 본질적으로 개선하기보다 이에 대해 높은 평가를 받으려는 일종의 점수관리 차원의 화장술이라는 느낌을 지울 수 없다. 오래전부터 환경의 가치를 제고하는 투자를 한다고 홍보를 하고 겉치장을 하면서 사실은 다른 곳에 자원을 사용하는 기업들의 눈속임을 환경론자들은 그린워싱(Greenwashing)이라고 비판하고 있다. ESG 채권을 녹색채권, 사회적채권 및 지속가능채권으로 구분하였을 때 이러한 그린워싱에 대한 우려로 전 세계적인 녹색채권의 비중은 2018년의 84%에서 2020년의 63%로 크게 감소[6]한 바 있다. 그린워싱의 문제는 경영평가를 잘 받기 위해 우리 공기업이 사용하는 막대한 인적·물적 자원을 되돌아보게 한다. 기업의 본질적인 경쟁력과 생산성을 향상시키기보다 화장술과 겉모습을 꾸미게 만든다는 점에서 한국의 공공기관 평가제도는 이 같은 개념의 연장선상에서 비판적으로 검토할 필요가 있다.

전 세계적으로는 녹색채권이 ESG 채권에서 가장 많은 비중을 차지하지만 2020년 9월 현재 한국거래소에 상장된 ESG 채권의 대부분은 사회적채권으로, ESG 채권 전체 453개 종목(69.6조 원) 중 사회적채권이 405개 종목(63.2조 원), 녹색채권 및 지속가능채권은 각각 27개 종목(2.6조 원)과 21개 종목(3.8조 원)에 불과[7]하다. 즉, 환경 및 녹색경영보다는 기업의 사회적 책임에 대해 정부의 개입과 직·간접적인 압박이 더 집중되었을 것으로 판단된다. 2021년에는 추가적으로 공공기관 평가에 안전관리 역량을 평가하는 안전등급제가 시행되고, 코로나19 여파에 따른 청년층의 구직난 문제를 해소하는 차원에서 공공기관의 청년 인턴 채용규모도 대폭 확대될 예정이다. 여기에 공공기관의 한국판 뉴딜 사업 추진실적도 점검받게 되며 경영정보 공개의무가 한층 강화되면서 공공부문의 경영 투명성을 강화하게 될 것이다. 우리나라도 ESG에 대한 관심 때문에 ESG 채권시장이 커지고 있지만 대부분은 공기업이 견인역할을 맡고 있다. 2020년 발행된 ESG 채권 가운데 공기업 채권이 94%를 차지[8]하고 있다. 그런데 한국신용평가(2020)의 보고서는 이와 같은 ESG 채권 발행의 주요 목적이 대부분 정부의 직·간접적인 압박과 기업 홍보효과 등 비재무적이고 간접적 효과뿐이며 실익이 없다고 평가하고 있다. 공기업의 성과에 활용되는 여러 평가 항목은 궁극적으로 재무적 성과를 통해서 반영되어야 한다. 재무적 성과를 통해서 반영되지 않는다면 이러한 평가항목은 기업의 성과와는 무관하다는 것을 의미한다. 이런 의미에서 많은 항목을 평가기준으로 내세우는 공공기관 평가는 본질적인 기업의 경쟁력을 넘어 홍보전략과 화장술로 이어질 가능성을 보여주며 확대된 의미의 또 다른 그린워싱이라고도 할 수 있다.

공기업뿐 아니라 우리 민간기업의 ESG 경영에서도 정부의 개입과 직·간접적인 관여는 적지 않게 나타나고 있다. 우리의 기업환경에서는 환경 및 사회적 기여를 NGO와 시민단체들이 강조하게 되고 이를 정치권에서 이슈로 삼게 되면 흔히 법제화되거나 규제로 이어지는 경우가 많다. 그러나 강행규정으로 제도화하기 어려운 내용은 직·간접적인 정부의 압력과 개입을 통해서 관철되는 경우를 흔히 볼 수 있다. 지배주주가 없어 정치권이나 정부에서 낙하산 인사가 경영에 참여하는 은행 등 금융회사와 과거 공기업에서 대주주 없이 민영화된 기업들이 이에 해당한다.

정부는 국민연금의 의결권 행사를 통해 민간 상장회사에 대한 사회적 책임경영, 지속경영 및 ESG 경영을 강조한다. 국민연금은 세계 3대 연기금 중 하나로서 2020년 말 기준으로 71조 6천억 원에 달하는 국내주식을 운용하고 있다. 김용진 국민연금 이사장은 향후 2년 내에 운용기금의 50%를 ESG에 투자하겠다고 밝혔다. 국민연금 운용의 가장 중요한 목적은 기금의 수익성을 높여서 국민연금 가입자의 연금수익을 높여주는 일이다. 그러나 정부는 국민연금의 수익성 외의 부차적인 목적에도 많은 관심을 보이고 있다. 지난 2018년 국민연금은 기관투자자의 투자책임 원칙에 대한 스튜어드십 코드를 도입하였고 적극적으로 의결권을 행사[9]하는 것은 물론 주주를 위해 공격적인 안건도 내놓고 있다. 스튜어드십 코드 도입 이후 국민연금의 533건의 반대 안건 중 이사 및 감사 선임에 대한 반대가 245건으로 경영진의 결정에 제동을 건 바 있다. 특히 ESG 경영과 관련해서 적극적으로 경영권에 참여하겠다는 뜻을 밝히고[10] 있다.

그러나 이와 같은 국민연금의 상장사에 대한 ESG 경영 압력이 과연 국민연금 가입자들에게 실질적인 도움이 되는지는 별개의 문제이다. 국민연금 가입자들의 연금소득을 높이기 위해서는 기금의 수익성을 높여야 하는데 이는 바로 최적의 유가증권 포트폴리오를 구성하였는지, 또한 적절한 방식으로 해당 유가증권에 대한 의결권을 행사하였는지에 달려있다. 국민연금이 기금가치보다 다른 부차적인 목적에 더 큰 의미를 두어 기금운용에 문제점을 드러내고 있다는 비판은 여러 측면에서 제기되고 있다. 해외주식과 자산에 대한 투자를 적정 이하로 유지하고 있다는 점, 전문성 있고 유능한 투자분석가 및 전문가들을 초빙하지 못하고 있다는 점[11] 등은 지속적으로 제기되고 있는 문제이다. 2019년 한 해 국민연금은 세계 상위 대형 6개 연금기금 중 3위의 수익률을 보였지만, 2004~2020년까지의 최근 16년 평균은 연평균 운용수익률 5.8%를 기록하여 일본의 후생연금기금의 3.2%를 제외하면 가장 낮은 성과를 보인 것[12]으로 나타났다.

국민연금의 의결권 행사도 적절한 기준과 절차를 따랐는지에 대해 많은 의문점을 보이고 있다. 감사원은 지난해 스튜어드십 코드와 관련해 국민연금이 스스로 정한 기준을 지키지 않은 채 의결권을 행사했다고 지적했다. 예를 들어 국가기관에서 확인된 기업가치 훼손 이력이 없었음에도 불구하고 이사 후보들에 대해 내부 전문위원회의 추가적인 검토도 없이 반대 의결권을 행사하는가 하면, 동일 인물의 이사 선임에 대해 특별한 이유 없이 의결권 행사를 번복한 바[13] 있다. 이와 같은 현상은 국민연금의 의결권 행사가 정치적 의도와 정부의 재량에 따라 오용될 수 있음을 보여주는 것이다. 스튜어드십 코드는 주식가치에 대한 책임투자를 강화하자는 것이 그 취지여서 재무적 성과 이외에는 거의 개입하지 않는 등 신중한 방식으로 의결권을 행사하여야 한다. 그러나 우리의 경우 2018년 국민연금이 스튜어드십 코드를 도입한 이래로 한진그룹 조양호 회장의 경영권 배제를 행사하는 등 개별기업에 대한 중요한 의사결정에도 중대한 영향력을 행사[14]하고 있다.

국민연금 기금운용이 낮은 수익성을 보이는 것은 국민연금의 기금운용이 기금가치의 극대화보다 다른 정치적 또는 정부의 정책적 목적으로 활용되기 때문이다. 정부가 국민연금의 관리인 역할을 하면서 기금가치를 높이기 위해 적절한 의결권을 행사하는 것은 너무도 당연한 일이다. 그러나 문제는 우리 국민들에게는 다른 선택의 여지가 없다는 것이다. 선택의 여지가 없는 국민들이 내는 준강제적인 연금으로 기업을 길들이는 것이 과연 바람직한 방법인지에 대해서는 논란의 여지가 크다. 이와 같은 방식으로 정부가 기업경영에 개입하고 관여하는 것을 이른바 '연금 사회주의'라고 부른다. 국민연금의 기금운용위원회가 보건복지부 장관을 포함한 당연직 6인이 모두 정부 측 인사로 구성되고 위촉위원 14인 중 사용자 단체인 기업 측 3인과 연금전문가 2인을 제외한 9인 모두 비전문가[15]로 구성되어 있는 것은 기금운용위원회가 기금운용의 전문성을 높이기보다는 사회적 책임을 강조하고 이를 위한 이해당사자 간의 합의라는 외형과 모습에 더 큰 관심을 기울이기 때문인 것으로 판단된다.

경영평가와 일상적인 규제를 통한 정부의 공공기관에 대한 경영개입과 규제, 관치금융과 민간기업에 대한 다양한 형태와 채널을 통한 정부정책의 집행 그리고 국민연금을 통한 상장 대기업에 대한 경영참여 등은 우리나라의 경영환경에 얼마나 정부와 정치권의 개입이 체계적이고 조직적으로 이루어질 수 있는지를 보여주는 현상이다. 이와 같은 기업환경에서 정부주도로 진행되고 강조되는 ESG 경영은 기업의 자율적인 창의성을 통해 발휘될 수 있다고 보여지지 않는다. ESG 경영은 앞에서 논의한 것처럼 진정한 기업의 수익가치로 이어져야 하고 이를 위해서는 기업의 구체적인 전략으로 연결되어야 하는데 ESG 경영에 대한 정부의 강조는 대부분 보여주기식 홍보와 정부정책에 부응하기 위한 겉치레식 방편으로 제한되고 있다.

한국의 기업가정신과 ESG 경영

정부의 주도적인 노력이 ESG 경영의 토대를 확산하고 유도하는 데에는 회의적인 효과를 보이는 것으로 생각되지만 기업의 경영자가 자발적으로 주도하는 창의적인 기업가정신이 뒷받침되면 ESG 경영은 진정한 의미에서 경영혁신의 면모를 갖추게 된다. 한국의 기업환경에서 창의적인 기업가들은 이미 이와 같은 방식으로 나름대로 ESG 경영을 해왔다.

삼성그룹과 현대그룹의 의료부문 진출은 당시의 시대적 상황에서 사회적 책임을 위한 투자였다. 우리나라 양대 기업의 의료부문 진출로 인하여 한국의 의료수준은 크게 발전하였다. 삼성병원과 아산병원은 현재 우리 의료부문에서 선두급 위치를 차지하고 있다. 그 파급효과는 서울대 병원, 세브란스 병원, 카톨릭 의대 병원 등 경쟁적 위치에 있는 병원들도 최고의 수준으로 동반성장시켰다. 특히 삼성병원과 아산병원은 우리나라 병원경영, 의료체계 및 의사들의 전문성 향상에 크게 기여하였고 그 효과는 다른 병원들에 대한 확산효과(spill over effect)로 나타나 우리 의료산업 전반에 큰 경쟁력 향상으로 나타났다고 볼 수 있다. 또한 종합병원에 부속된 장례 서비스도 현저하게 개선되었다. 특히 삼성병원이 장례식장의 구조를 청결하고 위생적으로 개선하였고 유가족과 조문객들을 배려하며 장례문화를 선진화한 바 있는데 이 같은 장례 서비스와 문화는 빠르게 다른 종합병원 및 장례식장으로도 전파되어 당시까지 우리 사회에서 개선되지 않았던 장례 풍습에 혁신을 가져오게 되었다. 의료사업에 투자할 때 양대 기업은 초기에 수익성을 고려하지 않고 막대한 비용을 감당했고 오랫동안 적자를 감내하였던 것으로 알려져 있다. 그러나 무엇보다도 삼성과 현대의 의료사업 진출은 단순한 주먹구구식 투자나 그룹의 홍보를 위한 전략을 넘어선 것이다. 이들은 구체적이고 공격적인 전략 그리고 다른 경쟁자들과의 차별화된 전략으로 의료소비자인 국민들에게 큰 인상을 주었던 것이다. 이러한 두 기업의 차별화된 병원산업 경영 노하우는 빠르게 경쟁적 위치에 있는 종합병원으로도 전파되어 결과적으로 우리 의료산업을 선진화하고 개선하는데 크게 기여하였다. 그리고 이러한 의료산업 선진화의 과실은 국민들에게 돌아갔다. 이는 바로 두 기업의 기업가정신에 따른 그 시대의 ESG 경영이라고 평가할 수 있는 것이다.

    또 다른 사례로서 공격적인 ESG 경영을 내세우는 SK그룹을 들 수 있다. SK그룹의 경우 고 최종현 회장이 장학퀴즈, 고등교육재단 등 장학사업에 많은 투자를 하였으며 본인을 화장장으로 하도록 유언하였고 세종시에 화장장 은하수공원을 건설하여 기증하는 등 우리나라의 장묘 문화를 크게 바꾸는 데 결정적 역할을 하였다. 최근 SK그룹의 SK㈜, SK텔레콤, SK하이닉스, SKC, SK실트론, SK머티리얼즈, SK브로드밴드, SK아이이테크놀로지 등 8개 소속사는 사용 전력 100%를 재생에너지로 충당하는 글로벌 캠페인인 RE100 위원회에 국내 기업으로는 최초로 가입신청서를 제출하였다. SK그룹은 2021년 1월 미국 수소 전문기업 플러그파워에 약 1조 6천억 원을 투자하여 최대주주의 지위에 오르게 되었다. 이는 미국 내 청정에너지 관련 투자로는 역대 최대 규모로서 수소 생산과 유통, 공급을 아우르는 '수소 생태계' 구축을 새 전략사업으로 구체화한 것이다. SK는 이번 투자가 ESG 강화차원에서 단행되었다고 밝히고 있다. 이처럼 SK의 ESG 경영은 사회적 책임을 단순한 슬로건이나 홍보보다는 그룹경영의 구체적인 전략으로 실행에 옮긴다는 점에서 차별화되고 있다.

정도의 차이는 있지만 한국의 대기업을 일으킨 1세대 기업인들은 이와 같은 기업가정신으로 국가와 사회에 기여하였다. '사업보국(事業報國)'이란 말은 바로 이러한 1세대 기업인들이 기업활동을 통하여 국가와 사회에 공헌하겠다는 다짐을 잘 드러낸 표현이다. 이러한 선도적 기업가들의 고민은 우리가 지금 ESG 또는 사회공헌이라고 부르는 노력들과 크게 다르지 않았다. 그러나 이러한 기업가들의 노력이 두드러지는 이유는 이러한 생각이 매우 구체적이고도 체계적인 기업전략으로 연결되었다는 점이다. 이런 점에서 앞서 Porter, Serafeim and Kramer(2019)가 지적한 ESG 경영의 기업전략으로의 구체화를 우리 1세대 기업인들은 실행에 옮겼다고 볼 수 있다. 그리고 오늘날 우리가 ESG 경영이라 부르는 것은 창의적인 기업가정신을 통하여 훌륭하게 나타날 수 있다고 생각된다.

화장술이 아닌 기업가정신으로서의 진정한 ESG

ESG 경영은 상당 부분 기업이 사회적 책임을 다하고 있다는 전시적인 목적과 홍보용으로 활용되고 있다. 또한 그린워싱의 경우처럼 환경에 기여한다고 하면서 실제로는 그 효과가 불분명하고 겉치장이나 눈속임에 그치는 경우도 적지 않다. 진정한 의미의 ESG 경영은 사회적인 공유가치를 높이면서 동시에 기업의 미래가치를 증가시킬 수 있어야 한다. 그러나 ESG 경영은 기업의 구체적인 전략으로 구조적으로 반영될 경우에 비로소 사회적 책임을 다할 수 있으며 동시에 수익성 제고로 이어질 수 있게 된다. 이와 같은 구체적인 전략과 노력은 자발적이고 자율적인 기업의 노력 없이는 불가능하다. 특히 정부가 다양한 압력과 평가로 기업에 영향을 미치는 한국적 기업환경에서 ESG 경영은 자발적이고 창의적인 경영전략으로 이어지지 않고 겉치레 화장술이나 홍보전략의 일환으로 추진될 가능성이 높다. 그러나 우리 기업환경에서도 수익가치와 사회적 가치의 공유점을 찾아 노력을 아끼지 않았던 기업가정신의 자취를 적지 않게 찾아볼 수 있다. 진정한 ESG 경영은 정부의 평가나 직·간접적인 압력으로 이뤄지는 것은 아니다. Discovery사의 경우처럼 혁신적인 기업가정신이 사회적 가치를 증진시키고 이를 기업의 수익가치와 경쟁력으로까지 연결시킬 때 진정한 ESG 경영은 꽃피어날 수 있다.

참고문헌

- 기획재정부, 『20년도 공기업 경영실적 평가보고서: 공기업 1』, 2020
- 김병준, 「연금개혁, 미래가 보이는가?」, 『월드뷰』, 통권 248호, 2021 2월호.
- 윤지아, 「ESG 채권시장 현황 및 전망」, 『자본시장 포커스』, 2020-22호, 자본시장연구원.
- 한국신용평가, 「한국 ESG 채권시장의 현황과 전망」, 2020.
- Ioannou and Serafeim, "Corporate Sustainability: A Strategy?" Working Paper – 065, Harvard Business School Accounting & Management Unit, 2019.
- Kelly, Matthew; Katsaros, Spyros; and Nasca, Austin, Stranded Assets: Assessing the Impact on US and European Utilities, Loomis Sayles, 2020 November.
- Porter, Michael E.; Serafeim, George; and Kramer, Mark, "Where ESG Fails," Institutional Investor, 2019 October.

주석

1) Porter, Serafeim and Kramer(2019)
2) Kelly, Katsaros and Nasca(2020), p.6.
3) Ioannou and Serafeim(2019)
4) 기획재정부(2020), 『20년도 공기업 경영실적 평가보고서: 공기업 1』
5) 2021년의 공공기관 경영평가에서는 2019년 경영평가에서보다 사회적 가치에 대한 평가 배점을 50% 이상 확대하였다. 이에 더하여 정부는 혁신성장전략회의를 개최하여 '사회적 가치 실현을 위한 공공부문의 추진전략'을 확정하여 2021년도에는 '사회적 가치' 부문의 지표와 내용을 보완하고 배점을 확대하기로 한 바 있다.
6) 윤지아(2020), p.2.
7) 윤지아(2020), p.4.
8) 시장경제(2020. 12. 13), "ESG 채권 94%가 '공기업' … 일반기업들 왜 발행 꺼리나"
9) 국민연금은 2020년 1~11월 830회의 주주총회에 참석, 3,356건에 대해 의결권을 행사하여 최근 5년간 가장 많은 참석 및 의결권 행사건수를 기록하였다. 특히 830회 주주총회 중 122회의 사전공시를 진행하여 자본시장에서 국민연금의 결정을 따를 수 있도록 홍보의 선점효과를 노린 바 있다.
10) 파이낸셜뉴스(2021. 1. 31), "주총 벼르는 국민연금 … 상장사, 3월이 두렵다"
11) 국토균형발전의 일환으로 공공기관 본사가 지방으로 이전함에 따라 국민연금공단 본사가 전주로 이전하면서 사내 전문가의 퇴직과 금융전문가의 국민연금공단 회피 현상은 심해졌다. 중앙일보(2018. 9. 28), "350억 쓴 국민연금 해외사무소, 국내 복귀 직원 13명 중 8명 퇴사"
12) 김병준(2021), pp.76-77.
13) 한국경제(2020. 7. 30), "국민연금, 의결권 행사 멋대로 … 동일인 이사 선임 찬·반 오락가락"
14) 김병준(2021), p.79.
15) 이는 노동조합 연합단체 추천 3인, 지역가입자 농어민단체 추천 2인, 지역가입자 자영업자단체 추천 2인, 지역가입자 소비자 및 시민단체 추천 2인 등으로 구성되어 있다

11

김영신
계명대학교 국제통상학과 교수

기업의 사회적 가치 창출과 지속가능경영

- 기업의 본질과 기업 평가의 변화
- 글로벌 자본시장에서 ESG 투자의 확대
- 환경 보존과 지속가능발전
- 사회적 기업과 사회적 가치 창출
- 공익과 사회적 가치 창출의 기회비용
- 외부성(externality)과 기업의 사회적 가치 창출
- 사회적 가치 창출을 통한 기업의 혁신과 지속가능성

기업의 사회적 가치 창출과 지속가능경영

코로나19 발생 이후 전 세계 경제가 패닉 상태에 빠졌다. 전 세계가 총체적 위기를 극복하기 위해 확대재정 및 확대금융 정책을 집행하였다. 특히 미국을 비롯한 주요 국제 통화국가들의 대규모 양적 완화로 인해 화폐의 가치는 감소하고 주가는 크게 상승했다. 이러한 가운데 코스피(KOSPI)는 사상 처음 3천 포인트를 넘었고 국내 IT기업들을 포함한 주요 기업들의 주가는 급등했다. 따라서 기업들에 대한 일반인들의 관심은 높아졌고 이른바 '동학개미'라 불리는 개인투자자들의 주식 거래가 매우 활발해졌다. 이들은 국내주식을 넘어 해외주식에 대한 투자도 확대했다.[1] 이처럼 기업에 대한 일반 국민들이자 투자자들의 관심은 더욱 높아졌다. 동시에 기업의 사회적 역할과 책임에 대한 요구도 변화되고 있다. 이에 본고는 지속가능경영의 관점에서 기업의 역할 및 사회적 가치창출에 대해 논의하고자 한다.

기업의 본질과 기업 평가의 변화

기업은 왜 존재할까? 기업은 원자재, 노동, 기계와 장비 등을 이용하고 조직화하여 상품과 서비스를 생산하는 주체이다. 사실 상품과 서비스 생산은 기업조직을 통하지 않아도 가능하다. 개인이 시장거래를 통해 상품과 서비스를 제공할 수도 있다. 예컨대, 집을 짓는 것을 생각해 보자. 개인이 집을 짓기 위해서는 땅을 다지는 작업, 건물을 세우는 작업, 실내 인테리어를 하는 작업 등 각 단계마다 적합한 사업자를 찾아 계약을 맺고 진행해야 한다. 이러한 과정에서 탐색비용, 정보비용, 계약합의 과정의 협상 및 의사결정 비용, 계약이행의 감시 및 집행비용 등 많은 거래비용(transaction cost)이 수반된다.[2] 한편 건축기업과 한 번의 계약을 통해서 집을 지을 수도 있다. 건축기업은 집을 짓는데 필요한 체계를 내부적으로 갖추고 있기 때문에 집을 짓는데 소요되는 거래비용을 최소한 한 조직이라고 볼 수 있다. 이러한 관점에서 보면, 건축기업뿐만 아니라 거의 모든 기업들은 끊임없이 효율성을 추구해야만 존속할 수 있다. 그렇지 않으면 새로운 계약자를 찾기가 어렵기 때문이다. 그런데 기업의 규모가 커지고 관련시장이 국내뿐만 아니라 국외로 확대되면서, 다시 말하면 기업의 사회에 대한 영향력이 커지면서 기업에 대한 시대적 요구도 변화하고 있다. 기업의 사회에 대한 기여의 범위와 책임의 수준을 더욱 높게 요구하고 있다.

전통적으로 기업의 가치를 평가하는 데에는 현금흐름, 영업이익, 세전총자본비용, 주가, 배당 등 재무적 요소를 고려해 왔다. 이러한 단기적 접근법과 함께 장기적으로 기업의 존속가능성, 경제적 이익, 이해관계자 등을 포함한 기업가치를 평가하는 시도가 많아지고 있다. 또한 기업이 생산 및 영업활동을 하면서 근로자를 위한 안전과 복지뿐만 아니라 환경 및 윤리 경영, 그리고 사회공헌을 통해 사회전체에 이익을 제공해야 한다는 사회적 책임(social responsibility)요소도 확대되고 있다. 미국 유통회사인 월마트(Walmart)의 경우 자원을 보존하기 위한 방법으로 제품 유통주기를 확인하고 측정하는 보고시스템을 도입하여 제품의 지속가능성과 재고감소의 효과를 추구하였다. 지속가능상품지수(Sustainability Product Index)를 통해 제품의 생산뿐만 아니라 유통 전 과정을 투명하게 하여 제조환경도 변화시키는 효과도 얻었다고 평가되고 있다.[3]

한편 기업가치를 향상시키기 위한 관점에서 국내외 기관의 평가요소를 고려할 필요가 있다. 국민연금의 경우 환경, 사회, 지배구조(Environment, Social, Governance: ESG) 요소를 기금 투자에 반영하는 비중을 높이고 있다. 해외 연기금의 책임투자가 늘어남에 따라 국민연금도 ESG 관련 책임투자를 본격화하고 있는 것이다. 약 750조 원의 기금을 운용하고 있는 국민연금이 책임투자를 활성화하면, 이는 국내 다른 연기금에도 영향을 주게 된다.[4] 사회적 가치 창출이 미흡한 기업에 대한 투자가 감소될 것으로 전망된다. 반대로 재무적 성과가 떨어져도 사회적 성과가 좋으면 투자가 이뤄지기도 한다.[5]

글로벌 자본시장에서 ESG 투자의 확대

글로벌 자본시장이 ESG로 이동하고 있다. 이미 유럽(EU)과 미국의 ESG 투자의 확대뿐만 아니라 최근 중국도 ESG시장에 본격적으로 가세할 것으로 전망된다. 유럽(EU)과 미국은 10년 간 각각 1조 유로(한화 약 1,300조 원), 1.7조 달러(1,870조 원)를 탄소중립을 목적으로 한 친환경에 투자할 것으로 전망된다. 중국도 향후 30년간 100조 위안(약 1.7경 원)을 친환경 투자에 준비하는 것으로 추정된다. 한국의 경우도 2025년까지 약 73.4조 원을 계획한 것으로 파악된다. 전 세계적으로 보면 ESG

투자 자산이 2018년 30.7조 달러(약 3.4경 원)에서 2020년 상반기 기준 40.5조 달러(약 4.5경 원)으로 1년 반 만에 약 32% 증가한 것이다. 이 같은 추세에 비추어 보아 2030년 ESG 투자는 130조 달러(약 14.3경 원)까지 늘어날 것으로 예상된다. 전 세계 투자의 대부분이 ESG를 고려한다고 보아도 무방할 정도이다.[6)]

노르웨이 국부펀드(Norway Government Pension Fund: NGPF)나 네덜란드 공적연금공사(All Pensions Group: APG)의 경우 환경파괴, 무기제조, 담배판매를 하는 기업들을 투자대상에서 제외시키고 있다. 최근 네덜란드 공적연금공사(APG)가 한국전력공사가 해외 석탄발전소에 투자한 것을 한국전력공사가 탄소배출 감축에 노력하지 않는다고 보고 투자금을 회수한 바 있다. 탄소저감 친환경 투자는 사실상 온실가스배출을 감소시키려는 것이 주요 목적일 것이다. 국제사회는 온실가스배출에 따른 기후문제를 심각하게 인식하였기 때문에 국제연합(UN)을 통해 '2030 국가 온실가스 감축목표(Nationally Determined Contribution: NDC)'와 '장기저탄소발전전략(Long-term low greenhouse gas Emission Development Strategies: LEDS)'을 통해 탄소중립을 추진하고 있다. 이미 주요 국가들의 경우 온실가스 배출량이 할당 되어 있고 이에 대한 배출권 거래제도도 활성화되어 있다. 따라서 기업입장에서는 온실가스 배출을 줄이고자 하는 노력은 생산비용을 감소시킬 수 있을 뿐만 아니라 기업의 친환경 전략에 큰 도움을 줄 것이며 기업 이미지 및 브랜드 제고 효과로 작용할 것이다.

환경 보존과 지속가능발전[7)]

지구는 유한하다. 그래서 적지 않은 사람들이 환경보존을 강조한다. 그런데 환경보존만을 추구하면 인류의 삶의 질을 향상시키기는 어렵다. 그렇다고 환경을 고려하지 않은 채 개발을 추구할 경우 환경피해가 발생하여 인류에게 재앙으로 되돌아온다. 그렇기에 인류의 삶을 지속적으로 향상시키고 지속가능한 발전을 하기 위해서는 자원을 효율적으로 사용해야 한다. 우리에게 필요한 제품이나 서비스를 생산하기 위해 보다 적은 자원과 에너지를 사용한다면 그 자체가 환경보존 활동이다. 예컨대, 초건층 건물을 짓는데 동일한 내구력을 유지하면서 보다 적은 양의 건축재가 사용되면 건축에 수반되는 에너지뿐만 아니라 소음, 탄소 배출 등 환경영향을 감소시키는 것이다.

효율적인 자원이용을 위해서는 기술 발전이 있어야 한다. 기업들은 4차 산업혁명의 혁신적 기술에 많은 투자를 하고 있다. 특히 생태효율을 높이는 환경기술은 환경오염원의 발생을 예방할 수 있을 뿐만 아니라 오염된 환경을 복원하는 것도 가능하게 한다. 또한 자원이 효율적으로 사용되는 곳에 원활하게 이동될 수 있어야 한다. 그러기 위해서는 자유로운 거래와 무역이 형성되어야 한다. 필요한 만큼의 자원이 낭비 없이 사용될 때 환경영향은 감소되는 것이다. 규제와 무역장벽으로 인해 거래가 원활하지 못하면 그 만큼 자원과 환경에는 부정적 영향을 끼치게 되는 것이다.

이미 온실가스 배출권거래 시장이 형성된 것처럼 무분별한 자원 채취나 자연환경의 훼손을 방지하기 위해 시장경제 시스템이 원활하게 작동될 수 있어야 한다. 환경은 더 이상 공짜가 아니며, 사회구성원에게 아끼고 보존해야할 인센티브를 만들어 주어야 한다. 아프리카나 남미 등을 포함한 일부 국가에서 벌어지고 있는 무분별한 자원의 채취나 자연환경의 훼손은 환경이 공짜라는 인식이 깔려 있는 것이다. 누구나 먼저 가서 채취하면 자기 것이 되고 오염을 발생시켜도 책임질 필요가 없기 때문이다. 주인이 있는 환경이라면 환경을 재산으로 인식하기 때문에 더욱 아끼고 효율적으로 관리할 것이다. 따라서 환경은 소비자와 공급자가 존재하는 재화로써 인식되어야 하고 다른 상품과 마찬가지로 시장에서 거래될 수 있어야 한다.

인류가 지구상에서 살아가는 한 오염이 없을 수는 없다. 환경이 훼손된다고 생산과 소비활동을 중단할 수는 없기 때문이다. 인류의 지속가능한 발전은 말 그대로 삶의 질을 저하시키지 않으면서 환경보존을 추구하는 것이다.

국제연합(United Nation: UN)에서는 2016년부터 2030년까지 17개의 지속가능 발전 목표(Sustainable Development Goals: SDGs)를 설정하고 있다. 기후변화, 에너지, 환경오염, 물, 생물다양성 등 지구 환경문제를 다루고 있다. 또한 인류의 보편적 문제(빈곤, 질병, 교육, 성평등, 난민, 분쟁 등)와 경제 사회문제(기술, 주거, 노사, 고용, 생산 소비, 사회구조, 법, 대내외 경제)를 해결하기 위해 국제사회의 협력을 유도하고 있다. 기업의 사회적 공헌과 가치창출은 이러한 목표에 부합되어 진행될 것으로 전망된다.

사회적 기업과 사회적 가치 창출

사회적 기업은 주로 사회적 목표를 가진 사업을 의미한다. 경제협력개발기구(OECD)에서는 사회적 기업을 "공공의 이해를 위해 수행되며, 이윤 극대화가 아닌 특정한 사회 경제적 목표 달성을 최종 목적으로 하는 기업"으로 정의하고 있다. 우리나라 사회적 기업육성법 제2조 제1호에서는 "취약계층에게 사회서비스 또는 일자리를 제공하거나 지역사회에 공헌함으로써 지역주민의 삶의 질을 높이는 등의 사회적 목적을 추구하면서 재화 및 서비스의 생산·판매 등 영업활동을 하는 기업으로서 사회적 기업으로 인증을 받은 자"라고 정의하고 있다.

사회적 기업은 2007년 55개에서 2017년 2,161개로 10년 동안 2,106개로 늘어났다. 이는 연평균 44.4% 증가한 것이다. 사회적 기업을 통한 총고용은 2007년 2,539명에서 2017년 41,417명으로 연평균 32% 증가했다. 이 가운데 취약계층 고용은 1,403명에서 25,171명으로 증가하였다(〈표 1〉 참고).

표 1 사회적 기업 수 추이

(단위: 개)

연도	2007	2008	2009	2010	2011	2012	2013	2014	2015	2016	2017
사회적 기업 수	55	221	298	514	669	811	1,080	1,345	1,640	1,905	2,161

자료: 한국사회적기업진흥원

한편, 사회적 기업은 다양한 사회서비스 분야에 분포되어 있다. 문화예술 분야에서 11.8%로 가장 많은 비중을 차지하고 있으며, 다음으로 청소(10.2%), 교육(8.1%), 환경(6.0%)순으로 분포하고 있다. 사회적 기업은 일반기업 분포에 비하여 비교적 임금 또는 후생복지 수준이 우월하다고 보기 어려운 분야에 주로 분포하고 있다.

표 2 사회서비스 분야 분포(2017년 말 기준)

(%)	문화예술	청소	교육	환경	사회복지	간병가사	관광운동	보육	기타
비중	11.8	10.2	8.1	6.0	5.7	5.1	2.4	0.7	50.0

출처: IBK경제연구소(2018)에서 인용

    사회적 기업은 공공기관과 정부 및 지방자치단체로부터 다양한 지원을 받고 있다. 금융기관은 사회적 기업에게 보증협약을 통해 대출을 제공한다. 구체적으로 살펴보면 사회적 기업은 서민금융진흥원, 중소기업공단, 신용보증기금이나 지역 신용보증재단을 통해 지원을 받거나 정부와 민간 합자펀드를 통해 지원을 받기도 한다. 이러한 정부지원금은 점차로 확대되고 있는 추세다. 2011년 정부지원금은 887억 원에서 2016년 1,407억 원으로 증가했다.[8]

    사회적 기업의 수와 규모의 확대에도 불구하고 실제 사회적 기업의 역할과 지속가능성에 대해서는 한계를 나타내고 있다. 매출규모가 50억 이하 사회적 기업의 수가 전체의 77.8%를 차지하고 있다. 매출 5억 원 이하의 기업의 비중도 20.3%이다. 더욱이 사회적 기업으로 인증을 받은 후 수익성은 급격히 하락하는 현상을 보인다. 정부지원이 중단되는 5년 후에는 평균당기순이익률이 마이너스(-)로 전환되기도 한다. 정부지원이 중단되면 생존이 어려운 기업은 탈락된다. 설사 생존한 기업이라고 하더라도 적자상태인 경우가 대부분이다. 이는 사회적 기업 인증취소율의 증가로 나타난다. 결국 대부분의 사회적 기업은 사업성과 생존역량이 부족하여 존속하기가 쉽지 않은 것이다. 정부의 지원기간 동안에는 수익성이 양호하지만 중단 이후에는 수익성이 급격히 악화되는 경우가 다반사이다.[9] 따라서 사회적 기업을 통해 사회적 가치를 창출하기에는 근본적 한계가 있다고 볼 수 있다.

공익과 사회적 가치 창출의 기회비용

공공부문은 국가와 사회구성원이 필요로 하는 공익을 제공하기 위하여 형성된 부문이다. 여기서 공익이라 함은 구체적으로 공공재 및 공공서비스를 의미한다. 원칙적으로 사적재(private goods)가 아니고 민간부문에서 생산하지 않는 재화 및 서비스여야 한다. 그런데 많은 공공재와 공공서비스가 민간부문에서도 공급이 가능하다. 이미 실제로 적지 않은 민간기업이 공공재와 공공서비스를 제공하고 있다. 예를 들어, 교도소 운영도 종교단체 또는 민간기업이 대행하여 운영하기도 한다.[10] 사실 공공기관이 제공하는 공공재와 공공서비스는 국가 또는 지방자치단체에 의해 독점적 공급권한이 주어졌을 뿐 사실상 민간부문에서의 공급이 얼마든지 가능하다고 볼 수 있다.

민간기업은 다양한 분야에서 다양한 형태로 공익을 제공하고 있다. 여기서의 공익은 공공부문에서의 공익과 표면상으로 다르게 보일지 모르지만 실제로는 거의 유사하다고 볼 수 있다. 민간기업에서 제공하는 공익을 사회적 가치창출이라고 해석할 수 있다.

공공부문이 제공하는 공공재 또는 공공서비스의 양은 사회적 최적 수준을 초과할 가능성이 높다. 〈그림 1〉에서 보듯이 공공서비스의 총편익곡선과 총비용곡선이 만나는 점(z^0)에서 공공서비스가 제공된다. 이 점($z0$)에서는 사회적 편익이 영(zero)이 되는 것이다. 한계비용이 한계편익보다 큰 점이다. 효율성 관점에서 보면 공공서비스가 사회적으로 바람직한 수준보다 과다하게 공급되는 것이다. 공공서비스의 총편익곡선의 한계편익과 총비용곡선의 한계비용이 만나는 점(z^*)에서 사회적으로 최적수준의 공공서비스가 제공된다. 즉, 이점에서 순편익이 가장 큰 것이다. 그런데 이러한 점은 정치적 혹은 관료적 관점에서는 선택되기 어렵다. 정치적 관점에서는 굳이 재정을 아낄 유인이 약하다. 오히려 빚을 내서라도 당장의 공공서비스를 제공하는 것이 정치적으로 도움이 되기 때문이다. 특히 선거를 앞두고서는 더욱 그러한 현상이 나타날 가능성이 높다. 또한 관료적 관점에서도 조직 규모를 가능한 한 확장시킬 유인이 강하기 때문에 사회적으로 최적 수준을 넘어서는 공공서비스를 공급하려 할 것이다.

그림 1 **사회적 적정수준의 공공서비스**

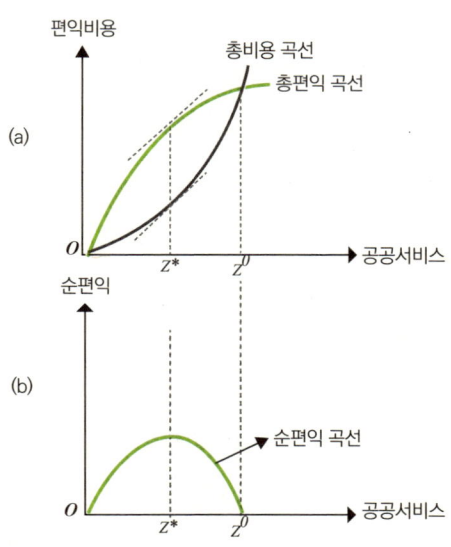

파킨슨의 법칙(Parkinson's law)[11]은 이 같은 현상을 잘 설명하고 있다. 또한 니스카넨(Niskanen)의 예산극대화가설에 따르면 예산의 규모는 과다한 반면 공공부문의 생산성은 저조함을 시사한다. 니스카넨 가설의 실증적 결과는 현실적으로 관료들이 재량적 예산극대화를 추구하는 경향이 있음을 보여준다.

상술한 바와 같이 자원이용의 효율성은 잠재적으로 또는 명시적으로 환경을 개선하고 자원을 절약하는 것이다. 유한한 자원을 아끼고 절약하는 것은 동시대 그리고 후대에게 가치 창출의 기회를 확대하는 것이라 할 수 있다. 공공부문의 비효율성은 종종 공기업에서도 확인할 수 있다. 여기서 공기업을 비교하는 이유는 공기업의 기능과 역할을 부정하는 것이 아니라 공기업의 비효율성이 국가와 사회의 부담으로 귀결되기 때문이다. 30대 공기업과 30대 민간기업의 총자산회전율(자산이용의 효율성을 대리할 수 있는 지표)을 비교하여 보자. 2020년 기준 30대 공기업의 총자산회전율 평균은 28.6%인데 비해 30대 민간기업의 총자산회전율은 66.0%로 공기업에 비해 2배가 넘는다. 정부정책 목적의 사업을 수행하는 공기업의 특성의 결과이기도 하겠지만 동시에 공기업 내부의 비효율성에 기인한 측면도 있을 것이다. 일반적으로 공기업은 사업영역에서 독점적 지위가 있기 때문에 안정적 이윤추구가 가능하므로 경영효율을 추구할 유인이 약하다.[12] 기업의 수익성[13]은 민간기업의 수익성에 비해 낮을 수밖에 없다. 그런데 기업의 안정성을 평가할 수 있는 자본대비 부채비율을 비교해 보면 30대 민간기업의 평균은 60.7%인데 비해 30대 공기업의 평균은 158.6%로 약 2.6배나 높다. 공공재와 공공서비스를 제공해야 하는 공기업의 재무적 안정성이 낮다는 것은 공익제공의 지속가능성이 민간기업에 비해 상대적으로 낮다는 것을 의미한다. 그렇지 않다면 결국 공기업을 지원하는 국가와 지방자치단체의 각종 지원금[14]과 정책을 통해 공기업의 공공재와 공익서비스 공급이 유지되는 것은 이용자가 부담하는 이용료 외에 추가로 국민의 세금으로 전가되고 있다고 볼 수 있다.

표 3 공기업과 민간기업의 재무성과 비교(2020년 기준)

(단위: %)

주요 재무지표	30대 공기업	30대 민간기업
총자산회전율[주1] (효율성)	28.6	66.0
부채비율[주2] (안정성)	158.6	60.7

주1: 총자산회전율 = '매출액/총자산'으로 분석대상 기업의 가중평균
주2: 부채비율 = '부채총계/자본총계'로 분석대상 기업의 가중평균
출처: 김영신(2020)에서 인용

외부성(externality)과 기업의 사회적 가치 창출

음악, 영화를 포함한 문화예술을 통한 K-컬처의 세계화로 한국이라는 국가와 국민, 그리고 경제에 미치는 긍정적 영향은 크다고 볼 수 있다. 한국의 개인, 기업 그리고 정부 등 경제주체의 당사자가 직접적인 노력을 기울이거나 대가를 지불하지 않았음에도 불구하고 인지도와 평판이 높아져 이익을 볼 수 있게 된 것이다. 이 같은 현상을 긍정적 외부효과(positive externality)라고 해석할 수 있다.[15] 다시 말하면 K-컬처의 생산자와 소비자가 아닌 제3자가 대가를 지불함이 없이 이익을 본다는 것이다. 대표적인 예로, 방탄소년단의 글로벌 음악활동으로 해

외 소비자와 기업들에게 한국 국민과 기업에 대한 인식과 이미지가 크게 제고되었다. 이로 인해 개인 간 교류뿐만 아니라 기업들 간의 비즈니스 활동에 큰 도움을 받게 되었다.

마찬가지로 기업의 글로벌 경제활동으로도 의도하지 않은 외부효과가 나타날 수 있다. 예컨대 국내 글로벌 기업들이 전 세계적으로 경쟁력 있고 매력적인 제품을 출시함으로써 해당 기업의 국가뿐만 아니라 국민들의 위상도 함께 증가한다. 기업들이 창출하는 긍정적 외부효과로 인해 국가 간 외교활동 뿐만 아니라 기업 간 거래, 그리고 일반 국민들의 해외 여행 시에도 많은 긍정적 가치를 얻을 수 있게 된다.

기업의 규모 및 영향력이 커짐에 따라 사회적 가치창출에 대한 형태도 다양해지고 있다. 〈그림 2〉는 기업에 대한 사회적 요구에 대한 변화와 기업의 대응전략을 보여주고 있다. 시대에 따라서 기업윤리, 기업의 사회적 책임과 가치에 대한 핵심요소와 핵심가치가 변화하고 그에 따른 이해관계자도 다양하게 확대되고 있다. 1990년대 기업 지속가능경영의 핵심가치는 '자선(philanthropic)'이었고, 2000년대에는 비즈니스가치(businecss value)와 사회가치(social value)를 결합한 기업이미지 제고, 마케팅 활용 등 전략적 사회책임경영이 핵심가치였다. 2010년대 이후에는 기업의 사회책임경영을 통한 비즈니스모델 발굴, 사회문제 해결 기여 등의 가치 창출이 기업의 지속가능경영의 핵심가치로 대두되었다.

그림 2 기업 지속가능경영의 핵심요소의 변화

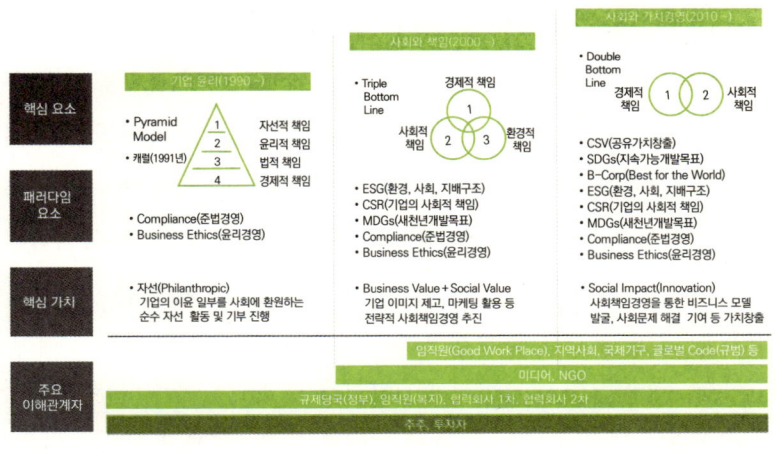

출처: 이준희 "사회적 가치를 통한 비즈니스 혁신", Deloitte Korea Review 제 10호(2018): 49.

예컨대, 하버드대학의 마이클 포터 교수에 의해 시발된 공유가치 창출(Creating Shared Value: 이하 'CSV')은 기업이 다양한 사회문제 속에서 잠재적 시장을 발굴하고 문제를 해결하면서 경제적·사회적 가치를 만들어 내는 것으로, 이는 기업의 비즈니스 전략상 매우 필요한 것으로 인식되고 있다. 따라서 세계적 기업들이 CSV를 비즈니스 전략으로 활용하는 사례가 점차 늘고 있다. 예를 들면, 글로벌 식품기업인 네슬레(Nestle)는 제3세계 농부에게 기술 및 인프라를 지원하면서 양질의 코코아를 확보하고, 시멕스(Cemex)사는 멕시코 저소득층의 주거지 건축을 위한 대출을 지원해 주면서 시멘트 매출을 증대시켰다. 또한 다국적 통신회사인 보다폰(Vodafone)이 통신 및 금융 인프라가 부족한 케냐에서 모바일 송금 서비스 상품을 개발해서 케냐 국민들의 금융거래를 활성화시키기도 했다.

국내 기업들도 다양한 분야에서 사회적 가치 창출을 추구하고 있다. 대표적으로 SK 하이닉스는 경제적 가치와 사회적 가치를 함께 추구하는 '더블 버텀 라인(Double Bottom Line)'이라는 경영원칙으로 기업의 경제활동을 통해 직접적으로 창출되는 재무성과뿐만 아니라 비즈니스 기반 사회성과, 경제적 사회성과, 사회공헌 사회성과를 종합하여 경영성과를 평가한다. 또한 삼성전자는 '지속가능가치'라는 이름으로 기업이 창출한 가치를 측정 발표하고 있다. 투자자 가치, 협력사 지원, 지역사회 개발 지원 등 다양하게 분류하여 평가하고 있다.[16]

이외에도 국내 적지 않은 수의 기업들이 환경친화적 경영 및 관련 사회공헌 활동을 추진하고 있다. 다양한 기부 플랫폼 마련, 미래 인재 양성을 위한 교육 사회공헌활동 등 다면적인 사회적 가치 창출 프로그램들이 진행되고 있다. 이해관계자와의 상생협력, 자사제품 및 기술개발을 통한 공익 기여, 지역사회 현안해결을 통한 사회적 가치 창출활동을 도모하고 있다. 취약계층, 청소년·청년, 스타트업·벤처, 중소기업·소상공인, 사회일반·지역사회 등이 사회적 가치 창출의 대상이다.

〈표 4〉는 전국경제인연합회에서 조사한 국내 주요 기업의 사회공헌 지출 규모를 보여주고 있다. 2020년 기준, 국내 주요 기업 220개 기업이 사회공헌비용으로 지출한 금액은 총 2조 9,927억 원으로 조사되었다. 1개 기업의 평균 사회공헌 지출 규모는 약 136억 원으로 나타났다. 중간값이 21억 2,100만원으로 평균값과 큰 차이를 나타내는 것으로 볼 때 기업규모가 클수록 사회공헌 지출액이 많다고 추정할 수 있다. 조사대상 임직원 1인당 연간 평균 봉사활동은 8.0시간으로 나타났

다. 주요 기업들의 임직원 봉사활동은 다양한 사내제도를 통해 지속적으로 운영되고 있다. 기업입장에서는 매출액이나 이익 등의 일정한 수준을 유지하지 않고서는 사회공헌에 대한 활동과 지출이 용이하지 않은 것으로 해석될 수 있다.

표 4 국내 주요 기업의 사회공헌 지출 규모

구 분	규 모
총 사회공헌 지출 규모(220개 기업)	2조 9,927억 원
1개사 지출 규모 평균값	136억 351만 원
1개사 지출 규모 중간값	21억 2,100만 원
임직원 1인당 연평균 봉사활동	8시간

주1: 1개사 지출 규모 중간값은 220개사를 지출 규모 순으로 나열할 때 중앙에 위치한 비용
출처: 전경련(2020)에서 발췌 인용

사실 기업은 이윤을 창출하는 것이 주요 목적인데, 그러기 위해서는 가장 비용이 적게 드는 생산방법으로 소비자를 만족시키는 제품이나 서비스를 제공할 수 있어야 한다. 기업이 비용이 적게 드는 생산방법을 연구하고 노력함으로써 결과적으로 우리 사회의 귀중하고 희소한 자원을 효율적으로 사용되는 것이다. 즉 기업이 소비자를 만족시키는 새로운 제품이나 서비스를 공급하면 새로운 가치가 창출되는 것이다. 그 과정에서 기술이 발전하고 생산성이 우수한 사람을 고용하고 유지하기 위해서는 높은 임금과 좋은 근로조건을 제시해야 한다. 이같은 기업의 활동으로 사회적 가치가 자연스럽게 창출되고 국가의 부가 늘어나게 되는 것이다. 즉 기업 본연의 역할에 충실할 때 의도하던 의도하지 않던 사회적 가치가 만들어 질수 있는 것이다.

사회적 가치 창출을 통한 기업의 혁신과 지속가능성

기업이 사회적 가치를 창출하기 위해 존재하는 것은 아니다. 사회적 가치 창출은 의도하지 않아도 나타날 수 있다. 그렇기에 기업의 사회적 가치창출이 부가적이어야 하지 핵심이 되어서는 본말이 전도되는 것이다. 기업은 이윤을 얻어야 시장에서 생존하고 번영할 수 있다. 그것은 기업이 생산한 제품이나 서비스를 소비자가 반복적으로 사줄 때만 가능하다. 시장은 정중하고, 개방적이고 정직하며, 신뢰가 있고, 창조적이며 공정한 기업에게 보상한다. 정직하지 못하고, 소비자를 기만하고 종업원을 착취하는 기업은 시장에서 결국 퇴출되게 된다.[17]

기업의 사회적 가치창출 활동은 기업의 이미지를 제고하여 브랜드 가치를 높이고 기업의 성장과 생존에 도움이 될 수 있다. 이러한 점에서 기업의 사회적 가치창출과 이윤은 함께 나타날 수 있는 것이다. 기업의 이윤추구는 주주뿐만 아니라 수많은 이해관계자들을 위한 것이다. 기업이 만들어 내는 사회적 가치에는 임직원들의 임금, 국가와 지방자치단체에 납부하는 세금, 주주들에게 지급되는 배당, 자금조달에 대한 이자 등과 같은 금전적인 것들이 있다. 또한 기업이 제품 연구개발, 디자인, 제조, 유통, 마케팅, 판매·서비스 등에서 협력기업을 통해 아웃소싱을 하는 과정에서 창출되는 공유가치(shared value)도 포함될 수 있다. 다시 말하면, 기업 간 거래 네트워크와 공진화(co-evolution)관계에서 다양한 사회적 가치가 창출될 수 있다. 기업이 소유한 재원과 유무형의 자산을 활용하여 직접적인 사회공헌활동을 하는 것도 기업의 사회적 가치 창출활동이다.

전통적으로 적지 않은 기업들이 사회공헌활동에 초점을 맞추었는데 앞으로는 사업의 초기 단계에서부터 사회적 가치 창출을 고려하는 기업들이 많아질 것이다. 왜냐하면 사회적 문제를 해결하려는 것 자체가 사업 아이디어가 될 수 있기 때문이다. 그러나 사회적 문제 해결에 대한 사업 아이디어를 실행하는 단계에서는 다양한 위험이 존재한다. 그렇기에 착한 의도를 가지고 접근했다고 흥하게 되는 것은 아니다. 제품 연구개발 단계에서부터 판매·서비스 단계까지의 과정에서 기업의 가치사슬과 동적인 네트워크를 고려해서 엄밀한 사전 분석이 있어야 할 것이다. 소비자들은 사회적 기여를 고려하여 제품과 서비스를 선택하기도 한다. 가성비나 가심비[18]를 중요시하는 소비자도 있지만 이타적 소비를 고려하는 소비자도 늘고 있다. 예컨대, 아프리카 수입 커피를 소비함으로써 커피 농장에서 일하는 아이들에게 도움이 된다는 만족감을 느낄 수 있다.

    기업이 사회적 가치 창출에 적극적으로 나서야 할 이유는 합리적이고 타당하다. 다만 기업의 사회적 가치 창출은 자발적이어야 한다. 기업에게 과도한 사회적 가치창출을 무리하게 요구하게 되면 기업의 생존이 위태로울 수도 있다.[19]

    코로나19로 인해 어려워진 중소상공인을 돕는다는 명분으로 이익공유제를 입법화하려는 움직임이 있다.[20] 마치 이익공유제를 성과급제와 유사하게 생각하는 것 같다. 성과급제는 기업 내에서 위험과 불확실성을 공유하여 함께 노력한 결과를 분배하는 것이다. 기업 간에 위험과 불확실성 그리고 손실을 공유하지 않고 이익만 나눈다는 것은 합리적이지도 않고 정당하지도 않다. 손실의 위험과 불확실성을 공유하지 않고 이익만 공유하려는 것은 기회주의적으로 행동할 유인을 발생시키는 문제가 있다.[21] 성과급제는 기업의 성과목표를 위해 거래비용

(transaction costs)을 줄일 수 있는 반면 이익공유제는 오히려 거래비용을 높이기에 사회 전체적으로 바람직하지 않다. 만약 어려운 중소상공인을 돕고자 한다면 정당하게 조세나 재정지출을 통해 진행해야 할 것이다. 더군다나 정부의 규제로 인해 어려워진 중소상공인이라면 더욱 그러하다.

사회적 가치 창출은 기업이 이미 창출한 이익에 대해 재분배를 통해 나누는 개념이 아니다.[22] 전체 사회의 가치를 높이고자 하는 것이다. 기존 가치를 재분배하는데 초점이 맞춰진 것이 아니다. 사회적 가치 창출은 누군가의 이익을 희생하지 않고 타인의 이익을 증가시키는 것이다.[23] 기업과 사회는 서로 의존적인 관계이다. 그렇기에 기업의 성장동력을 약화시키는 정부정책은 우리 사회에 더 큰 피해를 가져다 줄 수 있다. 기업이 사회에 유익을 주는 좋은 상품과 서비스를 지속적으로 공급할 수 있을 때 사회적 가치창출을 할 수 있고 기업은 존속가능할 수 있을 것이다.

참고문헌

- 김영신, "동반성장지수 및 초과이익공유제의 개념적 오류와 문제점", KERI Insight 11-06, 2011.
- 김영신, "미래를 위한 지구환경운동", 『경제풍월』, 2002년 11월호.
- 안재욱·김영신·정회상, 『경제학-시장경제의 원리』, 박영사 2019.
- 이준희, "사회적 가치를 통한 비즈니스 혁신", Deloitte Korea Review 제 10호, 2018.
- 전경련, 『주요 기업의 2020 사회적 가치 보고서』, 2020.
- IBK경제연구소, "사회적 기업"의 이슈진단과 시사점", 2018.
- 매일경제신문 2020년 12월 22일자, "ESG 투자 5년새 60억弗서 1000억弗로… 글로벌 자금 대이동"
- 연합인포맥스 2020년 11월 18일자, "[국민연금 ESG-①] 환경·사회 파괴 기업 '돈줄' 조이나"
- 한국경제매거진 제 1263호(2020년 02월 12일), "월스트리트를 달구는 'ESG 투자' 열풍"
- Dong-A Business Review 86호, 2011년 8월 Issue 1

주석

1) 해외주식에 투자하는 개인투자자들을 동학개미에 대비되어 서학개미라고 불리움.
2) 안재욱 외(2020) 123~125쪽.
3) 안수현(2013) 41~42쪽.
4) 2020년 5월말 기준 국민연금 적립금은 약 749.3조 원임. 이는 일본 공적연금펀드(GPIF)와 노르웨이 정부연기금(GPFG)에 이어 세 번째로 큰 규모임.
5) [국민연금 ESG-①] 환경·사회 파괴 기업 '돈줄' 조이나, 연합인포맥스 2020년 11월 18일자.
6) 매일경제신문 2020년 12월 22일자.
7) 김영신(2002)의 글을 수정 인용함.
8) IBK경제연구소(2018) 7쪽.
9) IBK경제연구소(2018) 12쪽.
10) 「민영교도소 등의 설치·운영에 관한 법률」(2009. 3. 25. 개정·공포)에 근거하여 2010년 12월 1일 경기도 여주시 북내면 외룡리에 소망교도소가 개소됨. 이는 개신교 계열의 대한민국 최초·유일의 민영교도소임.
11) 영국의 행정학자인 시릴 노스코트 파킨슨(Cyril Northcote Parkinson)이 주창한 것으로 공무원의 수는 일의 양과 관계없이 증가한다는 일종의 생태학적 법칙을 말함.
12) 김영신(2020) 참고.
13) 매출액영업이익률이나 총자산영업이익률을 기업의 수익성 지표로 볼 수 있음.
14) 공기업과 공공기관은 정부로부터 출연금, 출자금, 보조금, 부담금, 이전수입, 위탁수입 등 다양한 형태로 재정지원을 받고 있음.
15) 긍정적 외부효과(또는 양의 외부성)의 예로 등대, 집 외관 꾸미기, 상류 지역의 홍수대비 댐 설치, 신기술 개발 등을 들 수 있음.
16) "우리 회사는 인간세상을 얼마나 행복하게 했을까", 한겨레신문 2018년 1월 14일자.
17) 안재욱 외(2020)
18) 가격대비 심리적 만족도를 지칭하는 말로 가성비에 대비되는 말로 사용됨.
19) 한국경제매거진 제 1263호.

20) 더불어민주당이 추진하는 협력이익공유제를 의미함.(머니투데이, "'자율'이라 쓰고 '강제'라 읽는다…이익공유제에 떠는 기업들", 2021년 2월 23일자.)

21) 김영신(2011) 참고

22) Dong-A Business Review 86호, 2011년 8월 Issue 1., 원글은 하버드비즈니스리뷰(HBR) 2011년 1-2월호에 실린 마이클 포터(Michael E. Porter)와 마크 크레이머(Mark R. Kramer)의 글 'Creating Shared Value'를 전문 번역한 것임.

23) 경제학에서는 이를 파레토 개선이라고 한다.

제4장

사례 분석
(RE100과 기업의 대응)

12 기업의 사회적 책임과 RE100 / 하윤희
13 국내외 기업의 ESG 사례와 정책과제 / 곽은경

12

하윤희
고려대학교 에너지환경대학원 교수

기업의 사회적 책임과 RE100

- 국내 기업의 RE100
- 글로벌 거대기업과 RE100
- 국내 기업의 RE100 대응과 제약
- 글로벌 산업생태계 변화와 신속한 RE100 대응전략 수립의 필요성 제고

기업의 사회적 책임과 RE100

국내 기업의 RE100

동학개미 열풍으로 뜨겁게 달아올랐던 2020년 주식시장에서 가장 주목받았던 종목을 꼽으라고 한다면 LG화학을 빼놓을 수 없을 것이다. 2020년 1월 초 30만 원 초반대에서 시작한 주가는 2021년 초 100만 원까지 치솟았다. 글로벌 전기차 시장이 본격적인 성장을 시작하자 배터리 시장 점유율 1위 자리를 확보한 LG화학의 성장성이 높은 평가를 받은 결과다. 이러한 LG화학이 2020년 7월 국내 기업 중 처음으로 전 세계 모든 사업장에서 RE100(Renewable Energy 100) 추진을 선언했다. 말 그대로 LG화학이 영업활동에 사용하는 전력의 100%를 태양광, 풍력 같은 재생에너지를 통해 공급하겠다는 것이다.

문재인 정부의 대표 정책 중 하나가 재생에너지 중심의 에너지전환이다. 이를 위해 야심찬 계획이 발표되고 다양한 정책이 추진되었다. 그럼에도 재생에너지는 2020년 전체 발전량의 5.5%에 불과하다. 여전히 산지로 둘러싸인 지리적 환경, 빈약한 재생 자원 보유량을 지적하며 재생에너지를 불신하는 의견이 넘쳐난다. 산업계는 재생에너지 확대가 전기요금 인상으로 이어져 산업경쟁력을 해칠 것이라며 불만을 드러내 왔다. 이러한 상황에서 대표 제조기업들이 탄소중립과 RE100

추진을 선언하고 있다. LG화학이 국내 기업 최초로 RE100을 선언했지만, SK그룹은 한 발 더 나아가 8개 계열사가 국내 최초로 "RE100 이니셔티브"에 가입했다. SK주식회사, SK텔레콤, SK하이닉스, SKC, SK실트론, SK머티리얼즈, SK브로드밴드, SK아이이티테크놀로지 등 8개사는 2020년 11월 2일에 한국 RE100위원회에 가입신청서를 제출했다. RE100 이니셔티브에 가입하면 2050년까지 전 세계 사업장에서 사용되는 전력을 재생에너지원으로 전환하기 위한 이행계획을 제출해야 한다. 그리고 매년 이행계획 달성 보고서를 제출하고 제3자로부터 이행성과를 검증받아야 한다.

현재 한국의 재생에너지 생산환경을 감안하면 기업이 사용하는 전력의 100%를 재생에너지로 조달하는 것이 가능한 목표인지 의심스럽지만 한국의 선두 기업들이 이 목표의 실행에 뛰어들고 있다. 국내 최대 기업인 삼성전자도 해외 사업장에서 RE100을 추진하고 있다. 기업들은 왜 이런 선택을 하고 있을까? 인류가 공동으로 소유하고 있는 지구의 지속가능성 유지를 위해 노력하는 착한 기업 이미지를 만들기 위해서인가? 그런 목적도 분명하다. 하지만, 현재 RE100은 국내외 기업들에게 거부할 수 없는 생존전략이 되고 있다. 조만간 기업의 탄소중립과 재생에너지 사용은 글로벌 무역질서의 핵으로 부상하고 있기 때문이다.

RE100의 정체는 무엇일까? 국제 재생에너지 확산 운동은 2010년대 초중반까지 청정장관회의(2010), 국제재생에너지기구(2011) 등 공공이 주도했다. 이후에는 RE100(2014), 탄소중립(Carbon Neutral, 2015), '넷제로(Net Zero, 2017)' 등 민간 주도로 바뀌고 있다. RE100은 가장 강력한 영향력을 발휘하고 있는 민간 주도의 글로벌 이니셔티브이다. 본래 RE100은 '파리협정'을 지원하기 위한 캠페인이었던 'We Mean Business'의 일환으로 진행된 13개 이니셔티브 중 하나였다. 2014년 9월 기후주간에 글로벌 다국적 비영리 환경단체인 더클라이밋그룹(The Climate Group)과 CDP(Carbon Disclosure Project)가 연합해서 만들었다. 2050년까지 각 기업이 사용하는 전력의 100%를 재생에너지로 조달해 기후변화에 대응하자는 것이 목적이다.

글로벌 거대기업과 RE100

RE100 초기에는 미국과 유럽 기업을 위주로 가입했지만, 점차 중국, 인도 기업 등으로 저변이 확대되고 있다. 참여기업 면면을 보면 우리 일상에서 익숙하게 접할 수 있는 기업들이다. 이는 연간 전력 소비량이 0.1TWh 이상이거나 Fortune 1000대 기업과 같이 전 세계적으로 영향력이 있는 기업을 대상으로 하고 있기 때문이다. 발족 다음 해인 2015년 가입 기업이 15개 기업에 불과했지만, 2021년 1월 말 현재 금융, 제조, 서비스, 상업, IT분야에서 284개 기업으로 확대됐다. 구글, 애플, 페이스북, HP, MS, 아도비 등 메이저 IT기업과 골드만삭스, 뱅크오브아메리카, 아메리칸 익스프레스, HSBC, JP모건체이스 등 유수의 금융기업이 참여하고 있다. 제조, 유통에서도 이케아, GM, BMW AG, 3M, 버버리, 샤넬, H&M, 다농, 펩시, 유니레버, 랄프로렌, 타겟, 월마트, 파나소닉, 소니, 레고, 존슨앤존슨 등 전 세계인의 의식주를 담당하는 기업들이 참여하고 있다.

2020년에 이들 기업의 연간 총 전력 사용량은 278TWh로 호주 전체보다 더 많은 전력을 사용하고 있다. 같은 해에 이들 기업은 총 전력사용량의 41%인 113TWh를 재생에너지로 충당했다. 참여기업별로 RE100 달성 목표연도는 다르다. 2020년 말까지 애플(2020), 구글(2017), MS(2014), 아메리칸 익스프레스(2019), 히드로공항(2018) 등 53개 기업이 100% 목표를 이미 달성했다. 참여기업들이 제출한 로드맵을 보면 참여기업의 3/4이 2030년까지 RE100 달성 계획을 세우고 있다. 참여기업들의 RE100 달성 평균 목표년도는 2028년이다.

그림 1 RE100 이니셔티브 참여기업들

출처: 한국 CDP위원회

엄청난 양의 전력을 사용하는 글로벌 거대기업들이 이렇게 짧은 기간 내에 RE100을 달성하거나 목표 달성을 향해 순조롭게 진전을 이루고 있는 것을 보면 놀라운 것이 사실이다. 그렇다면 이들은 어떤 방법으로 재생에너지를 조달하고 있을까? 크게 4가지 방법이 주로 사용되고 있다. 2019년 통계를 기준으로 비결합 재생에너지 인증서 구매를 통해 42%를 조달하고 있다. 이는 생산된 전력의 재생에너지원 정보가 기록된 인증서를 전력과 별도로 구매하는 것으로 가장 쉽고 단순하게 재생에너지 목표를 달성할 수 있는 방법이다. 구매한 인증서로 재생에너지 사용을 주장하는 방식으로 대개 인증서 한 장이 1MWh에 해당된다. 두 번째는 기업들이 녹색프리미엄 요금이라는 명목으로 웃돈을 주고 전력을 구매하는 방식이다. 프리미엄 요금으로 구매한 전력량만큼 재생에너지 사용을 인정해 주는 것이 녹색요금제이다. 2019년 총 30%의 재생에너지가 이 방식을 통해 공급되었다. 세 번째는 재생에너지 개발업체와 직접 전력구매 계약(Power Purchase Agreement, 이하 PPA)을 맺는 방식이다. 가장 급속하게 성장하고 있고, 특히 미국에서 엄청나게 성공한 방식이다. 2015년 3.3%에 불과했지만 2019년 26%에 달하고 있다. 네 번째는 참여기업이 사업장 부지 내외에 직접 발전소를 설치하여 재생에너지를 생산하거나 외부인에게 사업장 부지에 발전소를 설치하게 하여 전기를 공급받는 방식이다. 두 방식을 합쳐 3.5% 정도의 재생에너지가 공급되고 있다. 네 가지 방식 중 PPA가 가장 급속하게 증가하고 있고, 인증서 구매와 녹색요금제 비중은 줄어들고 있다. 특히 녹색요금제는 이 방식이 기존 제도나 규제로 만들어진 재생에너지에 추가 금액을 지급하는 것이지, RE100 때문에 추가적으로 재생에너지가 확대되는 것은 아니라는 의견이 많다. 애플은 협력사에 다른 방법들이 가능하다면 이 방식을 사용하지 말 것을 권고하고 있다.

    RE100을 추진하는 글로벌 기업들은 기업 내부 활동으로 그치지 않고 협력사들에게 동참을 권고하거나 강제하고 있다. 폭스바겐은 글로벌 공급망에 속한 협력사들에게 의무적으로 RE100을 요구하면서

2019년부터 자신들이 정한 기준점을 통과하지 못하면 공급사에서 배제하는 정책을 쓰고 있다. 대신 RE100을 충족할 때는 이를 판매가에 반영해 주고 있다. BMW그룹 Oliver Zipse 회장은 "5세대 배터리 셀 납품업체와 제품생산에 친환경 전력만을 사용하는 계약을 체결했다"고 밝혔다. RE100과 관련하여 글로벌 공급망에 가장 강력한 영향력을 행사하고 있는 기업은 애플이다. 애플의 환경, 정책 및 사회 이니셔티브 담당 부사장인 Lisa Jackson은 강력한 리더십으로 애플의 기후변화와 환경 이슈 대응을 이끌고 있다. 미국 환경보호청장으로서 이산화탄소를 오염물질로 지정하고 강력한 연료 효율 규제정책을 도입했던 경력에 걸맞게 잭슨 부사장이 지휘하는 애플의 환경정책은 철저하고 전방위적이다. 애플은 제품을 만드는 과정 전체를 "지구에게 착한(good to the planet)" 방식으로 전환하겠다고 선언했다. 이는 애플의 완제품을 구성하는 부품 공급업체의 생산방식까지 친환경적이어야 함을 강조하는 것이다. 이에 따라 애플은 17개국에 산재한 71개 업체들로부터 애플 제품을 생산할 때 100% 재생에너지를 사용하겠다는 약속을 받아냈다. 71개 협력업체 중 한국에는 SK하이닉스, 대상에스티, 코닝정밀소재, 니토덴코 코리아 등 4개 업체가 있다. 이 기업들은 애플에 메모리 반도체와 휴대전화·디스플레이용 점착테이프 등을 공급하고 있다. 애플과 협력업체들의 약속이 실현되면 연간 1,430만 톤의 탄소 배출이 줄어든다. 이는 300만대의 내연기관 차량이 운행을 중단하는 것과 같은 효과를 발휘한다. 애플은 협력사의 친환경 전환을 위해 적극적 지원에 나서고 있다. 미-중녹색기금(US-China Green Fund)을 조성해 중국 내 협력업체의 에너지 효율개선과 재생에너지 전환 프로젝트에 1억 달러를 지원하고 했다. 또한 각 기업의 탄소중립 담당 직원들의 대면 트레이닝을 실시하고, "협력업체 청정에너지 포털(Supplier Clean Energy Portal)"도 운영하며 RE100 실행을 위한 방법을 제공하고 있다.

국내 기업의 RE100 대응과 제약

국내 기업 중 RE100에 가장 발 빠르게 대응하고 있는 LG화학과 SK하이닉스의 결정 뒤에는 글로벌 메이저 고객사들의 압력이 있었던 것이다. 소수의 국내 기업이 글로벌 탄소중립 트렌드에 부응한 행보에 나섰지만, 국내 기업의 전반적 대응 수준은 한참 뒤쳐져 있다. 이는 국내 기업들이 글로벌 기업들에 비해 환경 이슈에 둔감하고 비윤리적이어서가 아니라 장애요인들이 복합적으로 작용하고 있어서다. 클라이밋그룹과 CDP가 공동 발행한 '2020 RE100 연차 보고서'에 따르면 RE100 참여기업들이 에너지전환을 추진하는 동력은 다양하다. 99%의 기업들이 탄소배출 관리를 꼽았다. 76%는 비용절약에 기여라고 답했다. 그 외에도 기업의 사회적 책임(CSR)과 고객의 요구라고 한 응답은 각각 99%와 92%에 달했다. 장기적 리스크 관리라고 한 응답은 81%였다. 즉, RE100이 단순히 착한 기업 이미지 때문이 아니라 영업활동에서 유무형의 실질적 혜택을 주고 있기 때문에 참여하고 있다는 것을 알 수 있다.

같은 질문이 우리 기업에 주어졌을 때 비슷한 응답이 나올지는 회의적이다. 가장 큰 차이는 재생에너지 확대가 국내 기업에게는 비용 상승의 원인이 된다는 것이다. 뉴욕과 런던, 파리에 본부를 두고 있는 세계 최대의 독립 투자은행인 라자드(Lazard Ltd.)의 리포트는 유틸리티 규모의 태양광과 육상풍력의 평균 균등화발전비용[1]이 전통적 화석연료

발전보다 훨씬 저렴해졌음 보여주고 있다. 태양광과 풍력은 MWh 당 각각 36달러와 40달러인 반면 석탄발전은 112달러에 달한다. 대규모 태양광과 풍력은 전통 화석연료나 원자력보다 저렴한 전력원이 된 셈이다. 하지만, 재생에너지와 전통 에너지원 간 발전비용의 역전현상은 유럽과 미국 등 재생에너지 자원이 풍부하고 유틸리티 규모의 발전소 개발이 쉬운 곳에서 국한되어 일어나고 있다. 최근 중국에서는 정부의 강력한 정책 드라이브와 보조금 지원에 힘입어 화석연료와 재생에너지 발전 비용이 같은 수준이 되는 그리디 패러티(Grid Parity)에 근접해 있다. 국내의 경우 태양광과 석탄화력의 비용이 KWh 당 각각 150원과 109원으로 그리디 패러티(Grid Parity)까지는 아직도 요원해 보인다.

이러한 조건에서 재생에너지로의 전환은 유럽과 미국 기업들에게는 비용절감의 기회를 제공하여 경쟁력을 높이는 통로가 된다. 하지만 국내 기업에게는 당분간 재생에너지 비중 확대는 부담이 될 수밖에 없다. 이는 에너지 패러다임의 변화가 주 전력원의 경쟁력을 바꾸어 놓았기 때문이다. 10년 전 필자는 국내 기업들을 대상으로 전력 가격 정책과 관련해 서베이를 한 적이 있었다. 당시 기업들은 한국의 저가 에너지 가격 정책이 기업경쟁력의 원천이라고 믿고 있었다. 석탄과 원자력 중심의 전력 믹스로 값싸고 풍부한 전력을 지속적으로 공급해 달라는 것이 기업들의 요구였다. 하지만, 전 인류 공동의 기후변화 대응이 시대적 사명이 된 지금 기술개발, 정책지원, 선제적 투자로 재생에너지의 원가를 지속적으로 낮춰온 유럽과 미국은 저가 재생에너지로 산업경쟁력을 갖추게 되었다. 재생에너지의 가격 경쟁력을 확보한 유럽과 미국은 향후 생산비용의 더욱 가파른 축소를 경험할 것이 확실하다. 기후변화 대응, 에너지 전환, 에너지 정의 등을 앞세운 바이든 정부의 출범과 함께 미국의 재생에너지 투자는 더욱 확대될 것이다. 태양광과 풍력의 기술 발전 수준도 빨라지고 있다. 8~9MB 규모의 대형 터빈들이 일반화되고, 태양광 패널의 효율은 급속히 개선되고 있다. 주요 펀드들은 ESG 투자정책을 더욱 강화하고 있다. 친환경 투자는 수익으로 응답하고 있다. 2020년 미국 주식형 펀드 가운데 수익률 Top5에 재생에너지 펀드는 3개나 이름을 올렸다. 인베스코가 운영하는 솔라와 클린에너지 상장지수펀드(ETF)가 각각 1, 2위를 차지했다. 퍼스트 트러스트의 그린에너지 인덱스 ETF는 수익률 4위였다. 흥미로운 점은 이 펀드가 주택용 태양광 발전기업 엔페이스에너지와 주택용 태양광설비 점유율 1위 기업인 선런에 가장 많은 투자를 하고 있다는 것이다. 미국은 유틸리티급 태양광발전 뿐 아니라 주택용 태양광에서도 이미 높은 수익이 나고 있는 것이다. 그만큼 태양광시장이 보편화되었다는 것이기도 하다.

그림 2 2009~2017년 전력원별 평균 균등화발전 비용의 변화

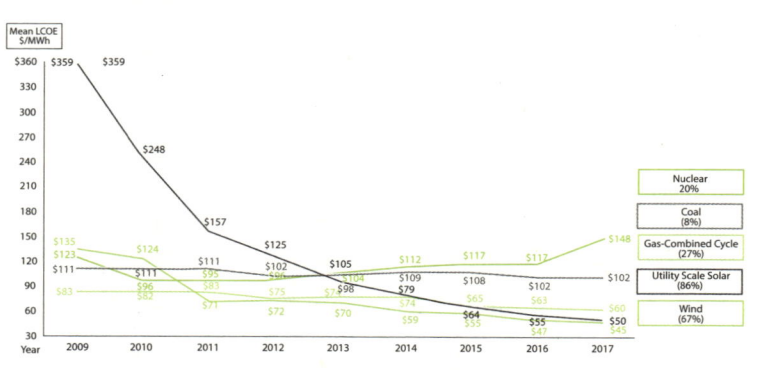

출처: Lazard Estimates.

제도적 여건의 미비도 국내 기업이 에너지전환 경쟁에서 뒤처진 주원인이다. 단적으로 글로벌 기업들이 RE100 추진동력 1순위로 손꼽은 탄소배출 관리가 국내 기업에게는 별 도움이 되지 않았다. 우리의 경우 최근까지 RE100 달성을 위해 재생에너지 인증서를 구매해도 탄소감축 실적에 반영되지 않았다. 그리고 각종 규제로 기업의 사업장 내 부지에 재생에너지 발전설비를 갖추는 것 외에 재생에너지 전력을 조달할 수 있는 방법이 없었다. 전력시장구조가 한전만 전력 판매사업자가 될 수 있어 기업들이 재생에너지를 선택해서 구매할 수 없었다.

이러한 제도적 한계는 개선되고 있다. 국내 기업의 주요 고객들이 RE100 압박을 가해오는 상황에서 탄소중립 활동의 중요성을 느낀 정부가 적극적으로 제도개선에 나서고 있기 때문이다. 2020년 11월 정부는 RE100 지원을 위한 제도개선 방안을 고시했다. 제도개선을 통해 국내에서 불가능했던 PPA계약과 녹색요금제가 가능하게 되었다. PPA계약이 가능하게 된 것은 전력시장 구조 개편을 통해서가 아니라 전력판매 독점권을 가진 한전이 발전사와 전력구매 기업을 중개하는 방식으로 이루어졌다. 한전은 송배전 비용을 수수료 형식으로 받게 될 것이다. 이와 함께 기업은 구매한 신재생에너지 인증서(REC)를 탄소감축 기여분으로 인정받게 되었다. REC를 RE100 달성과 탄소배출 할당 목표 달성에 동시에 사용할 수 있게 되어 인증서에 구매에 따른 인센티브도 높아졌다.

제도개선을 통해 국내 기업의 RE100 환경은 상당히 개선되었다. 하지만, 다른 현실들을 감안하면 기업들의 RE100을 향한 여정은 여전히 험난하다. 가장 큰 걸림돌은 매우 느린 재생에너지 확대 속도이다. 국제에너지기구(International Energy Agency, IEA)의 2019년 통계에 따르면 OECD 회원국 전체의 재생에너지 비중은 전력생산량의 25.1%였다. 유럽 국가들의 재생에너지 비중은 39.7%로 아시아/오세아니아 국가 19.6%보다 월등히 앞서가고 있다. 국가별로 독일은 41.6%, 영국은 38.9%, 원자력 발전 비중이 높은 프랑스도 21.3%로 매우 높은 비중을 점하고 있다. 미국은 18%이지만 증가속도는 가파르다. 동북아에서 일본은 18.7%, 중국은 27.6%로 상당한 수준에 이르고 있다. 이에 비해 한국은 5.5%에 불과하다. 2008년 출범한 이명박 정부의 핵심 어젠다가 녹색성장이었고, 문재인 정부가 그린 뉴딜과 재생에너지 확대를 야심차게 추진하고 있는 것에 비하면 초라한 성적표다. 그만큼 벽이 단단하고 높다는 것을 의미한다. 국내에서 재생에너지는 여전히 비싸고, 비효율적이고, 마이너한 에너지원으로 인식되고 있다. 풍력이나 태양광발전소가 들어선다고 하면 혐오시설처럼 주민저항이 일어난다. 선거를 의식하는 자치단체장들은 강한 규제로 벽을 높이고 있다. 금융조달도 어렵다. 프로젝트 개발 초기에 위험을 감수하겠다는 금융기관이 없다. 그런데 국내에서는 "우리는 태양광, 풍력자원이 부족하다", "제조업 중심 국가라서 에너지전환이 어렵다"는 등의 이유로 현재의 상황을 합리화하고 있다. 맞기도 하지만 틀린 주장이기도 하다. 우리 해상의 풍력발전 효율이 30% 이상이니 충분히 경쟁력이 있다. RE100에 글로벌 메이저 제조기업들이 다수 참여하고 있는 것을 감안하면 우리만 힘들다고 할 일은 아니다.

국내에서의 체감 정도는 매우 낮지만, 탄소중립, 환경, 재생에너지 중심으로 전 세계 산업질서가 재편되고 있다. 2020년 새로 들어선 EU 집행부는 탄소국경세를 도입하겠다고 선언했다. 탄소배출이 높은 국가에서 생산된 제품에 추가 관세를 매기겠다는 것이 요지다. 미국 바이든 대통령은 외교, 무역, 안보전략 등 모든 수단을 동원해 전 세계의 기후변화 대응 노력을 강화하겠다고 했다. 국내 기업들에게 먼저 탄소배출 비용을 감당하도록 하면서 탄소 감축 목표 달성에 실패한 나라에서 수입되는 탄소집약적 상품에 탄소국경조정세를 부과하겠다고 했다. 유럽과 미국이 주도하는 제도권에서의 환경규제가 "RE100 이니셔티브"나 ESG(Environment, Social, Governance)룰 강화 등 민간차원의 자발적 환경이니셔티브와 결합했을 때 그 파급력은 글로벌 산업생태계 자체를 변화시키는 모멘텀이 될 것이다.

국내 대표기업인 삼성전자와 포스코가 맞게 될 상황을 상상해 보면 이러한 변화가 얼마나 큰 리스크가 될지 미루어 짐작할 수 있다. 스웨덴의 사브스틸(SSAB Steel)은 2035년까지 석탄 코크스 대신 그린수소로 철강을 제조하겠다고 발표했다. 화석연료가 아닌 재생에너지로 수소를 만들어 쓰겠다고 선언한 것인데 과연 성공할까 싶다. 하지만, 스웨덴의 재생에너지 전력 비중은 이미 60%를 상회하고 풍부한 재생에너지를 이용해 그린수소를 만드는 것이 그리 힘난한 길은 아닐 것이다. 설사 제품이 좀 비싸진다고 하더라도 생산과정 전반에서 탄소중립 달성을 강제하는 방향으로 가고 있는 유럽과 미국의 고객 기업들은 석탄에 기반한 포스코 제품보다는 사브스틸의 제품을 선택할 가능성이 높을 것이다. 탄소국경조정세를 맞게 되면 가격 경쟁력마저 없을 수 있다. 파운드리 반도체 분야에서 시장 점유율 1위사인 대만의 TSMC는 2020년 7월 반도체 기업 최초로 RE100 이니셔티브에 가입했다. 더불어 글로벌 1위 해상풍력회사인 덴마크 오스테드(Ørsted)와 원전 1기에 맞먹는 규모인 920MW 전력구매계약을 체결했다. 애플의 A 시리즈 프로세서를 제조, 공급하는 협력사로서 애플의 RE100 요구에 화답한 것이다. 파운드리 반도체 분야에서 TSMC를 추격하고 있는 삼성전자 입장에서는 부담이 될 수밖에 없는 공격적 행보다. 이 결정이 대부분 RE100에 참여하고 있는 글로벌 빅테크들이 협력사에 대한 RE100 압박 수위를 높이는 계기가 될 수 있기 때문이다. RE100은 민간 차원의 자발적 에너지전환을 통한 탄소 감축 운동이지만 공공 차원의 기후변화 대응 계획보다 더 큰 효과를 발휘할 수 있다. 예를 들어 파리협정은 전 세계 거의 모든 국가가 참여하는 글로벌 기후변화 대응 거버넌스이지만 탄소 감축 목표 달성을 강제할 수단이 없다. 약속을 지키지 않는다 한들 '기후악당'이라는 비난과 함께 국가신뢰도가 좀 떨어지겠지만 실질적 제재는 없다. 그에 비해 RE100은 약속을 지키지 않으면 고객사가 구매 보이콧으로 제재하기 때문에 기업의 생존 자체를 위협한다.

글로벌 산업생태계 변화와 신속한 RE100 대응전략 수립의 필요성 제고

RE100이 촉발하고 있는 글로벌 산업생태계 변화는 국내 기업들에게 큰 도전이자 리스크이지만 기회가 될 수도 있다. 신사업의 기회가 열리기 때문이다. 계속된 투자로 매년 적자를 기록하던 LG화학이 전기차 수요 폭발로 2020년 흑자로 전환한 것이 그 사례가 될 수 있을 것이다. 전기차 배터리, 수소차, 태양광 셀과 패널 제조 등에서 세계 최고 수준의 경쟁력을 보유한 국내 기업들에게 커다란 기회의 장이 펼쳐지게 될 것은 분명하다. 하지만 국내 기업의 성공이 한국 모두의 성공이 되지 않을 수도 있다는 가능성이 위기감을 불러일으키는 것이 사실이다. 우리나라 전기차 배터리 제조사들은 생산능력을 지속적으로 확대해왔지만, 이는 국내투자가 아닌 해외공장 증설에 따른 것이었다. 우리 기업이 친환경 신사업으로 성장하고 있지만, 성장의 과실인 일자리는 나라 밖에서 만들어지고 있는 것이다. 탄소중립과 RE100이 산업 생태계 키워드가 되는 상황에서 이런 현상은 더욱 빠르게 진행될 것이다. 재생에너지는 여전히 비싸고, 재생에너지 공급계약을 맺고 싶어도 재생에너지 발전소 프로젝트 개발이 지지부진하다면 결국 국내 제조사들은 조건이 맞는 곳으로 생산기지를 옮기는 선택을 할 수밖에 없기 때문이다.

탄소감축을 위해 공공, 민간 모두 앞 다투어 뛰어들고 있는 이 시대에 친환경으로의 변신은 생존전략이다. 글로벌 메이저 기업들은 모든 준비를 마치고 룰 세터로 나서고 있다. 국내 기업들은 이 게임에서 다시 팔로워의 처지에 놓였다. 글로벌 메이저들이 준비된 스프린터라면 우리 기업들은 지금 막 걸음마를 시작한 유아로서 출발선에 함께 서 있는 것이다. 정부, 기업, 국민 모두 이 상황을 심각하게 받아들여야 한다. 정부 부처 간 기싸움과 칸막이, 규제장벽, 후진적 금융관행, 안일한 기업의 인식, 소비자의 무심함 등 모든 것이 변해야 한다. 우선 정부가 지도력을 발휘할 필요가 있다. 정부가 RE100을 위한 제도를 도입했지만, 그것만으로 해결될 일이 아니다. 필자는 2017년 대만 정부의 신재생에너지 부처와 전력공사를 방문한 적이 있다. 당시 대만은 후쿠시마 원전 사고 이후 원자력 폐기를 선언하고 재생에너지로 원자력을 대체하는 계획을 세우고 있었다. 2030년까지 해상풍력으로만 원전 15기 용량에 해당하는 15GW를 확충하겠다고 했고, 이미 10GW는 확정되었다. 우리에 비하면 놀라울 정도로 빠르게 성과가 나오고 있다. 이런 환경이 있었기에 삼성전자의 경쟁사 TSMC의 RE100 참여 선언이 가능했던 것이다. 베를린 근교 환경보호지역에 건설되고 있는 독일 테슬라 공장 상황을 보면 공공부문의 대응과 지도력이 놀라울 정도다. 정부가 환경보호지역에 허가를 내준 것도 이례적인데 환경보호단체가 법원에 소송을 내자 법원이 단 일주일 만에 "산림을 베어내서 생기는 환경훼손보다 친환경 전기차로의 전환이 가져오는 환경적 편익이 훨씬 크다"며 테슬라의 손을 들어주었다. "전기차는 재생에너지로만 만든다"는 비전을 가진 테슬라가 조건이 갖추어진 곳에 생산기지를 세우며 만들어내는 일자리는 엄청나다. 중국 테슬라 공장에서만 1만 개의 일자리가 만들어졌다. 이런 상황에서 우리나라에서 벌어지고 있는 재생에너지가 과연 친환경인 것인가, 경제성이 있는가 하는 논쟁은 무의미하다. 그런 논쟁으로 시간을 보낼 수 없을 정도로 경쟁상대국과 기업들이 빨리 변하고 있기 때문이다. 그린이 위기가 아닌 기회가 될 수 있도록 빨리 나서야 할 때다.

참고문헌

- Climate Group & CDP. 2020 December. RE100 Annual Progress and Insights Report 2020 – Growing renewable power: companies seizing leadership opportunities –
- IEA. 2020 October. Monthly OECD Electricity Statistics.
- 애플. 2020. 협력업체에 대한 책임: 2020년도 경과보고서
- CDP 한국위원회 세미나 자료
- 한국에너지공단 한국형 RE100 설명회 자료
- 국내외 언론 기사 및 Youtube 동영상

- 웹사이트

  https://www.lazard.com/perspective/levelized-cost-of-energy-2017/

  https://www.there100.org/

주석

1) 균등화 발전비용은 발전시설의 건설부터 운영, 폐기까지 생애 전주기에 걸쳐 발생하는 모든 비용을 감안해 책정한 단위 전력량당 비용을 말한다. 이 비용은 안전사고, 환경오염, 온실가스로 인한 사회적 비용 등 외부효과로 인한 비용까지 포함한다.

13

곽은경
자유기업원 기업문화실장

국내외 기업의 ESG 사례와 정책과제

- 서론: 사회적 책임을 넘어 ESG 경영으로
- 애플: 탄소제로를 넘어 재생에너지 생산까지
- 마이크로소프트: 사내탄소세로 '탄소 네거티브' 실현을
- 월마트: 공급업체와 함께하는 ESG 경영
- 코카콜라: 쓰레기 없는 세상을 실천하다
- 아마존: 소비자 친화적인 방법으로 환경을 보호하다
- 폭스바겐: ESG 경영으로 디젤게이트를 극복하다
- SK: 국내 ESG 경영을 주도하다
- LG전자: '정도경영'에 ESG를 녹이다
- 삼성전자: 지속가능한 기술, ESG 경영을 만나다
- NAVER: 소상공인들과 함께하는 아름다운 상생
- 현대자동차: 친환경으로 미래를 달리다
- 결론: ESG 경영 기업 자율에 맡겨야

국내외 기업의 ESG 사례와 정책과제

1. 서론: 사회적 책임을 넘어 ESG 경영으로

기업 경영의 패러다임이 변화하고 있다. 이윤추구라는 기업의 경제적 가치 외에도 환경적 가치, 사회적 가치, 사회적 기여 등 ESG가 경영의 주요 변수로 등장했다. 경영활동의 결과뿐만 아니라 그 과정 또한 고려되어야 한다는 사회적 인식이 강화되고 있기 때문이다. 가장 존경받는 기업(World's Most Admired Companies), 가장 일하고 싶은 기업(Best Companies to Work For), 환경친화적 기업(Green Companies) 등 기업의 비재무적 성과를 평가하는 지표들이 늘어나는 것도 이러한 추세를 반영한다.

실제 기업현장에서도 이러한 변화를 반영하고 있다. 이윤창출을 넘어 다양한 이해관계자를 고려하고, 사회적 책임, 환경보호에 힘쓰는 등 비재무적 성과를 제고하기 시작했다. 소비자, 투자자들도 비재무적 성과가 탁월한 기업에 긍정적인 반응을 보이고 있기 때문이다. 혁신을 통해 환경을 보호하고, 고객의 정보를 보호하고, 직원들의 다양성을 인정하는 기업이 경제적 성과도 높다. 또 ESG를 통해 긍정적 이미지를 강화하면 투자도 활성화 된다. 기업의 선언적, 자율적 움직임에 불과했던 ESG 경영이 이제 기업의 생존조건의 하나로 자리 잡게 된 것이다.

ESG, 기업의 생존조건이 되다

ESG는 소비자, 시민단체의 '착한 소비운동'에서 시작되었다. RE100 캠페인이 대표적인 사례로 2014년 국제 비영리 환경단체인 더클라이미트그룹(The Climate Group)이 뉴욕기후주간에 발족했다. 처음에는 기업이 사용하는 전력 100%를 재생에너지를 사용하겠다는 글로벌 캠페인으로 시작했으나, 지금은 전 세계 270개 이상의 기업이 가입해 세계무역기구(WTO) 이상의 무역규범으로 자리 잡았다. 이렇게 ESG는 민간에서 주도하고, 기업, 이해관계자들이 자발적으로 참여하는 방식을 취하고 있다.

최근에는 계속된 저성장 흐름, 코로나 팬데믹 상황 속에서 각 국가들이 국가 경쟁력 차원에서 ESG에 접근하기 시작했다. 친환경 분야의 기술적, 제도적 우위를 점하고 있는 미국, EU와 같은 선진국들은 '환경정의'라는 명분과 '내수 산업 육성'이라는 실리를 모두 챙길 수 있는 절호의 기회가 되기 때문이다. 실제 각국은 ESG를 전면에 내세우며 많은 예산을 투입해 일자리를 창출하고, 새로운 성장 동력을 만들 계기를 마련하고 있다. 조 바이든 미국 대통령은 대통령 선거 당시 4년간 전기차, 2차 전지, 신재생에너지 분야에 2조 달러 이상을 투자하겠다고 약속했고, EU 역시 ESG를 명분으로 1조 유로 규모의 투자를 계획하고 있다.

글로벌 투자회사들도 ESG를 지속가능한 투자수익을 창출하기 위한 해법으로 주목하고 있다. 환경문제(E)에 민감하게 반응하고, 사회적 책임(S)에 충실하며 지배구조(G)가 건전한 기업에 투자, 즉 ESG 투자를 해야 수익 창출이 가능하다는 결론을 얻은 것이다. 세계 최대 자산

운용사 블랙록의 최고경영자인 래리 핑크는 "앞으로 기업의 지속가능성을 투자 결정 기준으로 삼겠다"고 선언해 투자의 핵심원칙으로 ESG를 강조한 바 있다. 실제 2020년 글로벌 자산운용사들의 운용기금 중 50%인 45조가 ESG 자산이었으며, 향후 이 수치는 점차 증가할 것으로 보인다.

한편, ESG로의 변화 추세는 우리 기업들에게 또 다른 무역장벽이 되고 있다. 환경 관련 기술 수준이 높은 선진국과는 달리 ESG 초기 단계에 머물고 있는 한국 기업에는 친환경 무역기조가 또 하나의 강력한 무역 장벽으로 작용할 우려가 크다. 한 예로, 세계 각국이 탄소국경세를 준비 중이다. 한국 기업이 수출을 하기 위해서는 온실가스 감축에 동참하고, 신재생에너지 사용을 늘려야 한다. 하지만 국내 신재생 에너지 발전 비중은 6.5%에 불과할 뿐 아니라 이를 거래하는 시장도 형성되어 있지 않아 당장 수출이 어려운 상황에 처했다. 국내 기업들이 세계 무역시장에서 역차별을 받지 않도록 ESG에 대한 제도적 뒷받침이 필요한 시점이다.

사례로 알아보는 ESG

ESG가 국내기업의 생존에 필수조건이 된 상황에서 ESG로 성과를 내고 있는 글로벌 기업의 사례를 분석하여 ESG로의 변화에 대응점을 모색해 보는 것은 필요하다. 이 장에서는 글로벌 기업인 애플, 아마존 등의 기업들이 어떤 방식으로 ESG를 경영에 도입했는지 확인해볼 예정이다. 이를 통해 국내 기업들이 수출 경쟁력을 갖기 위해서 어떠한 부분을 강화해야 하는지, 거래 상대의 국가적, 기업차원의 ESG 방침을 이해할 수 있을 것이다.

또한 국내 기업의 사례를 통해서 국내 ESG 경영의 현황을 살펴볼 예정이다. 이를 통해 광범위한 내용을 담고 있으나, 국내에서 아직 생소한 ESG를 어떻게 기업경영에 반영할 것인가 검토할 수 있다. 전통적인 기업의 목표였던 주주가치 극대화와 상충하지 않으면서 ESG를 어떻게 경영에 반영할 것인가에 대한 해답도 고민해 볼 기회가 될 수 있을 것이다.

2. 애플: 탄소제로를 넘어 재생에너지 생산까지

환경(E): 사용한 재생에너지 85%를 직접 생산

애플은 2030년까지 탄소배출 '제로(0)'를 선언한 후 저탄소 소재 사용을 늘리고, 더 적은 자원을 활용하는 생산 방식으로 탄소배출을 줄이고 있다. 제품 생산에 저탄소 소재 사용을 늘림으로써 2019년에는 4.3백만 톤의 탄소발자국을 저감하였다. 제조공정에서도 비효율적 자원낭비를 줄여 폐기물 발생을 줄이고 있다. 이러한 노력으로 금속 사용량을 30% 감소시키기도 했다. 제품 소비 과정에서도 탄소배출량을 줄이기 위해 소프트웨어, 충전부품 등을 개선하고, 배터리 효율을 높이는데 중점을 두고 있다.

재생에너지 생산에도 참여하고 있다. 애플의 탄소배출량 중 75%를 차지하는 것은 제조공급망의 전력부분이다. 따라서 애플은 재생에너지 사용을 통해 전체 탄소배출량의 52.5%를 절감할 수 있었다. 2018년부터 전 제조공정에 재생에너지로 생산된 전기만 사용해 탄소배출

스코프2(Scope 2)를 달성했다. 전 세계 44개국 1,000개 이상의 매장, 사무실 사용전기 또한 100% 재생에너지를 사용하고 있다. 나아가 다른 기업이 사용할 재생에너지를 구매해 사용하는 것이 아니라, 에너지 프로젝트에 직접 투자해 전력을 생산하기 시작했다. 그 결과 2020년 1월 기준, 애플이 사용한 재생에너지의 83%가 직접 투자한 프로젝트를 통해 생산되었다.

환경(E): 업계 최초로 재활용 100% 선언

애플은 2017년 IT업계 최초로 '자원순환형 생산방식'을 선언했다. 보통 제품을 생산하는 경우, 자원을 채굴하고, 가공하여 제작하며, 사용을 마친 제품은 쓰레기가 되어 버려진다. 애플은 이 방식에서 벗어나 100% 재활용 자원만 활용하겠다는 목표를 설정한 것이다. 2030년 탄소중립 실현 이후 아이폰, 아이패드 등 모든 제품을 재활용 소재로 제작할 예정이다. 현재 주석, 텅스텐, 알루미늄, 플라스틱 등을 재활용해 일부 생산에 활용하고 있으며, 회수한 아이폰을 분해하는 로봇도 개발 중에 있다.

그 외 폐기물 배출량 감소를 위해 미국 내 주요 사업장과 전 세계 사업장에 폐기물 발생 및 오염을 측정하는 원격 폐기물 모니터링 시스템을 설치했다. 제품수명 연장을 위해 노력하고 수명이 다한 제품을 다시 수거하여 재활용률을 높이고 있다.

사회(S): 고용에도 다양성과 포용성을 담다

애플은 여성, 히스패닉, 흑인, 미국 원주민 출신 등 소수자 고용에 앞장서고 있다. 2014년부터 다양성 관련 보고서를 공개하고 있는데, 성별과 인종을 기준으로 임원, 기술직군, 비기술직군 등으로 나누어 고용 비율을 보여준다. 애플은 여성 고용인원을 늘리고, 흑인, 라틴계열 고용 비율도 지속적으로 높이고 있다. 그 결과 애플의 신입사원 중 53%가 소수자이며, 2020년 기준 여성 고용률은 34% 수준을 달성했다.

또 제품 광고모델에서도 유색인종을 차별하지 않는다. 애플 CEO 팀 쿡은 2021년 1월 CBS 방송에 출연해 인종차별 방지 프로젝트에 1억 달러를 투자하겠다고 선언한 바 있다.

거버넌스(G): 협력업체 직원들까지 근로시간 준수해야

애플은 직원들 및 협력업체 근로자들의 근로시간과 휴가까지 관리하고 있다. 정규 근무시간을 48시간으로 규정하고, 협력업체 근로자들의 근로시간은 60시간으로 제한하고 있다. 협력업체 직원들에게도 최소 7일마다 하루 이상의 휴식을 제공하도록 하고 있으며, 이들에게도 ILO의 규정을 준수하고 18세 미만의 근로자들도 근로 규정을 따르도록 강제하고 있다.

협력업체 직원들의 경쟁력 강화를 위해 코딩교육을 제공하고 있다. 지금까지 3,500명 이상의 협력업체 직원들이 프로그램을 수강했으며 매년 더 많은 협력업체 직원들에게 기회를 제공하기 위해 프로그램을 확대하고 있다. 2021년부터는 ESG경영 강화를 위해 애플이 강조하는 지속가능한 에너지, 고용의 다양성, 환경 및 사회적 이슈에 부응하는지 여부를 따져 임원들에게 최대 10%의 보너스를 받도록 제도화할 계획이다.

3. 마이크로소프트: 사내탄소세로 '탄소 네거티브' 실현을

마이크로소프트는 ESG 경영에 가장 적극적인 기업 중 하나로 '탄소 마이너스', '제로 웨이스트', '재생에너지 사용' 등 3대 목표를 설정하고 경영에 반영하고 있다. 2021년부터는 지속가능성 목표 달성 척도를 임원들의 보수를 결정하는 항목에 포함시켜 임직원들이 지속가능한 성장과 ESG에 대한 책임감을 높이고 있다.

환경(E): 2012년부터 사내탄소세 도입

2012년부터 사내탄소세를 도입해 자발적으로 탄소배출을 절감할 수 있도록 유도하고 있다. 각 부서가 탄소배출에 대해 금전적으로 책임을 지는 개념으로, 직접 배출량인 스코프1(Scope1)과 스코프2(Scope2)에 대해 내부적으로 톤당 15달러 비율로 부과하고 있다. 직원들의 출장이나 전기사용에 대해서만 적용하던 것을 2020년 7월부터는 간접 배출량인 스코프3(Scope3)까지 확대 적용하고 있다. 공급업체와 소비 단계에서 발생하는 탄소에 대해서도 내부탄소세를 부과한다는 의미다. 이러한 제도는 회사 전 부서가 제품생산 과정 및 공급업체에서 나오는 탄소배출량을 감소시키는데 큰 역할을 하고 있다. 한 예로, 사내탄소세 적용 이후 Xbox 팀은 장치가 대기모드일 때 사용 전력을 15W

에서 2W 미만으로 줄이는 기능을 도입하기도 했다.

또한 2030년까지 탄소중립을 넘어 '탄소 네거티브(Carbon Negative)'를 목표로 하고 있다. 1975년 창사 이래 마이크로소프트가 배출해온 탄소보다 더 많은 탄소를 지구상에서 제거해 순배출량을 마이너스로 만들 계획이다. 실제 2020년 한 해에만 전체 탄소배출량의 6%에 달하는 73만 톤가량을 줄이는 성과를 보였다.

마이크로소프트는 탄소배출량 절감을 위한 직접적 투자와 행동도 강조하고 있다. 2020년 7월, 탄소 제거프로젝트를 공모했고, 그 결과 40개국 이상에서 189개의 프로젝트가 접수되었다. 이 중 26개의 탄소 제거를 위한 미래기술에 투자했고 이를 통해 약 130만 톤의 탄소를 제거했다.

탄소배출량 절감은 납품하는 공급업체들에게까지 큰 영향을 미치고 있다. 마이크로소프트는 2019년부터 납품업체들에게도 온실가스 배출량 공시를 의무화하는 등 탄소중립에 동참할 것을 요구하고 있다.

환경(E): AI 기술로 제로 웨이스트 실현

마이크로소프트는 '제로 웨이스트(Zero Waste)' 프로젝트의 일환으로 마이크로소프트 순환센터(Microsoft Circular Center)를 구축했다. AI 알고리즘을 이용해 서버와 하드웨어의 부품을 빠르게 분류하고, 재사용하고 용도를 변경하고 있다. 포장 단계에서도 일회용품을 배제하고, 재활용 가능한 포장재를 사용하기 위해 기술혁신을 거듭하고 있다. 또 2030년까지 데이터 센터에서 매립 및 소각되는 고형 폐기물의 90%를 용도전환하고, 100% 재활용 가능한 표면 장치를 제조, 100% 재활용

가능한 포장재를 사용할 방침이다. 이를 통해 생태계를 보호하고 폐기물의 생성, 유통, 처리 과정에서 발생하는 탄소배출량을 줄일 수 있을 것으로 기대하고 있다.

그 외에도 마이크로소프트는 '워터 포지티브' 공약을 통해 2030년까지 물 소비량보다 보충량을 더 늘리겠다고 발표했다. 이를 위해 물 사용을 줄이고, 물 재활용을 통한 재생수 공급으로 물부족 문제를 해결하고 있다. 또한 전 세계의 습지 복구, 아스팔트 등 불침투성 표면을 제거하는 대형 프로젝트, 자사에서 발생한 폐수 재활용 등 다양한 방법들을 실천하고 있다.

사회(S): 흑인 임원 비율 2배로 늘려

마이크로소프트는 2025년까지 임원급 흑인비율을 2배로 늘리고, 다양성과 포용성 분야에 1억 5,000만 달러를 투자할 계획이다. 2019년 MS의 임원급과 기술직의 흑인비율은 3.3%에 불과한데 백인 중심주의를 깨고 다양성 측면에서 성과를 보이도록 한 것이다. 또한 아마존, 구글 등 미국 주요 27개 IT 및 금융기업 대표들과 함께 '뉴욕 일자리 CEO 협의회'를 결성해, 소수자들 10만여 명에게 기술교육 및 일자리 제공할 계획이다.

디지털 기술 교육을 통해 안정적인 구직활동도 지원하고 있다. 마이크로소프트는 코로나19 상황에서 안전하고 성공적인 경제 회복을 촉진하기 위해서는 새로운 일자리에 적합한 디지털 기술에 접근성을 높여야 한다고 판단하고 있다. 이를 위해 전 세계 2,500만 명에게 더 많은 디지털 기술을 제공하기 위한 글로벌 기술 교육을 진행하고 있다. 그 외 저소득층 가정, 여성 등을 포함한 실직으로 가장 큰 타격을 입은 사람들에게 디지털 기술에 접근할 수 있도록 무료 교육프로그램을 제공하고 있다.

거버넌스(G): 책임감 있는 고용주

마이크로소프트는 책임감 있는 고용주의 역할에도 중점을 두고 있다. 마이크로소프트의 임원, 사장, CFO의 평균 재직기간은 22년이다. 직원들을 계속하여 고용하고 이들을 조직의 리더로 이끌며 역사를 만들어가고 있다.

또한 투명한 경영을 위해 조직 내에 경영진과 이사회가 목표를 설정하고, 성과를 모니터링 하는 구조를 갖고 있다. 뿐만 아니라 고객, 정책 입안자, 글로벌 인권 전문가에 이르기까지 매년 수백만 명의 사람들에게 경영자문을 받고 있다. 즉, 회사에 외부의 관점을 도입하고 다양한 피드백 채널을 가동해 회사의 운영을 결정한다. 환경, 지속가능성, 기업의 사회적 책임을 위한 위원회를 설립해 구체적 성과에 대한 검토도 하고 있다.

4. 월마트: 공급업체와 함께하는 ESG 경영

월마트는 기업지배구조 전문기관인 GMI Ratings가 2012년에 발표한 ESG 평가에서 최악의 점수를 받았으나 각고의 노력 끝에 ESG 모범 기업으로 거듭난 대표적 사례다. 당시 월마트는 총점 100점에 3점을 받았다. 환경(E)분야에서는 92점을 받았으나, 사회(S), 지배구조(E)에서는 각각 1점과 23점을 기록했다. 뇌물수수 관련 수사, 직장 내 안전 규정 위반, 국제노동정책 미준수, 노동력 착취 등으로 낙제점을 받았다. 이후 월마트는 ESG에 역점을 둘 것을 선언하고, 2015년 RE100에 가입하는 등 ESG 경영에 박차를 가하고 있다.

환경(E): 납품업체와 함께 친환경 경영을

월마트는 ESG 경영을 위해 납품협력업체들이 제조과정에서 발생하는 탄소배출량을 줄이는데 힘을 쏟고 있다. 유통기업의 특성상 매장이나 유통센터에서 탄소배출량이 높지 않기 때문에 공급 업체들과의 계약시 탄소배출량 조항을 추가하는 방식으로 접근하고 있다. 공급업체와 협업해 이루어 낸 탄소배출 감소량이 2017년 이후 무려 230만 미터톤(metric tons)에 달한다. 또한 2015년과 2018년 사이에 온실가스 배출량을 7.7% 감소시켰으며, 2025년까지 목표인 18% 이상 감소를 실현할 계획이다. 그 외 월마트 건물들의 에너지 효율성 향상, 냉동 시스템의 성능 향상, 유통 과정에서의 지속가능성 추구 등을 목표로 하고 있다.

2005년부터는 폐기물 제로 달성이라는 목표를 설정하고 생산과 유통, 소비 전 과정에서 폐기물 감소를 위해 노력하고 있다. 플라스틱 폐기물과 포장 관련 폐기물, 음식물 쓰레기를 줄이는 데 중점을 두고 있다. 고객으로부터 반환된 플라스틱을 적극적으로 재활용하고, 불필요한 플라스틱 포장방식 변경, 포장이나 생산 단계에서 재사용 및 리필 옵션 포함하는 공급업체를 선정하는 등의 장려책도 도입하고 있다.

또 불필요한 포장을 줄이고, 재활용이 가능한 포장으로 전환하기 위해 2019년 11월 700개가 넘는 공급업체들과 함께 포장혁신에 대한 모임(Packaging Innovation Summit)도 개최했다. 지속가능한 포장에 대해 논의하고, 재활용 관련 계획안을 만들어 교육 자료를 배포했다. 나아가 기가톤 프로젝트를 통해 공급업체들이 에너지 사용, 지속가능한 농업, 폐기물, 삼림 벌채, 포장, 제품 사용의 6개 영역에 지속가능한 목표를 달성하도록 유도하고 있다. 그 결과 2019년에는 한 해에만 월마트의 폐기물 중 80퍼센트가 재활용되거나 용도변경 되었다.

환경(E): 판매량 예측시스템으로 음식물쓰레기 줄여

월마트는 매장 음식물쓰레기 제로 달성을 위한 운영 시스템도 도입했다. 1차적으로 식품판매율을 높이고 재고를 줄이기 위해 판매량 예측 시스템을 개선했으며, 유통기한에 가까운 식품에 대해 할인을 제공하는 등의 판매방식도 적용하고 있다. 팔지 못한 식품의 경우, 음식을 필요로 하는 곳에 기부하는 방식을 택했고, 2020년 한 해 미국에서만 5억 8,800만 파운드 이상의 식품을 기부했다. 이미 유통 기한이 지나 활용할 수 없게 된 음식물들은 동물 사료나 퇴비, 또는 에너지로 전환하려고 노력하고 있다.

생태계 보호를 위해 일부 판매제품에 대해 인증제도를 도입했다. 인증제도에 포함된 팜유와 커피, 펄프 및 제지, 해산물 등의 품목은 특정 조건을 만족한 환경에서 생산, 공급되었다는 인증을 받아야만 월마트에 납품할 수 있다.

사회(S): 근로자 인권보호를 위한 감시 철저

월마트는 2018년 11월 인권선언문을 발표하고, 임금의 지불과 근무시간, 노동조합의 자유, 안전한 작업환경 보장, 차별 금지, 강제 노동 및 미성년 노동 금지 등 주요 문제에 대해 고려하기 시작했다. 인권 문제를 부서별로 지원하여 문제를 해결하고 있다.

사내 각 분야의 책임자들로 구성된 ESG위원회를 통해 정기적으로 인권 문제에 대한 보고와 감사를 받도록 하고 있다. 그 결과 미국 내 월마트에서 일하는 직원들(파트타임 포함)에게 730만 달러가 넘는 보너스가 지급되었고, 20만 명의 직원들이 승진을 했으며, 평균 14달러의 시급을 지급했다.

월마트는 전 세계적으로 100,000개가 넘는 공급업체에게도 ESG 경영을 요구하고 있다. 공급업체들에게 법률 준수, 강제 노동, 미성년 노동 금지, 기업 운영 투명성 유지, 안전한 작업 환경 제공, 노동조합 결사의 자유, 근무시간 준수 등 노동법에 관련한 모든 법률 준수를 요구하고 있다. 또한 이들 업체들에 대해서 제3자를 통한 모니터링을 지속해, ESG 경영 여부를 파악하고 있다. 월마트는 ESG 기준에 부합하지 않는 공급 업체는 계약을 종료하는 등 강경한 태도를 보이고 있다.

사회환원 프로그램에 2020년에만 6,500만 달러 이상을 투자했다. 사내 자원봉사 프로그램(Volunteerism Always Pays: VAP)을 통해 미국 월마트에서만 5만 6,000명 이상의 직원들이 63만 시간의 자원봉사를 했고, 기부금으로 590만 달러 이상을 모금했다. 또한 구세군 캠페인이나 지역 학교를 지원하기도 하며, 재난상황 발생 시 지역사회를 돕는 등 다양한 방식으로 사회에 기여하기 위해 노력하고 있다.

거버넌스(G): 이사회 내 ESG 위원회 운영

이사회를 다양한 배경, 자격, 기술 및 경험을 가진 이사들로 구성하였으며, 이들은 ESG 운영위원회를 지원하고 있다. 또 공급업체, 정부기관, NGO, 소비자 등 외부기관으로부터 정기적인 피드백을 받아 경영에 반영하고 있다. 그 외 윤리경영을 위해 청렴문화 육성, 경영표준설정, 윤리 및 규정 준수, 문제에 대한 모니터링, 규제당국에 보고 등을 챙기고 있다.

5. 코카콜라: 쓰레기 없는 세상을 실천하다

코카콜라는 전 세계적으로 높은 판매율만큼 플라스틱 폐기물에 대한 소비자들의 우려가 큰 편이었다. 용기에 사용된 플라스틱이 대부분 재활용되지 않아 '플라스틱으로부터의 자유(BFFP: Break Free From Plastic)'로부터 세계 1위의 플라스틱 오염원으로 선정된 바 있다. 이에 2018년 코카콜라는 '쓰레기 없는 세상(World Without Waste)'을 내세우며 2030년까지 병이나 캔을 하나 판매할 때 마다 하나를 재활용하고, 자사 용기의 50% 이상을 재활용 재료로 만들겠다는 목표를 밝힌 바 있다.

또한 1999년 인도 케랄라주의 한 마을에 코카콜라가 공장을 세우자 우물이 말라버렸다. 이 소식을 접한 미국 소비자들은 코카콜라 불매운동을 시작했다. 코카콜라는 잃어버린 명성을 되찾기 위해 2007년부터 제품생산에 사용하는 물을 자연과 지역사회에 되돌려준다는 의미의 '재충전' 캠페인을 시행하기도 했다.[1]

환경(E): **물발자국을 줄여라**

코카콜라는 제품생산에 사용되는 물의 양을 줄이는 즉, '물 발자국'을 줄이는 것을 목표로 하고 있다. 2004년에는 1리터의 제품을 생산하기 위해 물 2.7리터가 사용되었는데, 2019년에는 1.92리터로 줄이는 성과를 보였다. 소비자로부터 회수된 병을 세척하는 과정에서 물 없이 병을 세척하는 에어 린서(air rinser) 도입 등의 효과이다. 그 외에도 빗물을 수확해 화장실 및 바닥 청소 등에 사용하기도 한다. 또한 제조 프로세스와 공급망에 걸쳐 물을 사용하는 방법을 분석한 결과, '물 발자국' 중 약 80%가 농업분야의 공급단계에서 나온다는 것을 밝혀내고 설탕 재배에 드는 물 사용량을 줄이는 노력도 하고 있다.

제품생산에 사용된 물 총량의 100% 이상을 자연에 다시 환원하는 프로젝트를 진행하고 있다. 글로벌 수자원 확보 프로젝트를 통해 물 사용과 관련한 지역사회의 잠재적 반발, 물 부족으로 발생할 수 있는 잠재적 위험을 사전에 방지하는 효과를 얻고 있다.

코카콜라는 유엔개발계획(UNDP United Nations Development Programme), UN해비타트, 미국 국제개발처 등 시민단체, 정부 등 500여개 이상의 단체와 파트너십을 구축하고 수자원 관리에 노력을 기울이고 있다. 코카콜라아프리카재단이 2009년부터 진행하고 있는 RAIN(Replenish Africa Initiative) 프로젝트가 대표적인 예다. 우물, 수도시설, 정화시스템을 만들어 위생시설에 대한 접근성을 높였고, 그 결과 2017년 말 아프리카 280만 명 이상의 사람들에게 식수를 제공했고, 39개국 2,000개가 넘는 지역사회의 위생환경 개선에 도움을 주었다.

한편 한국 코카콜라는 2018년 세계자연기금(WWF, World Wide Fund

for Nature)과 파트너십을 체결하고 낙동강 화포천 유역의 물 환원 프로젝트를 진행하고 있다. 수질오염, 물 부족 문제를 겪고 있는 화포천 최상류 지역 마을 시례리 상류에 저수지를 준설하고, 하류에는 인공습지를 조정하고, 수질정화를 위한 수생식물을 심었다.

환경(E): 쓰레기 없는 세상을 위한 플라스틱 재활용

코카콜라는 '쓰레기 없는 세상(World Without Waste)'을 모토로 2030년까지 모든 용기를 재활용하고, 자사 용기의 50% 이상을 재활용 재료로 만든다는 목표를 세웠다. 2021년 여름부터 재활용된 플라스틱을 음료를 담는 병으로 사용할 예정이며, 이를 통해 북미지역 플라스틱 사용량을 2018년 기준 20% 이상 감소시킬 것으로 예상된다. 재활용 플라스틱은 다른 용도로 사용된 플라스틱을 세척한 후 갈아 다시 녹이는 방식으로 만들어진다. 이미 만들어진 플라스틱을 사용함으로써 새롭게 플라스틱 생산하는 것을 막겠다는 의미이다.

또한 재활용될 수 있는 종이병에 음료를 담는 시도도 계속하고 있다. 2021년 2월에는 재활용이 가능하면서 탄산의 압력을 견디는 종이병 시제품을 제작했으며, 헝가리에서 유통을 시도할 예정이다. 덴마크의 종이병 제조사인 파보코가 만든 종이병에 헝가리 탄산음료인 '아데즈'를 담아 시범 판매한다.

사회(S): 500만 명 여성기업인 육성 프로젝트

코카콜라는 2010년부터 '5by20' 프로젝트를 시행하고 있다. 농가에서부터 소매상까지 사회적 장벽에 부딪힌 여성들을 도와 2020년까지 500만 명의 여성 기업인을 육성하고 그들의 경제적 역량을 강화시키는 것이 목표다. 전 세계 200여 개국 여성들에게 비즈니스 기술과 노하우, 금융 서비스, 멘토링, 동료 간 네트워킹 등 다양한 방면의 솔루션을 제공하고, 성공적으로 사업을 설계할 수 있도록 지원하고 있다. 관련 과정을 모두 이수한 경우 은행에서 대출을 받을 수 있는 자격을 주기 위해 유엔 여성기구(UN Women)와 미주개발은행(Inter-American Development Bank), 국제금융공사(International Finance Corporation), 빌&멀린다 게이츠 재단(Bill & Melinda Gates Foundation) 등과 지속적으로 협력하고 있다.

그 결과 5by20에 참여한 여성 기업인은 전 세계 75개국 240만 명을 돌파했다. 2017년에만 66만 명이 넘는 여성을 지원했으며, 지원 국가를 벨기에, 볼리비아, 체코, 헝가리, 이스라엘, 파라과이, 포르투갈, 우크라이나 등으로 확대하고 있다.

사회(S): 코카콜라 유통망을 활용한 국제 구호활동

코카콜라는 2013년 물, 웰빙, 여성문제를 통합적으로 해결할 수 있는 사회적 기업 에코센터(ECOCENTER)를 설립했다. 필수자원에 대한 접근성이 취약한 지역에 깨끗한 물, 전기, 인터넷을 비롯해 살아가는데 필요한 기본적인 생필품을 공급하고 있다. 2017년 말 기준으로 캄보디아, 가나, 케냐, 르완다, 남아프리카공화국, 탄자니아 및 베트남 전역에 150개 이상의 에코센터가 설치됐고, 연간 7,810만 리터의 식수를 공급했으며, 500여 명이 넘는 여성들의 경제적 자립을 도왔다.

코카콜라의 라스트 마일 프로젝트는 의약품 부족에 시달리는 아프리카 지역에 필수 의약품과 의료품을 제공하는 것을 목표하고 있다. 코카콜라의 물류 시스템, 유통망, 마케팅 노하우 등을 활용해 전 세계 어디든 손만 뻗으면 닿을 수 있는 코카콜라처럼 필수 의약품을 널리 보급하는데 중점을 두고 있다. 2010년 탄자니아에서 시범 사업을 시작한 결과, 단 2년 만에 필수 의약품을 제공받는 의료기관이 150개에서 5,500여 개로 늘어나는 성과를 이뤘다. 이를 기반으로 현재 모잠비크, 가나, 스와질란드 등으로 대상을 확대하고 있다.

거버넌스(G): 윤리강령 엄격 준수

코카콜라는 윤리강령을 보다 체계적으로 관리하기 위해 윤리준수위원회와 지역 윤리담당자 제도를 운영하고 있다. 윤리준수위원회는 실제 기업을 경영하고 있는 고위 경영진들로 구성되어 있으며, 윤리강령의 시행을 책임지고 있다. 지역윤리 담당자는 서면승인 권한을 가지고 이해충돌, 회사자산 관리 등에서 윤리경영에 힘쓰고 있다. 윤리강령과 기타 준법과 관련된 문제에 대해 질문을 하고, 의견을 전달할 수 있는 신고서비스(Ethics Line)도 운영해 문제를 신속하게 처리하고 있다.

6. 아마존: 소비자 친화적인 방법으로 환경을 보호하다

환경(E): AI를 통한 지속가능한 포장 도입

아마존은 2040년까지 탄소제로, 2025년까지 재생에너지 100% 달성을 목표로 하고 있다. 2019년 '글로벌 옵티미즘(Global Optimism)'과 함께 '기후서약(The Climate Pledge)'을 공동 창립했다. 기후서약은 파리 기후협정이 약속한 2050년보다 10년이나 앞당겨 2040년에 탄소제로화를 시도하고 있다. 또한 아마존은 2020년에는 기후변화의 영향을 줄이는 기술에 20억 달러를 투자를 발표하기도 했다. 운송, 물류, 에너지, 농업, 식품 등 산업 전반에 걸친 기술개발을 통해 지속가능한 발전, 탄소제로 가속화를 실현할 기후공약기금 성격의 펀드를 결정한 것이다.

구체적 실천 방안으로 포장 혁신을 시도하고 있다. AI를 이용해 포장재 사용을 줄이고 포장박스를 최소화하면, 쓰레기뿐 아니라 연료소모 및 배송횟수를 줄여 탄소배출량을 줄일 수 있다. AI 알고리즘이 제품에 따라 효율적인 포장방식을 제안할 수 있는데, 예를 들면 특정 품목에 배송상자 대신 배송봉투를 지정해 물품을 더욱 가볍게 만들 수 있고, 배송차량에 더 많은 상품을 싣게 할 수 있다. 아마존은 이러한 방식으로 16억 개의 배송상자, 90만 톤 이상의 포장재를 줄였다. 기존 포장 사용량의 33%를 줄인 것이다.

이러한 혁신은 소비자 만족, 환경보호, 비용절감이라는 세 마리 토끼를 잡는 것을 가능하게 했다. 고객들은 과대한 포장으로 열기도 어렵고, 재활용이 되지 않아 불만이 많았다. 아마존의 AI를 통한 포장 효율화는 '불만 없는 포장(frustration-free packaging)', 즉 열기 쉽고, 완전 재활용되는 포장을 가능하게 했으며, 동시에 비용절감, 연료 소모와 배송횟수 감소를 통해 탄소배출량 감소까지 기대할 수 있다.

또한 아마존은 운송 과정에서의 탄소배출량을 줄이기 위해 2030년까지 10만 대 이상의 전기차를 마련할 계획이다. 아마존은 자율주행 전기차 기업 '리비안(Rivian)'에 물류용 밴(VAN) 공급을 요청한 상태이며, 이를 위한 충전시설, 건물 리모델링 등에 투자하고 있다.

한편 고객들의 친환경 소비를 촉진하기 위해 '지속가능성 인증 제도'를 도입했다. 고객들이 보다 지속가능한 제품을 쉽게 발견하고 쇼핑할 수 있도록 돕는 셈이다. 아마존은 25,000개 이상의 제품에 인증서를 발급했다.

사회(S): 좋은 일자리가 곧 복지

전 세계 100만 명 이상의 직원을 고용하고 있는 아마존은 미국 구인·구직사이트 링크드인(Linked in)에서 인정하는 최고의 기업 중의 하나다. 직원들의 복지를 위해 안전한 근로환경 조성뿐 아니라 최저임금 규정 준수, 보너스 지급, 최대 20주의 유급 출산 휴가 등의 제도를 마련하고 있다.

아마존은 직원들의 건강과 안전을 최우선 목표로 2019년부터 WorkingWell 프로그램을 시범 운영하고 있다. 전문 트레이너를 고용해 건강과 웰빙에 대한 교육을 제공할 뿐 아니라 클라우드 컴퓨팅 견습생, 아마존 기술 아카데미, 혁신적 진로선택 이니셔티브 등 기술교육프로그램도 운영 중이며, 교육비용의 95%를 회사가 부담한다.

그 외에도 인종이나 성소수자, 성 정체성에 관한 차별을 엄격하게 금지하고 있으며, 물류센터에서 발생하는 사고를 없애기 위해 새로운 기술 투자에 많은 노력을 기울이고 있다. 보행자와 장비 간의 충돌 사고를 줄이기 위해 실시간 위치 시스템인 PIT(Powered Industrial Track), 로봇공학자를 위한 자동기술투자 등에 투자하고 있다.

사회(S): 공급업체 ESG도 적극 관리

공급업체의 ESG 현황도 지속적으로 관리하고 있다. 아마존은 공급업체 역시 인권과 환경을 존중할 것을 요구하고 있으며, 문제가 발생할 시 즉각적으로 해결할 수 있도록 감독하고 있다. 중국, 방글라데시, 베트남 및 인도의 공급업체와 협력하여 직장 내 성차별을 근절할 수 있도록 공장관리와 노동자 역량구축에 힘쓰고 있다. 또한 아동노동, 강제노동 또는 인신매매를 금지하고, 이러한 문제가 발견되면 즉시 공급업체와의 계약을 종료하는 것을 방침으로 세웠다.

아마존은 자체적으로 중국, 방글라데시, 베트남 및 인도의 공급업체와 협력하여 직장 내 성차별을 퇴치할 수 있는 노동자와 공장 관리 역량을 구축하고 있다. 2020년 6월까지 8,700명이 넘는 여성들에게 도움을 제공했다. 예를 들어, 방글라데시의 경우 RMG 분야의 안전 및 기타 우려 사항을 보고하고 해결을 위해 설립된 아마더코타헬프라인(Amader Kotha Helpline)에 투자하여 공장 내 문제점들을 신고하고 신속하게 해결할 수 있는 메커니즘을 구축했다.

그 외 다양한 지역사회 지원 프로그램을 운영 중이다. 어린이와 청년층, 기술에 대한 접근성이 낮은 지역사회 노인들을 위한 교육프로그램을 지원하고 있다. '아마존 미래공학프로그램(Amazon Future Engineer)'의 경우 매년 수백만 명의 학생들이 컴퓨터 과학과 코딩에 대해 배울 수 있도록 기회를 주고 있다.

아마존은 교육 프로그램 뿐만 아니라 굶주림에 시달리는 계층에게 음식과 쉼터, 기본 생필품을 공급하고는 긴급구호 활동도 지속적으로 진행하고 있다. 재해대응팀은 아마존웹서비스(AWS) 기술을 통해 재난

상황에서도 클라우드 서비스에 접속할 수 있도록 혜택을 제공하고 있다. 예를 들어 2019년 허리케인 '도리안'(바하마를 강타한 5등급 폭풍) 당시 전국의 40여 개 의료시설과 대피소에 연결 및 통신망 구축을 도운 바 있다.

거버넌스(G): 직원들의 의견을 경영에 반영

아마존은 직원들의 의견을 경영에 반영하기 위한 시스템을 갖추고 있다. 직원들은 실시간으로 경영자들, 직원들과 소통할 수 있다. 매일 50만 명의 직원이 질문하고, 그에 대한 답변을 받게 된다. 2019년, 아마존의 관리자들은 자체 커뮤니티 Voice of the Associates를 통해 225,000건 이상의 의견, 질문, 문제에 대해 답변했다.

투명성 제고를 위해 지속가능회계기준위원회(SASB), 기후관련 금융공시대책위원회(TFCD), 유엔 사업 및 인권지침 원칙(UNGP)에 따라 기준 충족 여부를 공개하고 있다. 또한 합법적이고 윤리적이며, 회사의 이익을 위해 최선을 다해야 한다는 윤리강령도 준수하고 있다. 직원들은 자신들의 행동이 행동강령에 부합하는지 확신이 없다면 내부의 법무파트에 문의를 할 수 있다.

7. 폭스바겐: ESG 경영으로 디젤게이트를 극복하다

폭스바겐의 '디젤게이트'는 ESG 리스크가 기업에 미치는 영향력을 보여주는 대표적 사례다. 폭스바겐은 디젤차가 배출하는 배기가스량이 기준치를 초과했지만, 소프트웨어를 조작해 배기가스 배출량이 기준치에 부합한다며 약 1,070만 대의 차량을 판매했다. 2015년 조작사실이 드러나면서 폭스바겐은 브랜드 가치 급락과 함께 소송전에 휘말렸다. 2020년 독일 재판부의 판결에 따라 폭스바겐은 독일 소비자들에게 8억 3,000만 유로(약 1조 1,086억 원)의 보상금을 지급하게 됐다. 이에 2015년 3월 247유로였던 폭스바겐 주가는 그해 9월 97유로까지 하락했다. 이 사건을 계기로 글로벌 자동차 산업 전반에 환경규제가 강화되었다.

환경(E): 제로(Zero)를 향해 달리다

디젤게이트 이후 폭스바겐은 환경보호를 위한 '투게더 2025+ 전략(Together 2025+ Strategy)'과 구체적 행동강령인 '고 투 제로(Go TO zero)'를 운영하고 있다. 2050년까지 제품의 생산과 운송과정에서 탄소배출량을 없애고, 환경친화적인 경영을 달성하겠다는 의미를 담고 있다. 구체적으로 원료추출과 제품 수명주기 전반 등 모든 단계에 환경영향 모니터링 시스템을 적용했다. 전기차 비중을 높여 2025년까지 2015년 탄소배출량의 30%를 감축하고, 2030년까지 전기차 점유율을 40%까지 높일 계획이다.

폭스바겐은 2011년부터 친환경 프로젝트 씽크블루 팩토리(Think Blue Factory)를 통해 투입하는 자원의 24.3%를 줄이는 성과를 보였다. 친환경 전문가들을 투입해 에너지 사용량을 줄이고, 냉각 시스템에서 나오는 폐열을 사무실 난방에 쓰는 등의 노력을 하고 있다.

2020년 6월, 116년 동안 내연기관 자동차를 생산하던 독일 츠비카우 공장을 100% 전기차 생산공장으로 변모시키고, 공장에 필요한 전력은 수력, 풍력, 태양열 등 친환경 에너지를 이용하고 있다. 이러한 노력 끝에 츠비카우 공장에서만 연간 106톤의 이산화탄소를 줄이고 있다. 탄소배출량을 줄이기 위해 배터리셀을 직접 생산하고, 수명이 다한 폐배터리를 재활용하는 방안도 마련 중에 있다.

폭스바겐 그룹은 폐기물에서 발생하는 바이오 메탄을 에너지 원료로 활용하는 프로젝트에 투자하고, 납품업체에게도 '탄소배출 제로'에 동참할 것을 권하고 있다. 그 외 직접적으로 산소배출에 도움을 주기 위해 보르네오 섬에 자리한 149,800헥타르의 열대 우림을 보호하는 프로젝트도 시행 중이다.

사회(S): 독일 난민들을 위한 지원

폭스바겐은 2019년부터 독일 난민들을 위한 다양한 지원프로그램을 운영하고 있다. 만남, 교육, 전문적 통합을 화두로 난민들이 주기적으로 다른 사람을 만나 소통할 수 있도록 돕는다. '주방이야기(Kitchen Stories)'나 '킥 어바웃 앤 쿠킹(Kicking about and cooking)'과 같은 프로그램은 폭스바겐 직원들과 난민 간의 소통 활성화 프로그램이다.

난민들의 전문성 확보를 위해서 언어와 전문지식에 대한 교육 프로그램도 제공해, 난민들이 독일에서 직업교육생으로 일할 수 있도록 지원하고 있다. 2015년부터 2019년 말까지 난민 지원 프로젝트를 통해 5,000명이 넘는 난민들을 도왔다.

거버넌스(G): 윤리경영을 위한 5대 경영원칙

폭스바겐은 '디젤게이트'와 같은 회사차원의 비윤리적 행위가 경영진의 윤리의식 결여에서 비롯되었다고 분석했다. 이 사태를 계기로 윤리경영을 더욱 강화하기 위해 다음의 5대 경영 원칙을 발표하고 이를 이행하고 있다.

Ⅰ. 우리는 법뿐만 아니라 명확한 가치와 윤리 원칙에 근거하여 행동한다.
Ⅱ. 우리는 고객에게 안전하고 효율적이며 지속가능한 모빌리티를 제공하기 위해 최선을 다한다.
Ⅲ. 우리는 자동차와 서비스를 통해 환경 보호, 기술 발전 및 삶의 질 향상에 기여한다.
Ⅳ. 우리는 공급업체, 서비스 제공업체 및 협력업체가 우리의 준법 및 지속가능성 규정을 따르도록 요구한다.
Ⅴ. 우리는 교육, 문화 및 스포츠에 대한 헌신으로 사회적 화합에 기여한다.

폭스바겐은 최고경영자 수준의 위원회(Group Compliance Committee)를 조직하고 윤리규정이 부서, 브랜드간 표준적으로 적용되도록 하고 있다. 협력업체들도 윤리규정 준수하도록 BPDD(Business Partner Due Diligence) 검사를 수행했다. 이 검사를 통해 기존 협력업체나 잠재적 파트너들이 모든 관련 법률, 규칙 및 규정을 준수하는지 여부를 확인할 수 있다. 이외에도 협력업체에 대한 인권 준수와 부패 방지를 위한 행동 강령을 적용하고 있다.

8. SK: 국내 ESG 경영을 주도하다

환경(E): 국내 최초 RE100 가입

SK그룹은 국내 대기업 중 최초로 ESG 관련 개별 전담 조직인 SUPEX추구협의회를 두고 ESG 경영에 박차를 가하고 있다. SUPEX추구협의회는 산하에 7개의 위원회가 있는데 그중 거버넌스위원회는 조직개편 과정에서 지배구조의 투명성을 높이는 활동을, 환경사업위원회는 그룹 차원의 친환경 체질개선, 친환경 비즈니스사업 기회 발굴을 담당하고 있다. 사회 부문은 SV(Social Value)위원회가 담당하고 있다.

친환경 경영을 강화하며 2020년 11월, 국내 최초로 SK그룹의 자회사 8곳(SK홀딩스, SK텔레콤, SK하이닉스, SKC, SK매터리얼, SK브로드밴드, SK아이티테크놀로지, SK실트론)이 사용전력 100%를 재생에너지로 조달하는 'RE100'에 가입했다. SK는 2050년까지 사용전력량의 100%를 풍력이나 태양광과 같은 재생에너지를 통해 조달할 계획이다.

SK는 경제적 가치(EV)와 사회적 가치(SV)를 동시에 추구하는 '더블 보텀라인(Double Bottom Line) 경영'을 근간으로 2019년부터 사회적 가치, 즉 ESG 수준을 측정·발표하고 있다. 계열사 핵심 평가지표(KPI)에도 사회적 가치를 50% 반영하여 경영활동에 사회적 가치를 고려할 수 있도록 유도하고 있다. 사회적 가치 측정 분야는 '경제 간접 기여성과'와 '비즈니스 사회성과', '사회공헌 사회성과' 등이다. SK는 한국기업지배구조원의 '2020년 상장기업 ESG평가등급'에서 환경부문 A, 사회

부문 A+, 지배구조부문 A+, 통합등급 A+를 받은 바 있다.

환경(E): 반도체, 석유, 화학에도 친환경을 입히다

SK하이닉스는 탄소배출량 감축을 위해 2018년 ECO(Environmental & Clean Operation) Vision 2022를 선언했다. 우선 에너지 운영시스템 ISO 50001을 도입해 에너지 누수를 막고, 전력 사용량을 줄였으며, 인공지능 분석 기술을 접목한 '외기조화기(OAC, Out Air Conditioner) 에너지 효율 개선 작업'을 통해 총 27.5억 원의 에너지 비용을 절감했다.

SK하이닉스는 2022년까지 온실가스배출전망(BAU)를 2016년 대비 40%가량 감축한다는 목표를 설정했다. 이를 위해 반도체 공정 과정에서 발생하는 온실가스를 처리하는 '스크러버 장비'를 개선했고, 그 결과 이천 사업장의 공정가스 배출 감축률이 2015년 대비 2배 늘었다. 사업장 내 운행되는 화물 운송 차량들을 전기차로 교체해 연간 400톤가량의 온실가스 저감 효과를 기대하고 있다. 또한 연 2,000만 톤의 용수 재활용을 목표로 하고 있다. 수자원 절감 태스크포스를 구성해 2019년 연 240만 톤의 용수를 절감해 '물 경영' 부문 대상을 수상하기도 했다.

SK이노베이션은 그린밸런스 2030 달성을 위해 3가지 전략 방향 Green, Technology, Global을 마련했다. 친환경(Green) 사업인 전기차 배터리와 소재 사업에 과감하게 투자하고, 단순히 배터리를 공급하는 것만 아니라, 사업 참여자와의 협력체계 구축을 통해 전방위적인 밸류체인을 만들고 있다. 또 전기차의 폐배터리가 향후 8만 개에 달할 것이라는 전망에 따라 폐기 시 유발되는 환경오염을 저감할 수 있는 재활용 기술을 개발하기도 했다.

환경오염 이미지가 강한 석유, 화학, 윤활유 사업에서도 친환경 제품을 확대하고 있다. 저탄소 바이오연료, 친환경 윤활유 및 아스팔트, 초경량 자동차 소재 등의 도입이 그 예이다. 울산 공장에서는 고유황 중유에 함유된 황산화물을 걸러내 저유황 중유를 생산 및 대체해 배출량을 1톤당 86% 감소시켰으며, 공정과정에서 클레이 흡착 설비를 없애 연간 4억 3천만 원에 달하는 에너지 비용을 절감하고 연 2,190톤에 달하는 이산화탄소 배출량 저감에 성공했다.

SK인천석유화학은 '친환경 탱크 클리닉 기술'을 통해 폐기물 발생을 70%가량 줄이고, 회수되는 원유의 양을 기존 대비 3배 이상 늘려 재활용하고 있다. 뿐만 아니라 국내 대학과 산학협력을 통해 '지능형 하폐수 처리 솔루션'을 개발했고, 이를 통해 효율은 20% 이상 향상시키면서 에너지 비용은 10~15% 절감할 수 있을 것으로 기대된다.

사회(S): ICT 기반의 사회공헌활동

SK는 기업의 구성원들이 행복을 통해 VWBE(자발적, 의욕적 두뇌활동) 문화를 발전시키고, 수펙스(SUPEX)기업으로 성장하겠다는 목표를 갖고 있다. 이를 위해 구성원 소통 모바일 플랫폼 '햅(H.App)', 블록체인을 이용한 플랫폼 '행가래' 등을 운영하며, 구성원들이 스스로 사회적 가치를 만드는 아이디어를 제안하고 실행할 수 있는 창구로 활용하고 있다. '행가래'를 통해 계단오르기, 사내식당 잔반 남기지 않기, 헌혈, 아이스팩 재활용, 양면인쇄 활용, 아나바다 활동 등이 제안되기도 했다.

취약계층의 일자리 마련을 위해 청년장애인 일자리 경쟁력 강화를 위한 SIAT(씨앗), 취약계층 사회진출 육성프로그램인 DDA도 추진하고 있다. 2017년부터 시작된 SIAT 프로그램은 장애인들에게 소프트웨어 개발, 정보보안 등 기업체 실무 중심의 IT 교육을 시행해 교육 수료생 23명이 취업할 수 있도록 도왔다. 또 DDA는 취약계층에게 최신 IT기술을 교육하고, 수료생들을 협력회사에 인턴으로 근무하도록 연계하는 프로그램이다.

거버넌스(G): 주주친화경영을 위한 제도 마련

SK는 사회적 가치 창출과 경영성과를 주주에게 환원하는 주주친화경영을 강화하고 있다. 주주가치를 제고하고 이사회의 독립성·전문성을 강화하기 위해 2018년 3월 주주소통위원 제도를 신설했다. 회사의 주주, 잠재적 투자자, 이해 관계자와의 소통을 강화하고 권익을 보호하는 역할을 한다. 특히 ESG를 경영에 적극 반영하기 위하여 ESG 관련 오피니언 리더들을 주주소통위원으로 선정하고, 이들이 주주들의 의견을 이사회에 보고해 경영에 반영될 수 있도록 하고 있다.

또한 투명경영 및 지배구조 개선을 위해 2019년 사외이사가 이사회 의장으로 재임할 수 있도록 정관을 개정했고, 사외이사 비율을 전체 이사의 과반수를 유지하도록 규정했다. 이를 통해 이해관계자의 신뢰를 확보할 뿐 아니라 책임경영, 이사회의 투명성과 독립성 확보 등이 가능하다. 또한, 경영진 감시 및 견제기능을 강화하기 위해 이사회 의장과 대표이사를 분리했으며, 사외이사의 전문성 강화를 위해 다양한 교육 프로그램을 제공하고 있다.

윤리경영을 위해서 전담조직을 운영하고 있다. CEO 직속의 행복추진센터 내 윤리경영팀이 윤리경영 조직문화 정착 활동을 하고 있으며, 사업장 별 윤리경영 진단 프로세스를 운영하고 있다. HR, 구매, 협력회사, 비용 등 4대 영역을 중심으로 정기 위험 평가를 연 1회 시행한다.

9. LG전자: '정도경영'에 ESG를 녹이다

환경(E): 내부탄소세, 탄소회계 도입

LG전자는 2030년까지 생산단계 탄소배출량을 2017년의 50%까지 감축할 계획이다. 2017년 탄소배출량을 193만 톤 CO_2e을 기록했는데, 96만 톤 CO_2e까지 낮추겠다는 의미다. 이를 위해 생산 공정에서 에너지 고효율 설비와 탄소배출량 감축 장치 도입을 확대하고 있으며, 개발도상국 청정개발체제(CDM: Clean Development Mechanism) 사업에 투자하여 탄소상쇄배출권을 지속적으로 확보하고 있다.

또한 '내부탄소비용'을 적용해 환경부담을 재무가치로 측정하고, 탄소회계(Carbon Accounting)를 도입하여 정부로부터 할당받은 온실가스배출권과 비교하여 초과 배출시 비용(배출부채)을 연결 재무상태표에 반영하고 있다.

태양광 에너지 활용을 통해 탄소배출량 저감을 꾀하는 노력도 계속하고 있다. 한국 사업장에는 총 6.7MW 규모의 태양광 발전 설비를 도입해, 2019년 한 해 동안 8,832MWh의 태양광 에너지를 생산하여 온실가스 감축에 기여했다. 고효율 태양광 패널 생산시 발생되는 SF6(육불화황)가스 처리시설에 투자하여 2018년에만 107만 톤을 감축했다. 앞으로 매년 100만 톤 이상의 온실가스 감축할 수 있을 것으로 기대된다.

미국법인의 경우 2019년 생산단계의 탄소배출량을 2017년 대비 50% 감축하는 목표를 조기 달성했으며, 전체 에너지 사용량 중 80% 이상을 재생에너지로 활용하고 있다. 또한 17,358MWh에 해당하는 재생에너지 인증서(renewable energy certificates)를 구매하여 온실가스 7,600톤 CO2e 저감에 기여했다.

환경(E): 태양광 폐패널 재활용 기술 개발

LG전자는 자원순환경제를 목표로 2030년까지 사업장폐기물재활용률 95% 달성할 계획이다. 이를 위해 생산과정 및 재활용 체계를 개편해 폐기물 발생을 줄이고 재생원료 사용을 확대하고 있다. LG전자는 각 사업장 뿐 아니라 전사적으로 폐기물 처리실적을 관리하고 있다.

폐기물을 친환경적으로 처리하고 생산자원으로 재사용하기 위하여 폐기물 재활용 과정 역시 모니터링하고 있다. 또한, 재생 가능한 원료 사용을 확대하여 재활용 가능한 제품의 범위를 확장하고, 제품의 환경 영향을 최소화 하고 있다. 특히 태양광 폐패널로 인한 환경오염 문제를 해결하기 위해 태양광 모듈의 폐기 방식 연구 및 재활용 기술을 개발하였으며, 폐기물의 수거·운송 및 재활용 체계를 구축하고 있다. 국내 일부 사업장에서는 이미 유리·알루미늄·실리콘 등의 원자재로 재활용하고 있다.

환경(E): 친환경 포장 지침서 적용

쓰레기를 줄이기 위한 포장 혁신도 진행 중이다. LG전자는 2012

년 포장재 감량 및 부피 저감, 재사용 및 재활용 확대 등을 골자로 하는 '친환경 포장 설계 지침서'를 개발하고, 2013년부터 전 제품에 적용했다. 종이류 포장재의 재활용 함유비율 데이터베이스를 확보해 종이류 포장재의 재활용률을 높였다. 2014년부터는 포장재 사용량 감량률, 포장부피 및 포장공간 저감률에 대한 사업부별 추진 목표를 설정하고, 연 2회씩 정기적으로 달성 여부를 확인하고 있다.

또한 2019년부터 신규 모델에 설계 개선안을 적용하여 환경성 평가를 실시하고 있다. 그 결과 포장재 사용량과 포장 빈 공간 비율을 줄여 포장재 사용량 및 포장 부피를 각각 2.3%, 1.4% 저감하는 성과를 냈다. 그 외 친환경 포장 개선 사례 발굴, 포장기술연구회 활동 강화, 사업부별 친환경 포장 개발체계 연구 등을 지속하고 있다.

사회(S): 투명한 기부금 집행

LG전자는 사내의 모든 사회공헌 활동 및 기부는 사전에 충분한 검토를 거쳐, 사회공헌 방향성에 부합하게 처리하고 있다. 사회공헌 가이드라인에서는 5천만 원 이상 규모의 사회공헌 활동 및 대외기부에 대해 대표이사의 승인 하에 집행하게 하는 등, 내용과 금액에 따른 재량권자 규정을 수립하여 준수하도록 하고 있다. 특히, 기부의 경우 사적인 모임 또는 단체는 대상에서 제외하고 있으며 다음의 세 조건을 준수하는 경우에만 기부를 진행하고 있다.

I. 회사의 사회공헌목적에 부합해야 함
II. 회사 또는 임직원과 기부요청자 또는 대상자 간의 이해관계가

없어야 함

Ⅲ. 형법, 부정청탁 및 금품 수수의 금지에 관한 법률 등 관련 법규를 준수해야 함

사회(S): 재난 지역 가전 수리 매뉴얼

LG전자는 수해, 화재 등 긴급 재난 발생 시 고객들이 LG전자 제품을 불편함 없이 사용할 수 있도록 재난지역 제품 수리를 위한 특별서비스를 실시하고 있다. '수해서비스 지원 매뉴얼'을 두고 수해 등급 정도에 따라 4등급으로 나누어 지원규모 및 대상을 체계적으로 관리하고 있다. 또한 해당 지역에 폐전자제품 회수 및 무료 빨래방 운영 서비스를 별도로 시행해 재해 발생 지역의 원활한 복구를 돕는다.

또한 방글라데시에서는 회사가 파악하기 어려운 지역 이슈를 주민들이 스스로 해결하도록 지원하는 LG 앰버서더를 선발하고 있다. 방글라데시의 지역주민 또는 고객이 지역이슈의 해결에 대한 기획안을 제출하면 파트너 기관과 함께 이를 검토하여 지원 대상을 선정하여 지원금을 전달하고 있다. LG전자는 2020년에 이러한 프로그램을 방글라데시 이외에도 세계적으로 확대하여 지속적인 글로벌 지역사회 이슈 개선을 위해 노력 중이다.

이외에도 국내는 물론 해외까지 Life's Good 임직원 봉사단을 운영하는 등 전 세계 사업장에서 환경보전, 빈곤퇴치, 교육, 임직원 및 고객 참여형 봉사활동 등을 실시하고 있다.

거버넌스(G): 정도경영(正道經營)을 위한 노력

LG의 '정도경영'이란 윤리경영을 기반으로 꾸준히 실력을 길러 정정당당하게 승부하자는 뜻을 담고 있다. LG전자는 1994년 윤리규범을 제정하여 정도경영의 기본방향을 제시했다. 윤리규범은 '고객가치 창조'와 '인간존중의 경영'을 기반으로 하고 있으며, '윤리규범'과 구체적인 행동원칙을 담은 '윤리규범 실천지침'으로 구성되어 있다. LG전자는 강화된 윤리규범을 전 임직원이 숙지하도록 120여 개의 현지 법인에 배포하고, 정도경영 전담 상담실을 운영하며 궁금한 사항을 적극적으로 문의할 수 있도록 창구를 마련하고 있다. 전화, 이메일 등 다양한 상담채널을 통해 반복적으로 문의하는 질문들에 대해서는 사례화하여 직원에게 공유하고 있다.

또한 LG전자는 정도경영 준수를 위해 임직원을 대상으로 부정비리 신고포상제도를 강화했다. 부정비리행위 내용과 관련 증거자료를 제출하여 LG전자에 신고를 접수하며, 긴급을 요하는 부정비리 사항의 경우 증거자료 없이 사실관계 만으로도 신고가 가능하도록 하고 있다.

회사 운영에 있어 견제와 균형을 위해 의사결정과 업무집행을 이사회와 경영진에게 각각 별도로 위임하고 이사와 회사 간 이해관계 충돌이 발생할 수 있는 거래의 경우, 거래 개시 전 이사회의 충분한 검토 후 승인이 가능하도록 하고 있다. 또한 이사회 구성원 과반수를 사외이사로 구성하여 회사 운영 및 경영진 견제기능을 활성화하고 가장 먼저 재임한 사외이사가 사외이사를 대표하여 의견을 조율하는 등 선임사외이사에 준하는 역할을 수행하도록 했다.

10. 삼성전자: 지속가능한 기술, ESG 경영을 만나다

환경(E): 설비 효율성 개선으로 온실가스 감축

삼성전자는 생산량 증가, 설비증설로 늘어나는 온실가스 배출량을 줄이기 위해 설비운영의 효율성을 개선했다. 각 사업장은 매년 온실가스 배출량을 예상하고, 제조공정에 최적화된 온실가스를 감축 계획을 수립하고 있다. 2019년에는 총 498개의 온실가스 감축 프로젝트를 통해 공정가스 처리설비를 고효율 설비로 교체하여 효율성을 개선했고 그 결과 총 5,098천 톤의 온실가스를 감축했다.

2018년 6월, 삼성전자는 2020년까지 미국, 유럽, 중국 지역의 모든 사업장에서 100% 재생에너지 사용을 추진하는 계획을 발표했다. 태양광 발전설비 설치, 재생에너지인증서(Renewable Energy Certificate, REC) 구매, 재생에너지 공급계약(Power Purchasing Agreement, PPA), 재생전력 요금제(Green Pricing) 등 지역별 맞춤 계획을 수립하고 실행에 옮기고 있다. 또한 인도 사업장의 경우 풍력 및 태양광 발전소와 공급계약을 체결했으며, 멕시코 사업장은 재생에너지 인증서를 구매했다. 브라질 사업장도 전력공급 업체로부터 일정 부분 재생에너지를 공급받고 있다.

국내에서는 수원사업장과 기흥사업장에 각각 1.9MW(2018년), 1.5MW(2019년) 규모의 태양광 발전 설비를 설치했고, 평택 등 다른 사업장에도 추가적인 태양광 및 지열 발전설비 설치를 검토하고 있다.

환경(E): 친환경 포장재로의 혁신

삼성전자는 2020년에는 종이포장재, 매뉴얼 등을 지속가능한 종이로 100% 전환하는 포장혁신을 통해 친환경 포장을 추구하고 있다. 이를 위해 모바일 제품 포장에 사용하던 플라스틱 용기와 비닐 포장재를 펄프 몰드와 종이로 교체하고 이어폰과 케이블을 감싸는 비닐은 지속가능한 소재로 교체해 나가고 있다. 실제로 2021년 출시된 갤럭시 S21 시리즈 패키지는 플라스틱을 100% 제거한 친환경 소재로 만들었다. 또한 TV 포장재를 업사이클링이 가능한 에코 패키지를 선보여, 포장 박스로 반려동물 용품, 소형가구 등을 제작할 수 있도록 했다.

삼성전자는 자원 재활용에도 적극적이다. 2030년까지 재생플라스틱 50만 톤 사용과 글로벌 폐제품 회수량 750만 톤을 목표로 하고 있다. 재생플라스틱 사용의 경우 냉장고, 세탁기, 에어컨 등 다양한 제품에 적용 중이며, 2019년에만 3만 톤 이상의 재생 플라스틱을 사용했다.

폐전자제품 회수 프로그램 '리플러스(Re+)'를 통해 전 세계 매장과 서비스센터에서 폐전자제품을 무료로 수거하고 있다. 수거된 제품은 물질별로 선별하는데, 휴대전화 배터리는 천공, 염수, 건조, 파쇄의 4단계 공정을 거쳐 코발트, 니켈 등 희소금속을 추출하여 자원 재활용률을 높이고 있다. 2009년부터 2019년까지 전 세계적으로 누적 403만 톤의 폐전자제품을 회수했다.

재활용시설인 아산리사이클링센터를 운영해 2019년 한 해 동안 총 24,524톤의 구리, 알루미늄, 철, 플라스틱 등의 자원을 추출했다. 폐전자제품에서 추출한 플라스틱을 활용해 1,882톤의 재생 플라스틱을 제품 제조에 다시 활용하기도 했다.

사회(S): 일자리와 투자를 통한 사회적 책임 이행

2019년 삼성전자 창립 50주년 메시지는 "동행", "같이 나누고 함께 성장하는 것이 세계 최고를 향한 길"이었다. 이는 상생경영과 사회공헌 활동을 강화하겠다는 의미를 담고 있다. 삼성전자는 2018년 3년간 총 180조 원(국내 130조 원, 해외 50조 원)을 투자하고 4만 명을 고용하겠다는 계획을 발표했다. 2020년, 국내 투자의 경우 당초 목표인 약 130조 원을 7조 원 이상 초과 달성했다. 신규 채용도 2019년까지 3개년 목표치(약 4만 명)의 80% 이상을 달성한 바 있다.

또한 협력업체를 대상으로 반도체 우수 협력업체에 인센티브도 지급해오고 있다. 지난 2015년부터 보유 특허 2만 7,000건을 무상 개방하는 등 협력사와의 상생을 강화해나가고 있다.

사회(S): 차별화된 노동인권 교육

삼성전자는 노동인권 정책 준수와 인식 제고를 위해 사업장 특성에 맞는 교육 프로그램을 개발하고, 매년 임직원 대상으로 교육을 강화하고 있다. 2019년에는 해외 생산법인 임직원의 96%, 국내 재직 임직원의 100%가 교육을 수료했다. 특히 국내의 경우 차별금지, 직장 내 괴롭힘·성희롱 교육을 강화했다.

또한 글로벌 기업으로서 여성 임직원의 역량 강화와 직장 내 성차별 해소를 위하여 지속적으로 노력하고 있다. 인도네시아 법인은 여성 임직원을 대상으로 ILO의 교육 파트너인 인도네시아 여성경제연합과 함께 ILO에서 개발한 STEM 과정 중 Mind-Set 역량 강화 교육을 여성 임직원 대상으로 실시했다. 또한 말레이시아 법인과 헝가리 법인은 국제이주기구(IOM, International Organization for Migration¹))와 협업하여 국제이주기구와 함께 법인·협력회사·채용 에이전시의 인사 담당자를 대상으로 이주근로자의 윤리적 채용을 위한 교육을 실시했다. 이를 통해 이주근로자들의 인권보호에 대한 인식을 제고하기 위해 노력하고 있다.

사회(S): 청년들을 위한 교육프로그램 활성화

2012년 시작된 삼성 드림클래스는 대학생 멘토가 교육 여건이 부족한 중학생들에게 영어, 수학, 소프트웨어 학습을 지원하는 프로그램이다. 학업 성취도 향상을 목표로 각 학생들의 교육 환경에 따라 주중, 주말교실과 방학캠프 등 3가지 유형의 프로그램을 운영하고 있으며 2020년까지 삼성 드림클래스에 청소년 약 8만 2천여 명과 대학생 2만 3천여 명이 참여했다.

삼성전자는 2018년 고용노동부와 함께 삼성 청년 소프트웨어 아카데미를 시작했다. 소프트웨어 개발자를 꿈꾸는 청년들에게 취업 경쟁력을 높일 수 있도록 1년간 이론과 실습 교육을 지원하고 있다. 아카데미는 참여하는 교육생들에게 알고리즘, 코딩 프로그래밍 언어와 데이터베이스 등 소프트웨어의 기본기를 다지고, 심화과정으로 AI, IoT 등 4차 산업혁명 기술을 활용하여 소프트웨어 실전 역량을 기를 수 있도록 지원한다. 500명 교육생 중 350여 명이 취업지원을 통해 IT기업, 금융회사 등으로 취업하는 성과를 거두었다. 이를 발판 삼아 2019년 10월에 삼성 이노베이션 캠퍼스라는 청소년 및 미취업 청년을 대상으로 취업 역량을 높이는 기술 교육 프로그램을 시작했다.

삼성전자는 그 외에도 인도의 삼성 테크니컬 스쿨, 베트남의 삼성 희망학교, 태국 대상 프로그래밍 교육 등 국내외에서 아동과 청년들을 위한 다양한 교육 프로그램을 운영하고 있다.

사회(S): 기초과학 투자로 인류의 발전토대 마련

삼성전자는 2022년까지 기초과학에 1조 5천억 원을 투자할 예정이다. 연구의 실패에 책임을 묻지 않고 연구의 영향력을 우선하는 '하이 리스크, 하이 임팩트(High Risk, High Impact)' 원칙을 바탕으로 매년 상·하반기마다 기초과학, 소재, ICT(정보통신기술) 분야의 연구과제를 선정한다. 그 결과 2019년 말 기준 기초과학 분야 187개, 소재 분야 182개, ICT 분야 191개 등 560개의 연구과제에 7,187억 원의 연구비를 집행하였고 서울대학교, 한국과학기술원(KAIST), 포항공과대학교(POSTECH) 등 국내 대학들과 한국과학기술연구원(KIST), 고등과학원(KIAS)을 비롯한 74개 연구기관에서 총 10,821명이 참여하고 있으며 총 773건의 특허를 출원했다.

거버넌스(G): 준법감시위원회로 준법경영을

삼성전자는 이사회 11명 중 과반을 사외이사로 구성하고 2018년부터 이사회 의장과 대표이사를 분리 운영하는 등 독립성과 투명성 강화에 힘쓰고 있다. 이사회 중심의 책임경영을 강화하는 차원에서 사외이사를 의장으로 선임하고 있다. 이사회 산하 6개 위원회(경영·감사·보상·거버넌스·사외이사후보추천·내부거래위원회)를 두고 있으며, 위원회에 전문적인 권한을 위임했다. 현재 경영위원회를 제외한 5개 위원회는 전원 사외이사로 구성되어 있다.

삼성 준법감시위원회는 삼성의 7개 주요 관계사의 준법감시 및 통제기능을 강화할 목적으로 2020년 2월 5일 공식 출범하였다. 위원회는 위원장을 포함한 5인의 외부위원과 1인의 내부위원으로 구성되어 있고, 특히 외부위원들은 법률, 회계, 경제, 행정, 그 밖의 준법 감시 분야에 전문적인 지식과 경험이 있는 인사들로 고려해 위촉하였다. 위원회는 삼성전자의 대외후원금 지출 및 내부거래를 검토하여 이에 관한 의견을 이사회 등 회사에 제시할 수 있다. 만약 최고경영진의 준법 의무 위반 리스크를 인지한 경우 이사회에 고지하고 의견을 제시할 수 있으며, 삼성전자의 준법감시 정책과 계획의 수립, 준법감시 프로그램 시스템 개선에 관하여 권고가 가능하다. 또한 최고경영진의 준법 의무 위반에 관하여 직접 신고를 받을 수 있고, 준법 의무 위반 리스크를 발견한 경우 준법지원인에게 조사, 조사결과 보고 및 시정조치를 요구할 수 있으며, 조사가 미흡하다고 여겨질 경우 직접 조사할 수 있다.

11. NAVER: 소상공인들과 함께하는 아름다운 상생

환경(E): 친환경 데이터센터 '각' 오픈

탄소네거티브(Carbon Negative)는 온실가스 배출량보다 더 많은 양을 감축함으로써 순배출량을 0 이하로 만드는 전략이다. 네이버는 회사 운영상의 환경영향을 저감하기 위한 방안 마련, 외부 파트너십 확대 등을 통해 적극적으로 저탄소 경제로의 이행에 동참하고 있다.

2013년 6월에 오픈한 데이터센터 '각'은 국제적인 친환경 건물 인증 제도인 LEED New Construction(NC) 2009에서 데이터 센터로는 세계 최초로 최고 등급인 'Platinum(플래티넘)' 인증을 획득했다. 각은 지리적 환경을 이용하여 자연 바람이 서버의 열을 식힐 수 있도록 설계되었을 뿐만 아니라 친환경적으로 서버를 식히는 기술인 Air Mistinf Unit 필터를 사용하여 에너지 절감 효과를 극대화하고 있다. 또한 전력 소모를 줄이기 위해 자연을 최대한 이용하는 친환경 기술을 적용, 에너지 절감 효과를 극대화하여 국내 데이터센터 중 가장 1에 가까운 PUE(Power Usage Effectiveness)를 유지하고 있다. 태양광 재생에너지를 사용하고 서버 폐열을 활용해 온실식물을 재배하며, 빗물은 모아 냉각수나 소방수로 활용하는 등 다양한 방법으로 자원을 재활용하고 있다.

환경(E): 동네시장에 친환경 봉투 지원

2020년 7월 소상공인진흥공단과 함께 네이버의 동네시장 장보기에 입점해 있는 가게들을 대상으로 100% 생분해성 수지로 제작된 친환경 봉투를 지원했다. 총 12만 장을 제작해 8만 장을 우선 배포했고 특히 화곡본동 시장은 봉투 제공에 맞춰 친환경 아이스팩을 상점에 자체적으로 제공하여 서비스를 개선하기도 하였다.

2020년 10월에는 친환경 물류 일괄 대행(Fulfillment) 서비스와 친환경 택배박스 제작을 추진하였다. 친환경 풀필먼트 서비스는 배송 단계의 프로세스를 최소화한 것인데 이를 통해 배송 시 발생하는 탄소발자국 감소를 추구하고 있다.

사회(S): '프로젝트 꽃'으로 소상공인들과 상생

네이버는 2016년부터 콘텐츠 생산자의 도전과 성장을 지원하는 '프로젝트 꽃'을 운영하고 있다. 기술과 데이터를 기반으로 중소상공인들의 브랜드가치를 키우고, 물류 지원을 통해 글로벌 시장에 진출할 수 있도록 돕는다. '프로젝트 꽃'을 통해 5년간 42만 개의 스마트스토어가 창업했고, 4천개 이상이 사업자가 월매출 1억 원 이상을 달성했다.

사업 경험이 없는 사람도 사장님이 될 수 있게 해주는 '스마트스토어', 지방의 작은 옷 가게라도 전국 고객 대상으로 상품을 판매할 수 있는 '스타일윈도', 핸드메이드 상품을 쉽게 만날 수 있는 '리빙윈도', 산지의 건강한 재료를 직접 고객에게 전달하는 '푸드윈도', 사용자와 창작자가 재미있는 들을 거리와 오디오북을 선보이는 '오디오클립', 웹소설 연재와 챌린지리그/베스트리그로 작품을 발굴하는 '네이버 웹소설', 도전만화로 작품을 알리고 글로벌로 나아가는 웹툰 작가들의 등용문 '네이버웹툰' 등이 대표적이다.

사회(S): 파트너와 지속가능 경영실천협약

네이버는 윤리실천강령을 두고, 파트너와의 투명하고 공정한 거래를 위해 윤리실천협약 추진하고 있다. 2020년 10월부터 파트너 지속가능성 제고를 위한 지속가능 경영실천협약서를 신규로 도입했다. 사업의 특성상 주로 일회성, 비반복적 소규모 파트너가 많기 때문에 계약서 내 인권, 안전, 환경, 윤리 네 가지 분야를 중심으로 주요 원칙을 명시하는 방식을 취하고 있다. 향후 장기적이고 지속적인 계약 관계의 파트너를 대상으로 셀프 체크리스트, 리스크 평가 등의 도입을 검토할 예정이다.

그 외에 저작권과 개인정보 보호, 불법게시물, 음란물에 대한 모니터링도 강화하고 있다. 지난 2013년 국내 최초로 '프라이버시 센터'를 오픈했다.

거버넌스(G): ESG 위원회 신설

ESG 경영 강화를 위해 2020년 10월 이사회 내 ESG 위원회를 신설하고 최고재무책임자(CFO) 산하에 ESG 전담조직을 신설했다. 향후 ESG 경영 추진 전략과 의사결정을 관리하고 있다. 그 외에도 감사위원회, 사외이사후보추천위원회, 리스크관리위원회, 보상위원회를 운영하고 있으며, ESG 위원회를 제외한 각 위원회는 외부독립이사들로 구성해 독립적이고 투명한 의사결정, 효과적 경영 감독이 가능하도록 하고 있다. 2017년에는 지배구조 개편을 통해 이해진 창업자가 이사회 의장직에서 물러나고 변대규 휴맥스 홀딩스 회장을 의장으로, 한성숙 대표를 CEO로 선임한 바 있다.

아울러 내부회계관리제도의 실효성 확보와 책임성 기준을 더욱 강화하고 있다. 2019년 내부회계 관리제도 설계를 위해 내부적으로 통제시스템을 점검하여 문제점과 개선점을 찾았으며, 'NAVER 부정위험평가체계'를 구축하여 회사의 부정 위험을 평가 및 점검하여 감사위원회에 보고하는 체계를 구축했다.

12. 현대자동차: 친환경으로 미래를 달리다

현대자동차는 친환경, 이동혁신, 교통안전, 미래세대 성장, 지역사회 상생이라는 5대 영역을 중심으로 지속가능한 기업환경을 구축하고 있다. 특히 '인류를 위한 진보'를 슬로건으로 걸고 미래차 생태계 조성에 힘쓰고 있다.

환경(E): 전기차와 수소차로 '친환경 이동성'을

현대자동차는 전기차와 수소차를 중심으로 '친환경 이동성'을 강화하고 있다. 2025년까지는 총 23종의 전기차를 출시하고, 2040년부터 미국, 중국, 유럽 등 글로벌 시장에서 전동화 차량만 판매할 계획이다. 전기차 판매 강화를 위해 국내에는 초고속 충전소와 충전망을 구축해 나가고 있다.

독자적인 기술로 수소 비즈니스도 강화하고 있다. 현대자동차는 2013년 세계 최초로 성공한 수소전기차 양산을 시작으로 2030년까지 국내에서 연간 수소전기차 50만 대 생산 체제를 구축할 계획이다. 수소 기술을 기반으로 수소승용차, 수소상용차, 수소발전, 수소모빌리티 등 미래 먹거리를 개척하고 있다.

또한 현대자동차는 온실가스 배출저감을 위하여 울산공장 완성차 대기장 부지에 태양광 발전설비를 구축했다. 2019년 4월 공사를 착수하여 2020년 12월 기준 6MW의 전력을 생산하고 있으며, 이후 총 27MW 규모의 발전설비를 설치해 전력을 생산할 예정이다.

제품에도 태양광 기술을 반영했다. 8세대 쏘나타 하이브리드의 경우 솔라루프를 장착하여 태양광을 이용해 연 최대 1,300km의 거리를 온실가스 배출 없이 주행 가능하며, 이를 통해 한 대의 차량이 배출하는 온실가스를 매년 100kg CO_2eq가량을 줄일 수 있게 되었다.

또한 현대자동차는 폐기물을 줄이기 위해 폐자동차에서 회수한 재활용 부품을 새로운 제품 생산에 적용하고 있다. 철, 비철에 국한되어 있던 재활용 대상을 플라스틱, 고무, 유리, 시트 등 재활용되지 않는 품목에까지 적용 범위를 확대하고 있다. 특히 플라스틱의 경우 재활용을 통해 생산한 재생팔렛과 신재를 혼합하여 휠가드, 언더커버, 슈라우드 등 기능성부품에 주로 적용하고 있으며, 시트의 경우 부품 소재화가 가능한 기술을 개발하여 흡음재, 러기지파티션 등의 부품에 양산 적용하고 있으며 향후 범위를 더 넓힐 계획이다.

울산공장은 2019년에 고체 소각물 분리 활동을 강화하여 폐합성수지 재활용율을 기존 5.6%에서 20%로 향상시켰다. 그 결과 전체 재활용율이 93%까지 상승했으며, 폐기물 비용도 절감했다. 2020년에는 폐페인트 자연탈수 유도 설비를 설치하여 약 400톤의 폐기물 저감효과를 기대하고 있다.

사회(S): 미세먼지 저감을 위한 생태복구 활동

현대자동차는 생태복구를 위해 국내외에서 다양한 활동을 펼치고 있다. 대표적인 예가 '현대 그린존 프로젝트'이다. 2008년부터 2013년까지 대표적 황사 발원지 중국 네이멍구 지역의 사막화를 막기 위해 1,500만 평의 소금사막을 풀이 무성한 초지로 변화시켰다. 2014년부터는 보샤오떼노르 및 하기노르 지역 1,200만 평의 알칼리성 호수를 초지로 복원하는 사업을 진행 중에 있다.

2016년부터 숲조성을 위해 '아이오닉 포레스트' 프로젝트도 시행했다. 숲 조성 전문가, 아이오닉 구매 고객, 아이오닉 롱기스트 런 참가자들과 함께 '미세먼지 방지 숲'을 조성하는 것을 목표로 인천 청라지구 수도권매립지에 미세먼지 저감 수종을 식재해왔다. 5년간 미세먼지 흡착력이 뛰어난 느티나무와 참나무, 소나무 등 총 2만 그루 이상의 나무를 심었다. '롱기스트 런'은 참가자가 전용 애플리케이션을 다운로드 한 후 달리기, 자전거타기 등의 활동을 통해 '아이오닉 포레스트' 프로젝트에 기부할 수 있는 프로그램이다. 2019년에는 '교실로 찾아간 아이오닉 포레스트'라는 이름으로 미세먼지 취약계층인 초등학교 22곳, 670교실에 6천 그루의 공기정화식물을 선물하기도 했다.

사회(S): 교통약자의 발이 되어주다

현대자동차는 노인과 장애인 등 이동이 불편한 소외계층의 이동편의 향상을 위하여 울산, 아산, 전주, 남양 등 사업장이 위치한 지역 복지기관과 NGO 단체에 차량을 제공하는 '행복드림카' 사업을 진행하고 있다. 행복드림카는 단순한 이동 수단의 제공뿐만 아니라 도시락 배달, 요양원 긴급구호, 인근 문화체험 등 다양한 복지 프로그램에 적극 활용되고 있다.

또한 사회적 기업 그린라이트와 함께 2018년 5월부터 여행을 희망하는 장애인에게 전동화키트를 무상 대여하는 휠체어 사업을 진행하고 있다. 전동휠체어는 무거워서 자동차나 비행기에 실을 수가 없고, 자연히 장애인들은 여행을 가기 어려웠다. 여행과 출장을 원하는 장애인들에게 전동화키트를 무상으로 대여해주었고, 2020년 10월까지 누적 1,519명이 이용했다. 사업 대상 지역도 서울시내에 한정이었지만, 2019년 김포공항과 KTX 광명역, 2020년에는 제주와 김해공항까지 추가하였다.

현대자동차는 2010년 사회적기업 ㈜이지무브를 설립했다. 교통약자들을 위한 기술개발, 기구 제조를 통해 고가의 수입제품에 의존하던 장애인, 노약자를 위한 이동보조기 보급률을 높였다. 후방 진입형 슬로프 차량, 의료용 스쿠터, 전동 휠체어, 장애 아동용 유모차 등의 주력 상품이다.

그 외에도 교통사고 피해가정 자녀를 대상으로 1:1 진로 멘토링을 실시하는 '세잎클로버 찾기' 캠프도 개최했다. 2005년 초창기에는 희망물품 행사였으나, 차차 대학생 연계 진로 멘토링 캠프로 발전시켰고, 2019년 말 기준 누적 1,500명 이상의 청소년들을 지원한 바 있다.

거버넌스(G): ESG 경영을 위한 컨트롤 타워 구축

현대자동차는 전문성, 다양성, 투명함을 기준으로 이사회를 운영하고 있다. 이사회는 사내이사 5명과 사외이사 6명 등 회의 운영과 의사결정 효율성을 고려해 총 11명으로 구성되어 있다. 금융, 경영, 법률, 자동차 산업 분야의 전문성을 갖춘 사외이사에게 경영참여 기회를 제공하여 실질적인 모니터링과 견제 기능을 부여하고 있다.

현대자동차는 2001년 윤리경영 헌장, 윤리실천 강령, 윤리규정을 제정하여 업무상 필요한 윤리적 판단의 근거를 마련했다. 또 구성원의 준법의식 강화를 위해 준법 일반교육, 준법 전문교육, 온라인 준법교육을 실시하고 있다. 2018년에는 저작권 침해 방지과정(국내)과 부패방지 과정(해외)에 대한 온라인 준법교육을 진행했다.

현대자동차는 2021년 '투명경영위원회'를 '지속가능경영위원회'로 확대개편했는데, 이를 통해 주주가치 제고, 계열사 내부거래 및 소통강화를 위해 구성됐던 투명경영위원회가 ESG 분야로 범위를 넓혀 ESG 경영과 관련된 최종 의사결정권을 갖게 되었다.

13. 결론: ESG 경영 기업 자율에 맡겨야

저탄소 사회로의 전환, 부작용 최초화해야

해외 기업들의 ESG 경영 현황을 확인한 결과 우수한 기술을 바탕으로 환경분야에서 뛰어난 성과를 보이고 있었다. 애플과 같이 이미 신재생에너지 100%를 달성한 기업도 있으며, 마이크로소프트처럼 간접배출량까지 관리하며 탄소네거티브까지 공언하는 기업도 있었다. 문제는 이들 기업이 공급업체들에게도 동일한 환경기준을 요구하고 있다는 점이다. 이 때문에 탄소배출량, 신재생 에너지 사용 비중 등은 글로벌 무역질서의 중요한 기준이 되고 있다.

2018년부터 애플, BMW 등 글로벌 기업들은 국내 수출기업에도 납품하는 부품에 재생에너지 100% 사용을 요구하고 있다. 애플의 '재생에너지 100%' 요구에 애플에 스마트폰 디스플레이용 점착 테이프를 공급하는 SK하이닉스가 직접적 대상이 되었다. 또 BMW는 LG화학과 삼성SDI에 재생에너지 사용을 전기차 배터리 납품조건으로 요구하였고, 조건을 맞추지 못한 LG화학은 결국 BMW에 납품하지 못했다. 저탄소 사회로의 전환은 국내기업의 강점인 가격 경쟁력을 떨어트릴 우려가 있으며, 석유화학, 철강 등 고탄소 집약적인 국내 주력산업은 타격이 불가피한 상황이다.

정책수립시 환경규제 차원에서 접근할 것이 아니라 부작용을 최소화하여 우리 기업들의 경쟁력을 확보할 수 있도록 돕는 접근법이 필요하다. 우리 정부는 2020년 10월 2050년까지 탄소 순배출량을 0으로 만들겠다며 탄소중립을 선언했다. 그러나 구체적 로드맵과 목표, 재원마련은 제시하지 못했다. 2019년 발전량 비중은 석탄 40.4%, 원전 25.9%, LNG 23.3%, 신재생 6.5% 수준으로, 원전과 신재생에너지의 발전 비중은 낮다. 당장 신재생에너지 비중이 낮고, 그와 제도적 기반조차 마련되지 않았기 때문에 기업들이 RE100 실천이 쉽지많은 않다는 의미다. 기업들이 탄소제로를 구체적으로 실천하려면 신재생에너지를 다양한 방식으로 생산하고 거래할 수 있도록 규제를 풀고, 에너지시장의 개편이 우선되어야 한다.

국내기업, 지배구조(E) 우수한 편

글로벌 기업들과 비교했을 때, 국내 기업들은 사회적 책임, 지배구조 분야에서 높은 성과를 보이고 있었다. 사회적 책임 측면에서 보유 기술을 바탕으로 취약계층을 위한 교육 프로그램을 시행하고 있었으며, 지배구조 측면에서 사외이사를 이사회 의장으로 선임하고, 이사회 의장과 대표를 분리하는 등 이사회의 독립성과 투명성을 강화하고 있었다. 또한 ESG 경영을 위한 컨트롤 타워를 조직내 구축하는 추세를 보였다. 반면 아마존, 월마트, 코카콜라 등 글로벌 기업들은 다양성 측면에서 여성 및 소수자들의 고용율을 높이고, 근로자의 인권 보호, 윤리경영을 강조하는 모습을 보였다.

이러한 경향은 반기업 정서가 강한 우리 사회 분위기를 반영한 것으로 보인다. 시민단체를 중심으로 소액주주운동을 활발하게 진행하는 등 지배구조에 대한 우려가 높았기 때문에 글로벌 기업에 비해 상대적으로 기업의 사회적 책임, 기업의 지배구조 개선에 대한 성과가 높다고 볼 수 있다.

ESG 경영, 규제의 잣대 적용 말아야

사례 분석 결과 각 기업들은 자신들의 기술력, 재무적 상황을 고려해 능동적으로 ESG를 경영에 도입하고 있었다. 각 기업들은 상황에 따라 ESG 성과도 다르다. ESG 경영 도입 초기단계인 국내 기업들은 환경분야에서 탄소배출 절감, 신재생 에너지 사용이라는 과제를 안고 있다. 국내 기업들은 자발적으로 환경 및 기업의 사회적 책임을 지향하며 경영 시스템 전반을 재정비하고 새로운 통상 환경에 대비해 가고 있다. 무엇보다도 우리 기업들이 국제 무역시장에서 경쟁력을 확보하고, 경제의 질적 성장을 도모할 수 있으려면 기업들이 자발적으로 ESG 경영을 선택할 수 있어야 한다. 애플이나 마이크로소프트의 수준으로 탄소배출을 절감할 것을 강제한다거나, 신재생 에너지 사용을 압박하는 것은 효과적이지 않다. 코로나19와 경기침체로 기업의 영업이익, 매출이 떨어진 상황에서, 모든 기업에게 제도와 규제를 통해 ESG 경영의 잣대를 적용하는 것은 기업, 주주, 근로자 뿐 아니라 우리경제에도 부담으로 작용할 것이다. 경영상황이 좋지 못한 경우 기업 본연의 목

표를 추구하기 위해서는 안정적인 수입 기반을 마련하여 재무상태를 개선하는 것이 우선시 되어야 한다.[2]

참고문헌

- 곽은경, ESG와 기업 경영환경 개선을 위한 정책방향, 이슈 BRIEF, IB 2020-16, 여의도연구원.
- 국회입법조사처, 이슈와 논점, 'RE100 캠페인의 현황 및 시사점', 2018. 11. 2
- 뉴파워(새로운 권력의 탄생), 제레미하이먼즈 저, 비즈니스북스, 2019.
- 마크 터섹, 조너선 애덤스, 나는 자연에 투자한다, 사이언스 북스, 2015년.
- 민재형, 김범석, "기업의 ESG 노력은 지속가능경영의 당위적 명제인가? 기업의 재무상태에 따른 비재무적 책임향상 노력의 차별적 효과", 〈경영과학〉 제36권 제1호, 2019년 3월, pp.17-35.
- 최승노, 환경을 살리는 경제개발, 프리이코노미스쿨, 2015.07.01

〈참고사이트〉

- 애플 공식 홈페이지 https://www.apple.com/
    - Environmental Progress Report (2020)
    - Supplier Responsibility 2020 Progress Report (2020)
- 마이크로소프트 공식 홈페이지 https://www.microsoft.com/

    https://blogs.microsoft.com/
    - 2020 Environmental Sustainability Report (2020)
    - 2020 Microsoft Corporate Social Responsibility Report (2020)
- 월마트 공식 홈페이지 https://corporate.walmart.com/
    - 2020 Environmental, Social and Governance Report (2020)
- 코카콜라 공식 홈페이지 https://www.coca-colacompany.com/
    - 2019 Business & Sustainability Report (2020)
    - 5by20 Report: A Decade of Achievement (2020)
- 아마존 공식 홈페이지 https://sustainability.aboutamazon.com

- All in: Staying the Course on Our Commitment to Sustainability (2020)
- 폭스바겐 공식 홈페이지 https://www.volkswagenag.com
  - Group Sustainability Report (2021)
- SK 공식 홈페이지 http://www.sk.co.kr/
  - HAPPINESS WITH SK: 2020 SK주식회사 지속가능경영보고서 (2020)
  - Environmental Social Governance: SK innovation Report (2020)
- LG전자 공식 홈페이지 https://www.lge.co.kr/
  - 2019-2020 지속가능경영보고서 (2020)
- 삼성전자 공식 홈페이지 https://www.samsung.com/
  - A Journey Towards A Sustainable Future: 삼성전자 지속가능경영보고서 2020 (2020)
- 네이버 공식 홈페이지 https://www.navercorp.com/
  - Embracing Sustainability for Growth: 네이버 2020 ESG 보고서 (2020)
  - 2020 NAVER SASB 보고서 (2020)
  - 2020 NAVER TCFD 보고서 (2020)
- 현대자동차 공식 홈페이지 https://www.hyundai.com/kr
  - Road to Sustainability: 2020 현대자동차 지속가능성 보고서 (2020)
  - 현대자동차그룹 사회공헌활동 백서 2019
    Move: trustworthy partner for today & tomorrow (2019)

주석

1) 마크 터섹, 조너선 애덤스, 나는 자연에 투자한다, 사이언스북스, p.44~45.
2) 민재형, 김범석, "기업의 ESG 노력은 지속가능경영의 당위적 명제인가? 기업의 재무상태에 따른 비재무적 책임향상 노력의 차별적 효과", 〈경영과학〉 제36권 제 1호, 2019년 3월, pp.17-35.

참고자료

자유기업원

ESG에 대한 대학생 인식조사

- MZ세대에게 ESG란?
- 대학생들에게 아직은 낯선 ESG
- 학교수업과 미디어로 ESG를 접하는 대학생들
- 청년 세대가 본 국내 기업의 ESG 경영
- 가장 잘하는 국내 기업 SK, 상위권 간 격차 적은 해외
- 상품 가격 너머를 보는 MZ세대
- 학생들은 가치에 투자한다
- 입사 지원 시에도 고려되는 ESG
- MZ세대는 ESG를 원한다

ESG에 대한 대학생 인식 조사

MZ세대에게 ESG란?

전 세계적으로 ESG(Environment, Social, Governance)가 화두다. 이윤 추구라는 경영 패러다임은 비재무적 요소에 밀려 점차 중요도가 떨어지고 있고, 소비 트렌드 역시 가격 외적인 가치를 고려하는 추세로 점차 변화하고 있다. 특히, MZ세대로 불리는 청년 세대는 이러한 흐름의 정점에 서 있다. 이들은 향후 주력 소비계층으로서 한국 경제의 주체로 도약할 것인 만큼, 자유기업원에서는 이러한 청년 세대의 인식과 영향력을 중심으로 ESG에 대해 파악, 분석하고자 한다.

이에 따라 전국 대학생 1,009명을 대상으로, 2020년 11월 26일부터 12월 11일까지 총 16일간 구글 폼(Google form)을 이용한 온라인 설문 조사를 실시했다. 조사 내용의 경우 우선, ESG에 대해 얼마나 알고 있는지, 또 어떻게 알게 되었는지를 물었다. 뒤이어 국내 기업이 얼마나 ESG를 잘 지키고 있는지를 세부 요소별로 평가하게 했으며, 우수 기업을 국내외로 나누어 선정하게 했다. 마지막으로, 상품 구매, 주식 투자, 입사 지원 등 직접적인 의사 결정에 있어 ESG가 얼마나 고려되는지를 파악했다.

대학생들에게 아직은 낯선 ESG

문1	다음 중 알고 있는 ESG 관련 용어에 모두 표시하여 주십시오. (중복선택 가능)
문1-2	귀하는 ESG 경영/투자에 대해 알고 계십니까?

대학생들은 ESG에 대해 생소한 개념으로 인식하고 있었다. 용어 자체가 자본시장과 투자업계에서 비롯되었기 때문에, 몇몇 상경계 학생들만이 들어봤다고 답했을 뿐 전반적으로 낮은 인지도를 보였다. 반면, '사회적 책임'과 '지속가능경영'에 대해서는 높은 인지도를 보여 상대적으로 대중적인 용어로 자리잡은 것을 알 수 있었다.

조사 결과에 따르면, 대학생의 24.0%만이 ESG라는 용어를 인지하고 있는 것으로 나타났으며, 관련 용어를 모두 들어보지 못했다는 비율 역시 10.7%에 달했다. 또한, 72.7%에 달하는 대학생들이 'ESG 경영 및 투자'에 대해 잘 모른다고 응답하였다. 이는 27.4%라는 긍정 응답(알고 있음 5.0%, 어느 정도 알고 있음 22.4%)에 비해 3배 가까운 차이를 보인 셈이다.

전공 계열별로는 ESG를 들어봤다는 응답이 상경계가 29.1%, 인문계가 26.0%, 이공계가 15.3%로 나타났다. 관련 용어를 모른다고 대답한 비율의 경우도 상경계와 인문계가 각각 3.7%, 5.6%로 나타난 것에 비해 이공계는 20.8%, 기타 계열(교육계, 예체능계 등)은 16.5%로 나타나, 상대적으로 ESG 관련 용어들을 생소해하는 경향을 보였다.

반면, 비교적 인지도가 높은 '사회적 책임'이나 '지속가능경영'을 알고 있다는 긍정 응답은 각각 70.2%, 68.8%라는 높은 수치를 확인할 수 있었다. 상경계는 80%를 웃도는 긍정 응답률을 보였으며, 이공계와 기타 전공 계열도 과반수가 이러한 용어를 들어봤다고 답했다.

그림 1 ESG 관련 대학생 인식 현황

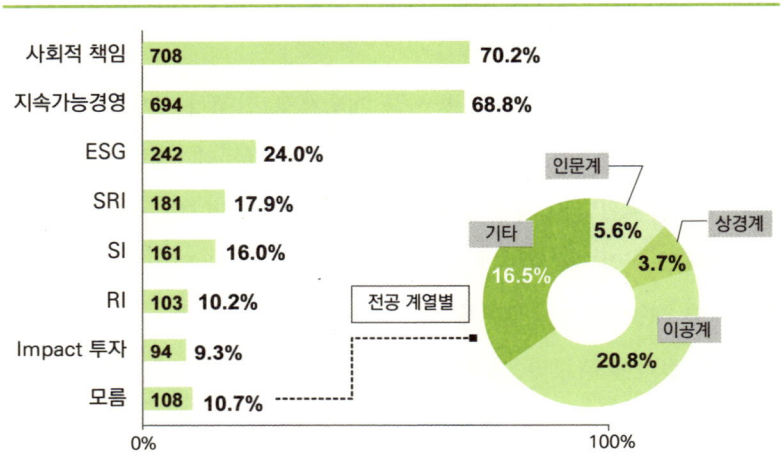

그림 2 ESG 경영/투자 인식

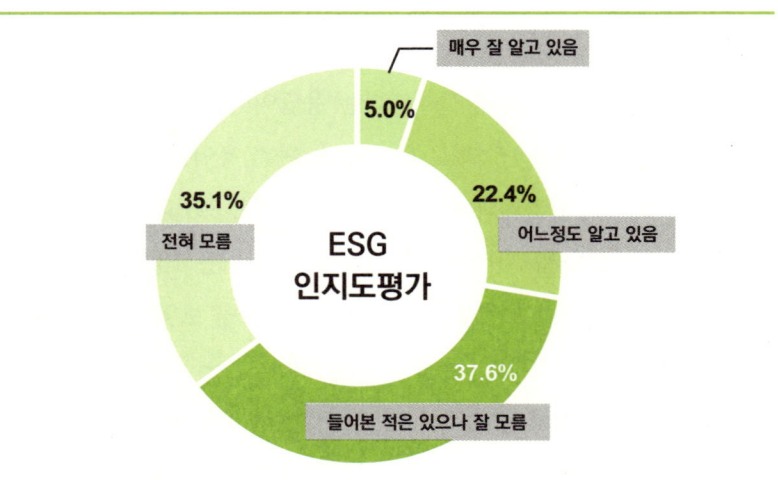

학교수업과 미디어로 ESG를 접하는 대학생들

문1-1　ESG 관련 용어를 접하게 된 경로를 모두 골라주십시오. (중복선택 가능)

　　ESG 관련 인식 경로를 확인한 결과, 대다수의 학생들이 학교 수업과 미디어를 통해 ESG 개념을 접하는 것으로 밝혀졌다. 그 중에서도 '학교 수업'을 선택한 응답자 특성은 경영/경제 분석이 많은 상경계가 압도적인 비율을 보여주었으며, 인문계가 그 뒤를 이었다. 신문/뉴스 기사와 같은 대중 매체 역시 응답자의 절반에 가까운 높은 수치(49.7%)를 보여줬고, 보도자료나 홍보영상 등 기업 자체 마케팅으로 알게됐다는 응답은 상대적으로 저조했다.

　　조사 결과에 따르면, 절반 이상인 56.4%의 학생들이 학교 수업을 통해 ESG 관련 용어를 접했으며, 신문/뉴스 기사나 TV 방송 프로그램 등 대중 매체 또한 각각 49.7%와 19.1%를 기록했다. 학교 수업의 경우 응답자의 대부분인 76.6%가 상경계 학생이었으며, 인문계(58.7%), 이공계(42.2%) 순으로 나타났다. 반면, 기업 보도자료나 투자 관련 보고서의 경우 각각 19.7%, 10.1%에 머물러 상대적으로 낮은 수치를 보였는데, 다양한 인식 경로의 활성화가 필요하다는 것을 보여준다.

그림 3 ESG 관련 인식 경로

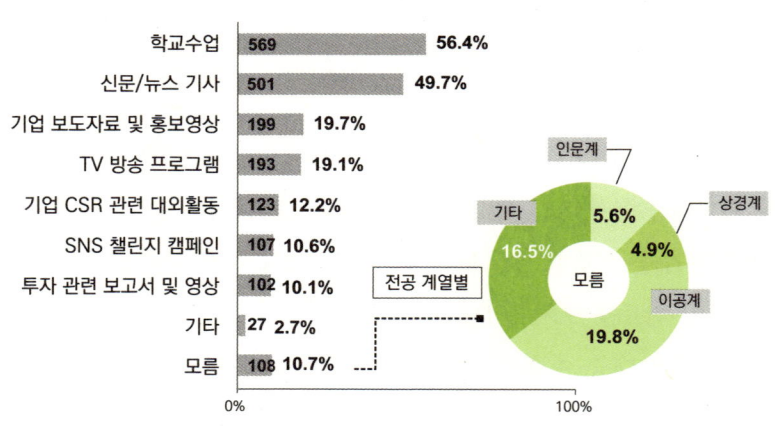

청년 세대가 본 국내 기업의 ESG 경영

문2	국내 기업들의 ESG 책임 이행 수준은 미국, 유럽 등의 선진국 기업과 비교해 어느 정도라고 생각하십니까?
문2-1	국내 기업들이 ESG의 환경(Environmental) 요인을 위해 얼마나 노력하고 있다고 생각하십니까? 또한 아래의 ESG 환경 부문 평가항목 가운데 기업들의 책임 이행이 더 강조되어야한다고 생각하는 것은 무엇입니까?
문2-2	국내 기업들이 ESG의 사회(Social) 요인을 위해 얼마나 노력하고 있다고 생각하십니까? 또한 아래의 ESG 사회 부문 평가항목 가운데 기업들의 책임 이행이 더 강조되어야한다고 생각하는 것은 무엇입니까?
문2-3	국내 기업들이 ESG의 지배구조(Governance) 요인을 위해 얼마나 노력하고 있다고 생각하십니까? 또한 아래의 ESG 지배구조 부문 평가항목 가운데 기업들의 책임 이행이 더 강조되어야한다고 생각하는 것은 무엇입니까?

대학생들은 ESG 경영이 기업 현장에서 다소 부족하다고 느끼고 있었다. 기업의 '환경', '사회', '지배구조' 요인 전반의 이행 수준 모두 다

소 미진한 것으로 평가됐다. 그 중에서도 환경과 사회 요인에 대해 '오염물질 저감'과 '산업 안전'을 개선해야한다고 촉구했다.

국내 기업의 ESG 책임 이행 수준 평가 조사 결과에 따르면, 응답자의 46% 가량이 국내 기업의 전반적인 ESG 수준은 선진국 기업과 비교했을 때 '보통' 수준이라고 응답했으며, 31.6%가 부정 응답(매우 부족함 4.6%, 부족함 27.0%)을 보였다. 긍정 응답 비율은 22.5%(매우 우수함 3.8%, 우수함 18.7%)에 그쳤다. 또한, ESG를 이루는 환경(Environment), 사회(Social), 지배구조(Governance)에 대한 개별 요소 평가는 응답자의 과반수가 모든 분야에서 부정적이라고 답했다. 일반 대중들이 느끼는 중요도를 충족하기 위해 기업 차원에서 가시적인 성과가 필요함을 시사한다.

그림 4 국내 기업 ESG 책임이행 수준 평가

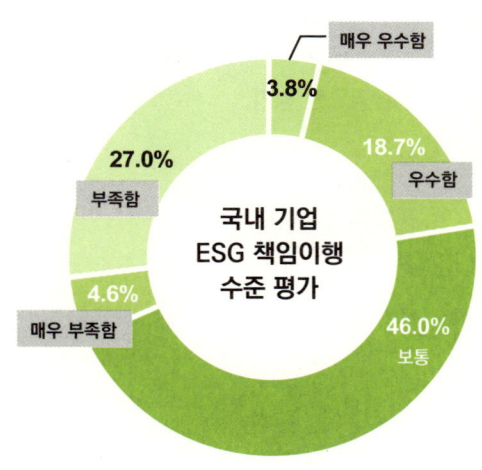

참고자료: ESG에 대한 대학생 인식 조사

환경 분야의 경우, 조사 결과 55.7%가 부정적으로(전혀 못함 3.3%, 별로 못함 52.4%) 평가했으며, 긍정 응답 44.3%(매우 잘함 5.1%, 대체로 잘함 39.2%)보다 11.4%포인트 높은 수치를 기록했다. 개선사항으로는 '사업장 환경오염물질 저감'이 43.5%로 가장 높은 응답률을 보여 제작 과정에서 배출되는 오염 요소에 대해 반감이 가장 심한 것으로 나타났다. 이어 '친환경 제품 개발'(26.9%), '기후변화 영향 감소'(17.5%), '신재생 에너지 활용'(10.9%) 등으로 나타났다.

그림 5 국내 기업 ESG 환경요인 평가

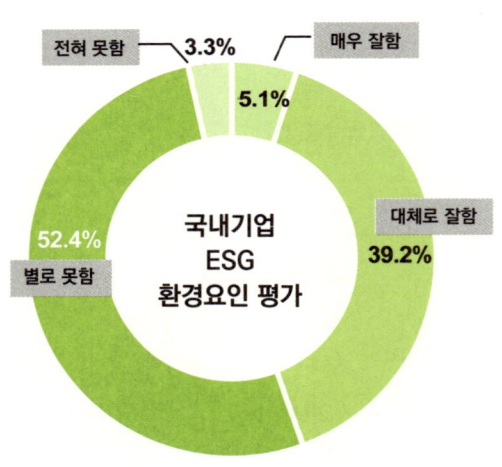

사회 요인 또한 부정 응답이 54.2%(전혀 못함 4.2%, 별로 못함 50.0%)로 나타난 것에 비해, 긍정 응답은 45.9%(매우 잘함 4.6%, 대체로 잘함 41.3%)에 그쳐 8.3%포인트 차이를 보였다. 개선이 필요한 세부 항목의 경우 '산

업안전'이 33.1%로 가장 높은 수치를 기록하며 청년 세대는 경제적 요인 외에도 안전을 중요한 요소로 의식하고 있는 것을 알 수 있었다. 뒤이어 '하청 거래의 공정성'(31.2%), '인적자원 관리'(19.9%), '제품/서비스의 안전성'(14.9%) 순으로 나타났다.

그림6 국내 기업 ESG 사회요인 평가

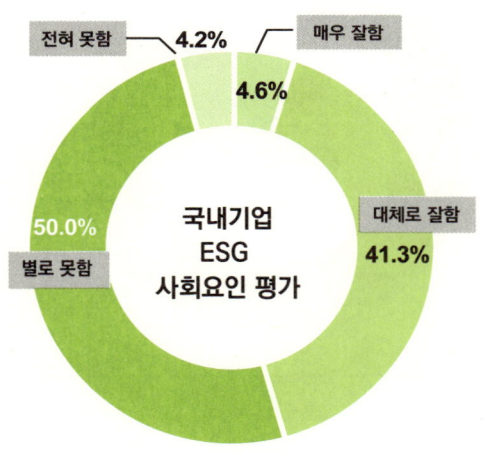

앞선 두 요소에 비해 지배구조 요인은 과반인 54.7%(매우 잘함 6.1%, 대체로 잘함 48.6%)가 긍정적으로 평가했다. 부정 응답은 45.3%(전혀 못함 3.3%, 별로 못함 42.0%)을 기록했으며, 이는 긍정 응답보다 9.4%포인트 더 낮은 비율을 보인 셈이다. 응답자들은 '지배구조' 항목이 '환경', '사회' 요인보다 성과가 있다고 인식했다. 개선이 필요한 세부 항목으로는 '감사제도'라는 응답이 53.3%로 압도적인 수치를 보였다. 뒤이어 '이

사회 구성과 활동'(20.7%), '주주권리'(14.5%), '배당'(11.0%)의 응답률을 보였다.

그림 7 국내 기업 ESG 지배구조요인 평가

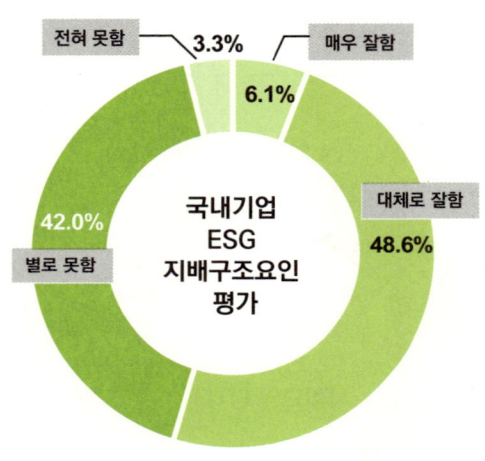

가장 잘하는 국내 기업 SK, 상위권 간 격차 적은 해외

문3-1	다음 중 ESG 관련 책임을 잘 수행하고 있다고 생각하는 국내 기업을 모두 골라주십시오. (중복선택 가능)
문3-2	다음 중 ESG 관련 책임을 잘 수행하고 있다고 생각하는 해외 기업을 모두 골라주십시오. (중복선택 가능)

대학생들은 국내 기업 전반의 ESG 경영 수준이 해외에 비해 비교적 떨어진다고 답했다. 책임 이행 우수 선정에 30% 이상의 응답률을

기업은 국내에선 'SK' 1곳이었던 반면, 해외는 '애플', '마이크로소프트' 등 5곳이나 됐다. 또, 국내 기업은 1위인 SK와의 격차가 10%포인트에 가까운 차이를 보인 반면, 해외의 경우 상위 기업 간 격차가 크지 않았다.

'SK'는 국내 기업 중에서 38.6%의 응답률로 ESG 경영을 가장 잘 수행하고 있다는 평가를 받았다. 그 다음으로는 'LG전자'(29.1%), '삼성전자'(28.6%), '현대차'(27.7%), 'LG'(26.0%), 'NAVER'(23.3%) 순으로 나타났다. 그룹별로 보면 SK그룹(SK, SK하이닉스, SK텔레콤)의 응답률 평균이 21.7%로 LG그룹(LG전자, LG, LG생활건강, LG디스플레이)의 21.6%, 삼성그룹(삼성전자, 삼성화재, 호텔신라, 삼성카드, 에스원)의 13.2%보다 다소 높게 나타났다. 해당 기업들은 MSCI KOREA ESG Universal ETF 편입 종목(2020.10.31) 중 업종별 1위를 참고했다.

해외 기업의 경우, '애플'이 41.8%로 가장 높은 평가를 받았으며, '마이크로소프트'(38.9%), '알파벳(구글)'(34.6%), '아마존'(33.6%), '테슬라'(31.7%)가 그 뒤를 이었다. 해당 기업들은 MSCI WORLD ESG Screened UCITS ETF 편입 종목(2020.11.20) 중 상위 20종목을 참고했다.

ESG 책임 이행 우수 기업은 국내의 경우 1위인 SK를 제외하면 20% 이하에 머무른 반면, 해외 기업은 애플이 40%를 돌파했고 뒤이은 마이크로소프트 등 다수 기업이 30%에 머무르는 등 국내외의 큰 차이를 보였다. SK는 다른 기업과 비교했을 때 총수인 최태원 회장이 앞장서 ESG 경영의 중요성을 강조하는 등 구체적인 노력을 기울이고 있는 점에서 높은 점수를 받은 것으로 이해된다..

그림 8 국내외 책임 이행 우수 기업 선정

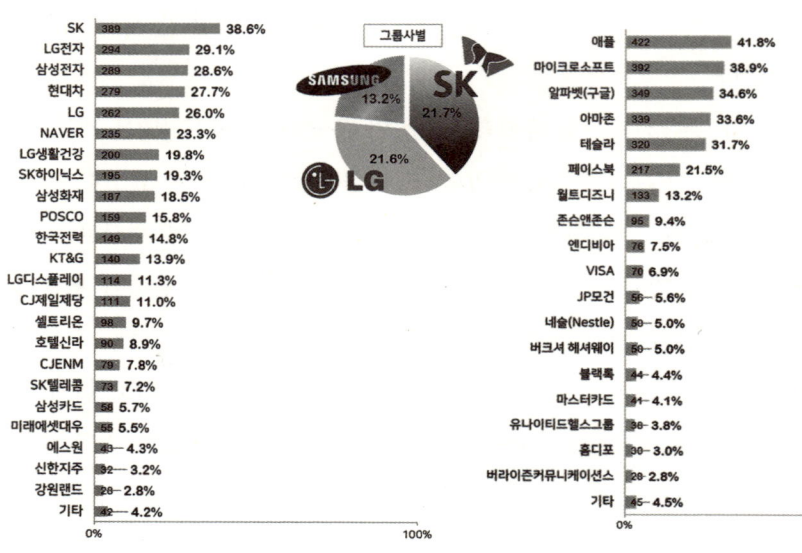

상품 가격 너머를 보는 MZ세대

문4-1	상품 구매 시 모든 조건(가격 포함)이 동일할 때, ESG 관련 이슈를 고려하여 구매하실 의향이 있습니까?
	만약 ESG 등급이 우수한 기업의 상품이 환경비용 등의 이유로 그렇지 않은 기업의 상품보다 비싸다면 구매하실 의향이 있습니까?

ESG를 얼마나 인식하고 있는지 수치화하는 것 외에도, 실질적인 의사 결정에 ESG 개념을 얼마나 반영하는지 파악하는 것 또한 중요할 것이다. 대학생들은 소비자로서, 투자자로서, 혹은 입사지원자로서

ESG 개념이 모두 영향을 크게 미친다고 응답했다. 상품 구매 시에는 가격 조건이 동일하거나, 더 나아가 돈을 더 지불하더라도 ESG 관련 상품을 추구하고자 했으며, 주식 투자 또는 입사 지원 시에도 ESG 개념을 고려했다.

구체적으로는, 가격을 포함해 모든 조건이 동일할 시 '예'라는 긍정 응답이 87.0%, '아니오'라는 부정 응답이 13.0%로 나타났으며, ESG 등급이 우수한 기업의 상품이 상대적으로 비싸더라도 구매하겠다는 긍정 응답 또한 60.9%로, 39.1%로 나타난 구매하지 않겠다는 부정 응답에 비해 높게 나타났다.

그림 9 의사 결정시 ESG 요소 고려 의향

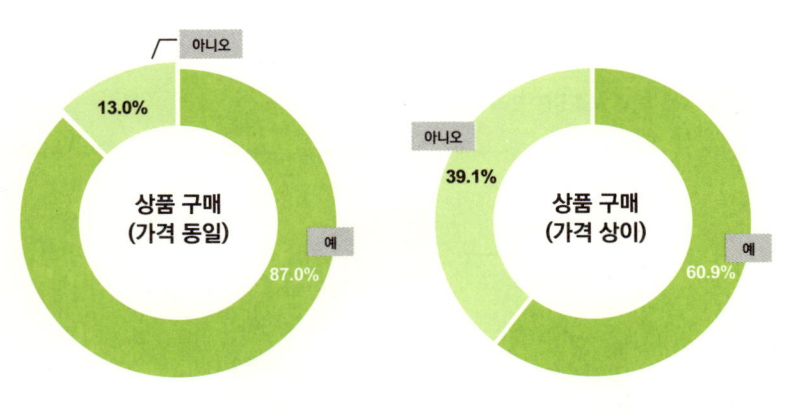

학생들은 가치에 투자한다

문4-2	주식에 투자할 경우, ESG 등급이 우수한 기업을 투자 대상으로 고려하실 의향이 있습니까?

대학생들은 투자에도 ESG를 반영할 의사가 있었다. 주식에 투자하는 경우도 ESG 등급이 우수한 기업을 투자 대상으로 고려할 의향이 있다는 긍정 응답이 80.3%를 기록해, 19.7%로 집계된 그렇지 않다는 부정 응답에 비해 현격한 차이를 볼 수 있었다. 이는 ESG 관련 상품이 상대적으로 가격이 더 높아도 구매할 의향이 있다는 응답률인 60.9%보다 높은 수치로, 대학생들은 ESG와 관련된 의사 결정 문제에서 상품 구매보다 주식 투자에 더 적극적임을 알 수 있다.

그림 10 주식 투자 시 ESG 고려 의향

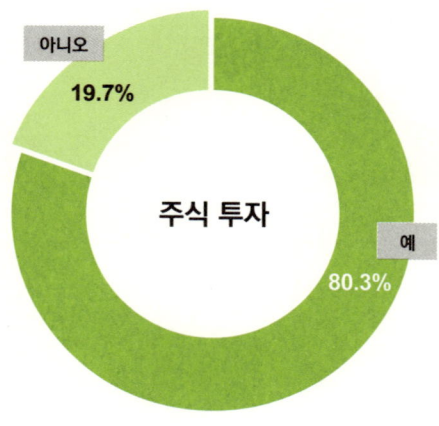

입사 지원 시에도 고려되는 ESG

| 문4-3 | 입사 지원을 할 경우, 지원하는 기업의 ESG 관련 이슈를 고려하실 의향이 있습니까? |

입사지원을 할 경우 지원하는 기업의 ESG 관련 이슈를 고려할 의향이 있는지 조사한 결과 '예'라는 긍정 응답이 78.4%로, 21.6%를 기록한 부정 응답과 상당한 차이를 확인할 수 있었다. 이는 ESG 관련 이슈가 기업의 인재 확보에도 영향을 미치는 핵심 요소로서 작용될 수 있다는 것을 시사한다.

그림 11 **입사 지원 시 ESG 고려 의향**

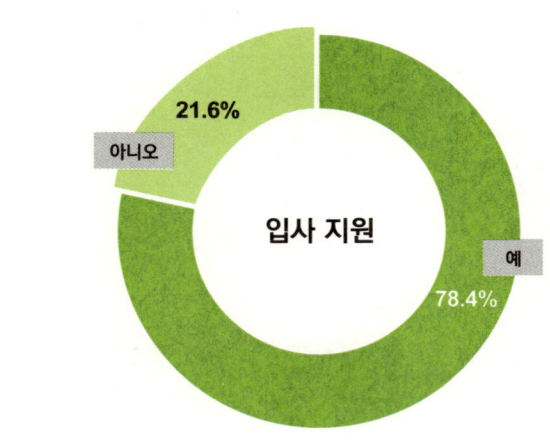

MZ세대는 ESG를 원한다

ESG는 자본시장에서 사용되는 '프레임워크'이자, 투자 업계의 전문용어에 불과했지만, 기후위기 및 코로나 팬데믹 등 사회의 전반적인 위기 속 기업의 사회적 책임이 부각되며 경영 전략으로 추구되고 있다. 또 이러한 사회적 흐름은 '사회적 책임'과 '지속가능경영'이라는 개념으로 인식이 확산되고 있으며, 현상을 넘어 소비 트렌드로까지 반영되고 있는 실정이다.

청년 세대는 이러한 흐름의 정점에 서 있다. '가성비'를 넘어 심리적인 만족감을 추가하는 개념의 '가심비' 그리고 '친환경'대신 미래 세대를 위해 반드시 환경을 보호해야한다는 의미에서의 '필환경' 트렌드 등 MZ세대는 향후 소비의 중추 세대일 뿐 아니라 문화 전반을 선도하고 있기 때문에 주목할 필요가 있다.

실제로, 의사 결정자로서 ESG 개념은 청년 세대에 있어 무시할 수 없는 영향을 보일 것으로 예측되며, 상품 소비나 주식 투자 등 경제적 의사 결정 전반에 걸쳐 적용될 것으로 보인다. 이 외에도 다수의 대학생들은 졸업 후 취업 대상 기업을 선택하는데 있어서도 기업의 사회적 책임 가치를 고려하는 등 ESG가 청년 세대의 중요한 판단 기준이 되고 있는 것은 부정할 수 없는 현실이다.

사회적으로 ESG 경영에 대한 인식과 중요도는 올라가고 있고, 경제 아젠다 측면을 넘어 가치 판단의 기준으로도 역할을 하게 될 것으로 파악된다. 또한, 새롭게 출범하는 미국 바이든 정부 또한 신재생에너지 활성화 및 탄소중립을 목표로 명시하는 등 대내외적으로 ESG에 대한 사회적 관심은 향후 더 높아질 것이 분명하다. 이에 맞춰 기업은

ESG 경영에 미흡한 점을 가다듬고 보완해야 할 것이며, 특히 한국 경제의 주체로 성장할 MZ세대에 대한 고려도 필요할 것으로 보인다.

저자소개

강성진

현) 고려대학교 경제학과 교수

현) 고려대학교 경제연구소 소장

전) 고려대학교 지속발전연구소 소장

전) 한국경제연구학회 회장

저서: 『경제발전론』(2018), 『라이브 경제학』(2020)

김태황

현) 명지대학교 국제통상학과 교수

현) 무역구제학회 회장

현) 〈ECOVISION 21〉 "국제환경이슈" 고정 칼럼리스트

현) 공정거래위원회 하도급협약 평가위원

현) 한국건설기계안전관리원 비상임 이사, 건설산업사회공헌재단 이사

공저서: 『유럽에 대한 횡단적 모색』(2013), 『경제의 패러다임 변화와 한국의 미래』(2005) 외

공역서: 『조절이론 I, 기초』(2013), 『세계자본주의의 무질서』(2009)

오형나

- 현) 경희대학교 국제학과 교수
- 현) Climate Policy(SSCI) 편집위원
- 현) 한국판 뉴딜 자문단 그린 뉴딜 분과 분과장
- 현) 국민경제자문회의 혁신분과, 국가기후환경회의 국제협력분과 자문위원
- 현) 한국경제학회, 한국환경경제학회, 재정학회 이사
- 공저서: 『기후변화의 과학과 정치』(2019), 『Computational Methods in Economic Dynamics』(2011) 등

정태용

- 현) 연세대학교 국제학대학원 교수
- 현) 국가기후환경회의 전문위원
- 현) IPCC 제6차 종합보고서, 책임주저자(Coordinating Lead Author)
- 저서: 『Sustainable Development Goals in the Republic of Korea』(2018) 등

김용건

- 현) 한국환경정책·평가연구원 선임연구위원
- 현) IPCC 제6차 평가보고서 주저자
- 전) 온실가스종합정보센터 센터장
- 전) OECD 환경국 컨설턴트

김현제

현) 에너지경제연구원 부원장
현) 에너지경제연구원 선임연구위원
현) 신·재생에너지정책심의회 위원

박주헌

현) 동덕여자대학교 경제학과 교수
전) 에너지경제연구원 원장
전) 한국자원경제학회 회장
전) 에너지위원회 위원
저서: 『환경경제학』(2000), 『통계학』(2015), 『애덤스미스가 들려주는 시장경제 이야기』(2011), 『아하 경제가 보이네』(2002) 등

유창조

현) 동국대학교 경영학과 교수
현) 지속가능경영포럼 이사장
전) CSV 소사이어티 사무총장
전) 한국경영학회 회장
전) 한국마케팅학회 회장
전) 한국소비자학회 회장
전) 한국광고학회 회장
저서: 『사랑받는 기업들의 비밀』(2019)
공저서: 『협력경영전략』(2015), 『공유가치창출전략』(2014) 등

신현한

- 현) 연세대학교 경영대학 교수
- 현) 삼성SDS 사외이사
- 현) 롯데호텔 사외이사
- 현) 기간산업안정기금 심의위원
- 현) 한국자산관리공사 리스크관리위원
- 현) 국민연금 운용사선정위원
- 현) 예금보험기금 성과평가위원
- 현) 대한상의 기업정책 자문위원
- 현) 코넥스협회 자문위원
- 현) 한국거래소 법원감정 자문위원
- 전) 연세대학교 경영연구소 부소장
- 저서: 『CEO들이여 파이낸스타가 되어라』(2009), 『9일 동안 배우는 기업가치 평가』(2016)

조성봉

- 현) 숭실대학교 경제학과 교수
- 전) 한국기독교경제학회회장
- 전) 한국자원경제학회회장
- 저서: 『대형 유통업체는 경쟁을 해치는가』(2010), 『정부계획과 시장경제의 왜곡』(2006) 등

김영신

현) 계명대학교 국제통상학과 교수

현) 한국하이에크소사이어티 회장

현) 한국제도·경제학회 공동편집위원장

전) 국무총리실 정부업무평가위원회 전문위원

공저서: 『경제학-시장경제의 원리』(2019)

공역서: 『부유할수록 깨끗하다: 21세기 환경문제의 해법』(2003)

하윤희

현) 고려대학교 에너지환경대학원 교수

전) 국회정책연구위원

전) 한전KPS㈜ 비상임이사

전) 세계은행 컨설턴트

공역서: 『공유경제: 나눔의 경제학』(2012)

곽은경

현) 자유기업원 기업문화실장

현) 한국하이에크소사이어티 이사

현) 컨슈머워치 사무총장